# LE MAÎTRE D'ÂME

Christian Charrière

# Le maître d'âme

## Rêves, signes, visions

Albin Michel

*« L'Expérience intérieure »*
*Collection dirigée par Marc de Smedt*


22, rue Huyghens, 75014 Paris



ISBN 2-226-04869-3

*A Geneviève Salvatge*

*Pour chaque âme individuelle, il y a un maître intérieur qui tout au long de l'existence terrestre assume envers elle une sollicitude et une tendresse particulières. C'est lui qui l'initie à la connaissance, la protège, la guide, la défend, la réconforte, la fait triompher. Cet être, plein de mystère, d'intelligence et d'amour, les anciens Sages le nommaient la Nature Parfaite. Et c'est cet ami, ce défenseur et protecteur, qu'en langue religieuse on appelle l'Ange.*

Abd-ûl Haqîqî

# Prologue

Un vaste ciel océanique roule au-dessus de ma vie, avec ses nuages en falaise que le vent porte et déchire, grand fleuve sombre qui vole aux cataractes de l'horizon : il est le ciel de ma jeunesse, le ciel de l'énigme qui flotte en escadre barbare, il est le tissu de vapeur de mon âme meurtrie et comme le sang de l'enfant que je fus. Parfois, lui arrachant une réponse, je l'ai vu s'ouvrir et verser si vive écume et amour si doré que j'en fus damasquiné, mordu de soleil fauve. Aussi, dans la nuit épaisse où l'œuvre intérieure m'a contraint à entrer, ai-je gardé remembrance du ciel possible, mémoire et nostalgie de ces plénitudes fugitives.

J'ai toujours su que nous n'étions pas encore nés, que le monde était une matrice avant le vrai ciel, au-delà des sombres nuages. La vie est à gagner, la limpidité à conquérir. La plupart des hommes sont dans les brumes et ne le voient pas.

Je veux raconter ici mes passages d'ombre, comment le monstre a surgi, avec ses yeux vastes et froids, son regard de dévoration, son immobilité minérale. Je l'aurais haï jusqu'à m'abolir moi-même si, par une connaissance venue de mon âme haute, je n'avais su qu'il n'était monté des bas-fonds que pour me remettre en chemin.

La confrontation avec l'adversaire intérieur ouvre à l'homme son immensité, elle l'accomplit pas à pas, elle l'unit à son axe, à son arbre, sous les rayons du divin soleil : dans la rosée de l'aube. Au milieu de ma vie me vient, avec des larmes dans les yeux, l'amour pour le créateur, pour le maître absolu des choses. Je veux servir la lumière en indiquant à mes amis humains la porte des vastitudes, l'entrée du monde profond. Là où est notre dégoût, là est aussi le seuil. Et les conduits que, pour nous connaître, nous creusons vers le temple aux répugnances sont aussitôt remplis par un influx — un fluide ? — d'essence supérieure, une eau lustrale qui entre avec nous et à travers nous dans les ténèbres pour y nettoyer une tache bien plus vaste que notre modeste souillure, un marécage cosmique dont le nôtre était à peine un atome et comme le minuscule avant-poste.

C'est donc sans honte que je veux marcher à ma honte ancienne, déterminé à évoquer ici le principe de putréfaction qui aurait pu m'anéantir si, en même temps, n'avait jailli son antidote : le regard intérieur qui me sauva. Car dans l'instant où Méduse apparaissait dans ma vie avec son œil exorbité, je découvrais la clé du voyage subtil : le rêve qui me fit entrer au château de l'âme.

Pour lutter contre le monstre, pour blanchir le dragon sans le tuer, le sommeil me fut allié précieux. Je ne m'endormais pas, je m'embarquais la nuit vers les archipels du sens, finissant par m'y trouver si à l'aise qu'à l'intérieur même du songe je commençais d'en déchiffrer les symboles et d'en dégager les significations. Le rêve fut ma rive où l'on portait chaque nuit un message que je décryptais avec gravité au réveil : qui était le messager ?

Devint manifeste la présence, derrière la réalité formée et durcie, derrière la matière qui dresse partout ses cloisons, devint évidente la présence d'une haute intelligence qui m'initiait. C'est ce dialogue avec un Maître de l'autre monde que j'aspire à raconter, ainsi que la tâche d'approfondissement à quoi il m'obligea.

Le rêve fut sa parole courante mais il utilisa aussi d'autres moyens, d'autres vecteurs. Pour me faire parvenir son avis, pour commenter ce que je vivais, il ménageait, dans l'étoffe du réel, des trouées bizarres où fleurissaient les iris du signe. Parfois, dans l'épreuve qui m'attristait, je n'avais qu'à tourner légèrement la tête, à modifier d'imperceptible manière l'axe de mon regard pour découvrir, comme une signature en bas d'un tableau ou comme une brève légende sous une image, le paraphe du Maître, le hiéroglyphe qui me révélait le sens de la situation. Mais il fit plus, apportant des réponses immédiates aux questions que je me posais.

Cet exemple parmi d'autres : dans la station Halles du RER je marchais en m'interrogeant sur les anges. Je venais de lire, datant de la fin du XIXe siècle, l'ouvrage très sulpicien du Dr Berthollet et, las de cette vision confite des anges sucrés, énervé même de cette eau bénite à quoi ne saurait se réduire leur violente figure, je me demandais avec intensité si n'existaient pas, dans le plan invisible, des anges noirs, de grands aigles négatifs.

La rame du RER venait d'entrer en gare et s'était immobilisée. J'avais pénétré dans le wagon en me posant la question avec véhémence, puis m'étais retourné devant les portières qui se refermaient. « Voyons, voyons. La peste soit de cette eau de rose ! N'y a-t-il pas des anges de fange, des anges qui se vengent ? »

Alors là, devant moi, sous mes yeux incrédules, aussitôt, la réponse. Sur la vitre un avertissement était inscrit, à cause des travaux engagés sur la voie : « ATTENTION IL Y A DANGER DE MORT À OUVRIR LES PORTES DU TRAIN ENTRE LES STATIONS DENFERT-ROCHEREAU ET CITÉ UNIVERSITAIRE. » D'un couteau précis, on avait gratté le D et le R de DANGER si bien que, la question toujours sonore dans ma tête, je lisais, effaré, la réponse : « ATTENTION IL Y A ANGE DE MORT... »

Écrivant ceci je m'avise de la richesse du signe qui m'était alors envoyé. Denfert-Rochereau, l'ancienne place d'Enfer à laquelle un sage calembour avait donné en 1871 le nom du défenseur de Belfort, carrefour où trône le symbole alchimique du lion vert, était aussi l'entrée des catacombes et comme le porche du monde inférieur. Dans l'autre station évoquée se saisissait une allusion à l'enseignement, à l'étude, au savoir.

Ainsi, le Maître mystérieux qui commençait alors à me parler, parfois directement — sans l'étui du symbole —, mettait-il l'accent sur les dangers de ma descente aux enfers : je devais me prémunir, apprendre à me fermer aux négativités orageuses que ma vie — que ma voie —, en complète réfection, alors favorisait. Ne vivais-je pas la contradiction folle d'une ombre laissée libre et divagante et d'un élan spirituel qui, chaque jour, me plaçait dans la verticalité écumeuse de l'axe de sagesse ? Qui était-il ce Maître, ce gourou subtil, ce messager infatigable sans cesse présent, de nuit comme de jour, au créneau du sens, critiquant mes comportements, répondant à mes plus secrètes pensées, m'indiquant la voie d'un geste souple qui point ne commandait mais conseillait ? Dans plusieurs rêves il me parla de lui.

Une fois, dans l'un de ces petits matins si propices au dialogue, comme à nouveau je l'interrogeais sur son identité, il me répondit. J'avais les yeux clos, je n'étais ni endormi ni éveillé, dans cet espace médian qui est comme la plage du surréel : je vis un vaste ciel qui avait le bleu laiteux et comme embrumé d'un hiver froid et clair. Le sol était dur où je marchais avec M.M. dont, à l'époque, la vie commençait de me séparer. Une idée était là, partout répandue dans ce paysage glacé, une idée qui me faisait peur, qui me pillait et m'éparpillait tout à la fois : l'idée du divorce. Alors, pour me rassembler, je levai les yeux vers le ciel et là je vis... quelque chose. Était-ce un OVNI ?

Un blanc vaisseau de forme étrange descendait, une sorte de biniou immaculé, orné sur ses flancs d'inscriptions rouges que je n'eus pas le temps de déchiffrer. Il s'immobilisa au-dessus de moi et je vis que c'était un cœur, un cœur cosmique blanc. Un instant plus tard il était devenu un visage, sans bouche ni nez, avec juste deux yeux qui me regardaient. Puis la bouche apparut qui proféra ces mots : « *I am your walk-man.* » A l'intérieur même de la vision — et comme c'est la règle dans les rêves où les mots sont toujours plus qu'ils ne sont, contenant plusieurs sens à la fois —, je traduisais walk-man par « écouteur de marche », par « compagnon de route » et par « ami ». Il était tout cela à la fois mais je sentais aussi — surtout — qu'il était un cœur de haute et noble espèce, un amour blanc qui venait à moi quand l'amour se dérobait, quand s'écroulait, avec un couple auquel j'avais cru, tout le château d'espoirs, de lampes et de meubles vernis qui lui était conjoint et comme associé.

Hélas ! à cause de la fusion commençante des âmes, tout divorce est un arrachement qui jette loin l'un de l'autre les époux siamois.

J'entrais alors dans ma souffrance, je m'engageais dans le ténébreux passage où ma forme ancienne se dissipa et où naquit, dans l'effroi et la tristesse — dans l'intense solitude —, l'homme nouveau.

C'est ce dialogue avec l'ami du haut pays que je veux aujourd'hui raconter, même si je ne sais quelle hésitation en cet instant me retient. Ai-je le droit d'évoquer, de préciser sur ces pages, cette alliance intime, d'essence sacrée, cette sollicitude merveilleuse qui m'a uni à un être d'en haut dont, plusieurs fois, j'aperçus le visage ? Et surtout ne vais-je pas, à réveiller ces anciennes tristesses et la musique morte des amours périmées, ne vais-je pas rallumer des feux mal éteints, lâcher à nouveau les monstres qui m'ont défiguré ?

Devant l'obligation d'avoir à désigner mes pensées obsédantes comme les comportements à quoi me contraignit mon dragon, se lève aussi une pudeur légitime. A moins de prendre plaisir à l'exhibition nul ne parle volontiers de sa sexualité secrète et des revues pornographiques cachées dans sa bibliothèque, derrière les livres du rayonnage d'en bas.

Mais toutes ces objections, si considérables soient-elles, ne sauraient triompher de ma foi dans la transparence. Ce que je suis, tu l'es. En racontant mon combat, je parle du tien, de celui où, en cet instant, tu es engagé et que rien — dans l'actuelle culture mentale — aujourd'hui n'évoque ni n'explique.

Quand nous aurons franchi, avec la fin de ce siècle rompu, le cap des tempêtes, s'ouvriront les temps du cristal. Devant les vieilles religions abîmées, devant la porte close du temple désert, l'homme va devoir s'en retourner au seul sanctuaire magnétique : son ombre où, une fois passé le seuil, l'attend la main, l'appui, l'amour de son compagnon de route.

Puisse-t-il, cet ami du haut pays, m'aider à dire ce qu'à nul jamais je n'ai dit, puisse-t-il en cet instant m'aider à revenir sur mes pas, sous le ciel d'orage, sous le ciel du couteau et du sexe noir, jusqu'à ce printemps tunisien où tout commença et où, dans la nuit de ma destinée, j'ai entendu une voix qui me répondait.

# I

# Contact

Ce fut à Sidi-Bou-Saïd, il y a dix ans, dans une maison blanche accoudée au-dessus des oliveraies de Carthage, que je me nouai au Maître invisible.

En ce temps-là, je fuyais l'amour, je fuyais le feu — je fuyais l'intense —, me détournant de la vie nue, de l'humble nature et de toute fragilité, parce que je craignais la mienne. Pour ne point affronter ce qui était à portée d'amour, je courais au loin, vers le distant, vers le là-bas. Je ne tenais pas en place ! La terre m'était étroite que j'arpentais comme un boulevard, consacrant mes revenus d'écrivain à un voyage incessant que les facilités des années soixante-dix favorisaient. Incapable de me fixer, j'étais toujours sur les routes, déjeunant à Paris à midi et le lendemain à Singapour, inapte à savourer l'humble présent du présent, bondissant aussitôt vers un ailleurs plus odorant, plus sensuel et coloré, à jamais préférable.

La recherche d'une plage ou d'un restaurant était alors, pour les amis qui se risquaient à m'accompagner, une quête épuisante : toujours il me semblait que la crique ou bien l'établissement que je ne voyais pas mais dont je devinais l'existence au-delà de la pointe, ou à l'angle de l'avenue suivante, étaient de nature à nous combler davantage que le rivage ou la terrasse de l'instant présent. Ce qui est ici et maintenant — pour reprendre la formule philosophique — possède un seuil, un couloir et un espace de réalisation où mon être d'autrefois ne consentait point à entrer, comme si l'habitait un refus général à la vie. Comment expliquer d'une autre façon que j'aie pu, pour savourer un printemps tunisien, quitter M.M. alors au septième mois de sa grossesse, la confiant à sa mère venue prendre ma place au domicile conjugal ?

Je fuyais moins mes responsabilités que l'intensité de la vie, le feu de l'amour, la jouvence du cœur qu'aurait pu déclencher, pareille à une lave, la sollicitude pour mon épouse en grossesse difficile. Je ne voulais aimer alors que du bout des lèvres, du bout du cœur et, surtout, ne pas avoir l'air d'aimer, ne pas être vu aimant : au fond de moi était ainsi posée une honte étrange, la honte d'aimer, comme si l'amour était meurtrissure et misère, sourire noir et coupable.

Il est vrai que je m'étais inventé de bonnes raisons pour légitimer une expédition si choquante et dont je découvre aujourd'hui qu'elle était d'abord une désertion. Je venais de signer un contrat avec un éditeur qui avait assorti ses largesses de dates impératives : le manuscrit devait être achevé au printemps de l'année suivante. Isabelle, une amie d'autrefois, brève maîtresse du temps de mon long célibat et dont je souhaitais, sans me l'avouer nettement, renouveler la conquête, m'avait convié à venir écrire à Sidi-Bou-Saïd où son mari, professeur à l'école d'architecture de Tunis, était établi, comme beaucoup d'autres coopérants français qui avaient fondé dans cette ville immaculée, blanche au soleil, une société de plaisir que le climat favorisait.

Elle avait trouvé pour moi — dans la même rue que la sienne — une maison mauresque au loyer abordable. Étroite et haute demeure, dont la terrasse regardait la basse ville et le parking où jetaient l'ancre les autocars du tourisme de groupe. Avec quel mépris considérais-je alors, du haut de mon perchoir ensoleillé, ces troupes d'Européens lâchés pour une demi-heure au pied du raidillon de Sidi-Bou, humanité flasque et cependant bariolée avec laquelle, quand je me risquais sur les mêmes itinéraires, je m'évertuais à ne pas être confondu : n'étais-je pas, sur les chemins du monde, l'aventurier solitaire, l'artiste par toutes sortes de charismes gratifié, le séducteur aux mille conquêtes ?

Mes difficultés à écrire auraient dû rabaisser mon orgueil. J'avais de la peine à entrer dans mon roman dont, à Paris avant de venir, j'avais rédigé la première page et qui, depuis lors, était bloqué et comme pétrifié sur un paysage de forêt géante. Chaque jour, vers la page blanche ouverte et nue sur la table, je montais comme à l'assaut d'une montagne hostile — et chaque jour je laissais, sur sa pente, rouler mon piolet d'écriture qui ne trouvait nulle part dans la paroi d'encoche où se suspendre.

Les mots qu'il sécrétait sur le papier devenaient aussitôt carcasses qui évoquaient un champ de bataille jonché de pensées mortes. Alors, comme c'était la règle dans ma vie, automatisme maintes fois vérifié et dont je ne pouvais me déprendre, ma difficulté d'écriture me mettait dans ma difficulté d'être, laquelle m'inclinait du même élan vers une sexualité obsédante.

C'est que nous avons chacun notre perspective, notre avenue de réalisations, notre loi. Quand nous en sommes sortis les bas-fonds — notre mystérieux enfer personnel — crachent la noirceur monstrueuse : nous voici confrontés aux abîmes. En ce temps-là — il y a dix ans —, écrire était ma seule voie d'accomplissement et d'ouverture, mon mode personnel de reliance à l'âme supérieure. Quand je n'étais pas à l'œuvre, j'étais dans la dés-œuvre, dans le dévoiement et la pesanteur.

Puissions-nous toujours être dans la perspective de nous-mêmes, le regard tourné vers le point qui, au fond du paysage de notre vie, l'ordonne et le structure : notre Soi, notre but, où se rencontrent et se nouent toutes les lignes d'une existence dont il est à lui seul l'invisible charpente. Il est le Saint-Point !

Ainsi, sortant avec vivacité de la maison pleine de pages blanches, de blocs vierges et de livres non écrits, j'entreprenais aussitôt — à cause de tout ce vide — de me remplir. Certes, je n'en étais guère conscient à l'époque car j'avais à peine commencé de me connaître. Au moins avais-je remarqué l'étrange propension qui me poussait à l'assiette quand me tourmentait ce démon qui est la puissance du vide. Mécontent de moi, à cause de mon impossibilité à créer, je réactualisais les vieux effrois de l'enfance quand j'allais au lycée sans avoir appris la leçon, m'inculpant moi-même, me maudissant et en éprouvant, dans le tissu même de mon âme, une sensation de néant dont il convenait de sortir par tous les moyens à ma portée.

Un démon glouton me prenait donc par l'épaule pour me pousser dans l'un de ces restaurants que Sidi-Bou-Saïd dresse dans ses cours, sous la tonnelle ou le magnolia et qui proposent le même couscous-brochettes aux fumets boucanés. Quand se tarissaient les sources et les ressources du dedans, quand l'âme ne coulait plus sur le papier son épouse qui l'attendait dans ses draps trop blancs, alors manger me démangeait.

C'est qu'il y a dans la nourriture un opium qui apaise et comme un poids qui comble, qui cale, qui affale. N'étant rien et étant vide à la façon d'une forme creuse, il me semblait, par la dévoration, me rendre ma substance perdue, me densifier, me rééquilibrer. Plus tard, je me suis convaincu du contraire. Manger à l'excès, avaler le monde comme Gargantua qui voulait le faire entrer en lui-même pour devenir Dieu, participe du même démon d'autodestruction qui, niché dans notre ombre inconnue, veut nous punir en nous rendant captifs de la lourdeur et en nous obscurcissant. La honte est en nous, comme fichée à la lancette dans la pulpe de l'âme inférieure. Toute insatisfaction, toute incrimination la ranime, la ravive et lui ouvre du même coup sa gueule insatiable.

Le vin des coteaux de Carthage, épais comme un sang noir et dont les bouteilles semblent flacons de nuit, achevait de m'entraîner à mon rut : la sensualité se levait avec toutes sortes de désirs vagues qui cherchaient à se fixer et à se préciser sur un objet, comme on disait au grand siècle.

L'objet Isabelle n'était plus à portée, rendu indisponible par sa récente maternité. Un enfant venait de lui naître, si bien que son corps que j'avais connu gracieux et presque nubile était devenu un donjon à mamelles devant quoi mon désir s'effarouchait. Eussé-je quelque peu insisté qu'elle ne m'aurait sans doute pas interdit l'accès à sa couche mais l'odeur de lait qui sortait de tous les pores d'une peau épanouie censurait mon désir, le rendant presque incestueux.

Il me fallait orienter ailleurs une espérance que le seul assouvissement préoccupait, besoin qui n'avait qu'un rapport très éloigné avec l'amour et que je sentais monter en moi, pareil à une eau noire. Souvent ce que nous prenons pour de la sexualité n'est que de l'inconscient obscur, de l'ombre qui grandit et sort des caves pour inonder le rez-de-chaussée et entrer dans la chambre. Si nous pouvions, par le regard qui perce, voir l'origine du mouvement, nous serions bien étonnés de reconnaître la lointaine tristesse ou la plaie au cœur qui le déclenchèrent, ou le simple ennui ou désœuvrement qui amollisent les charpentes et nous mettent dans notre réceptivité sombre.

Dans la rue El Nafs où j'habitais avec ma feuille blanche et mon lit vide — rue à l'extrémité de laquelle Isabelle avait aussi sa demeure — nichaient dans le luxe, sous des palmes qui n'étaient pas encore académiques, d'autres coopérants jeunes et magnifiques, établis en couples. A côté de ma maison logeaient Agathe et Guy, des universitaires de Marseille. Un peu plus loin chantaient par les fenêtres ouvertes Andréa et Michel, des scientifiques bretons. Quand je passais dans la rue pavée, je les apercevais dans l'enfilade des portes, heureux et vaquant souplement aux déambulations ménagères.

Agathe avait un joli visage de vendangeuse, des corsages toujours béants et, quand elle levait le bras pour rajuster un chignon qui souvent s'affaissait, une touffe à l'aisselle qui crépitait comme un brasier noir. Andréa, mince et blonde, avait la face vive, frémissante et rieuse de la femme oiseau, avançant dans la vie comme sur une branche et produisant parfois un véritable gazouillis. En dépit de ses vingt-huit ans on l'aurait prise pour une gamine si sa poitrine de sphinge — véritables grenades dans les jardins d'Allah — n'avait tourné vers nous le double argument de sa maturité opulente.

Attendant que filent vers Tunis leurs époux affairés, j'allais les visiter sous d'incertains prétextes dont elles n'étaient pas dupes. Mettant mes livres en avant je tâchais de leur faire voir, par le brillant d'une culture fourbie à Paris dans divers cercles littéraires, la grâce d'un esprit dont elles ne devaient guère trouver ici, avec des maris assoupis dans la rationalité bourgeoise, d'équivalents.

J'avais trente-huit ans. Séduire avait été l'un des principaux moteurs de ma vie. Longtemps, je n'avais pu entrer dans un lieu public — un wagon de métro comme le salon de la baronne Triquempote — sans chercher aussitôt du regard la proie éventuelle. Derrière cette inclination — un peu ridicule avec ses comportements automatiques et ses phrases toutes faites — je sais aujourd'hui qu'il y avait une bouche noire, un appel enténébré. J'avais un besoin vital d'attirer vers moi le regard de la femme, le cœur et le corps de la femme. L'amour, la considération féminine me retrempait, me rendait force et foi en moi-même : les femmes étaient mes sources mystérieuses, mes redresseuses d'âme. Elles me nourrissaient, elles me purifiaient. Les succès qu'à une époque j'ai inscrits au grand livre avec des accents de triomphe me restituaient le magnétisme de la vie, sa vibration qui rendait toutes choses intéressantes.

Point de moment plus profond et où la nature caresse l'âme de toutes ses mains que la sortie dans le petit matin d'été hors du logis de la femme que l'on a, le soir précédent, conquise et dont le plaisir épice encore l'extrémité de nos doigts ; le vent, le nuage, la pelouse qui exhale son soupir de rosée, tout est tendresse d'une femme immense ployée vers nous. Mais trente-huit ans est, pour un séducteur, la fin de la belle saison. Non que nous ne puissions plus séduire — grand Dieu ! — mais quelque chose en nous contre les automatismes regimbe, quelque chose dans notre âme refuse l'illusoire comme la dissimulation.

Et puis je ne sais quelle fraîcheur du visage autorise le mensonge, le justifie — l'appelle peut-être — tandis que la quarantaine au cuir tanné s'engrisaille à son contact. L'homme de l'an quarante, quand il a reçu quelques gouttes de cette eau essentielle dont la fontaine, au fond de nous, est si difficile à atteindre, ne peut plus se masquer et porte ses pensées sur toute sa face répandue, comme si le dedans avait fini par modeler le dehors.

Avec ma plume qui se refusait, sur les eaux blanches du manuscrit, à courir aux alizés, avec mon mariage qui, depuis plusieurs mois, donnait des signes de détérioration que la grossesse de M.M. aggravait, avec une certaine fatigue corporelle que ma gloutonnerie et mon intempérance provoquaient, je ne montrais pas à Agathe et à Andréa le visage enjoué qui eût peut-être conquis leur faveur. Mais la vérité toute simple et toute nue était que je ne les intéressais pas, qu'elles se demandaient ce que venait faire chez elles ce balourd enténébré avec ses citations de Malraux et ses remarques sur la musique indienne. Les séduire ? La peste soit du séducteur avec son attirail culturel et son œil triste de cocker ! Tu veux ou tu veux pas ?

Quand une femme ne veut pas — tu l'as remarqué, lecteur, mon frère —, son regard indifférent nous est poignard, nous est souffrance. Il y a une douleur du séducteur repoussé dont on trouve un écho dans les *Mémoires* de Casanova quand le Vénitien échoue devant la Charpillon.

Je m'en fus, je me retirai, retrouvant sans plaisir une solitude où je n'étais plus à l'aise.

J'avais emporté avec moi l'œuvre de Léon-Paul Fargue, poète du sensible retour au passé et qui mettait dans mon âme une nostalgie délicieuse. Longtemps le passé me fut trésor et son évocation un agrément délicat. J'appartenais à l'espèce des mémorants, êtres qui boivent leurs souvenirs comme un vin qui les intensifie. N'éprouvais-je pas jouissance à revenir dans les lieux où j'avais jadis vécu, tout frissonnant devant l'énigme de ce qui avait été et n'était plus ?

Plus que tout me fascinait, me berçait, m'emportait le retour aux anciennes chambres d'amour surtout si l'été, cet amplificateur de mémoire dont le nom même annonce l'être au passé, tirait au présent les odeurs d'autrefois. Avec Alain Fournier et René-Guy Cadou, Léon-Paul Fargue qui aimait à longer après la pluie le parc aux anciens rendez-vous était pour moi le maître des mémorants, un docteur nostalgie dont la lecture m'inclinait à souper avec l'âme douce.

En temps ordinaire m'eussent magnétisé ses poèmes ; ce soir-là, ils aggravèrent mon malaise, portant moins à ma tristesse qu'à mon chagrin. Quelque chose avait changé : le passé n'était plus cette source où je puisais la jouvence scintillante et comme la force d'affronter le présent — il était le tâtonnement, le chaos, l'incertitude, l'erreur, tout ce flou et cette brume qui avaient été la misère de ma vie vaporeuse, de mon être opaque et distendu.

Le lieu où j'étais — la maison silencieuse de la rue El Nafs — accentuait encore cette impression. Le logement, qui avait été fermé depuis septembre, venait juste de rouvrir à mon usage, aussi était-il imprégné de l'été ancien, sentant le vieil ambre solaire et la serviette de plage. A respirer ces odeurs, à regarder au pied des fenêtres se dessécher les mouches des beaux jours, je me remémorais les villas semblables où j'avais habité avec M.M., au cours de nos années vagabondes, maisons légères posées au bord des mers bleues, sur le rivage d'une espérance encore en aquarelle. J'écartai ces pensées mélancoliques et me couchai, ce soir-là, plus tôt que de coutume.

Avant de m'endormir, je fis une prière intérieure à l'Atman : Dis-moi dans un rêve, s'il te plaît, pourquoi je suis si triste.

Quelques mois auparavant, sur une route du Ladakh, au nord du Cachemire, un Indien m'avait expliqué ce qu'était l'Atman : une conscience divine engloutie au fond de nous, l'étincelle de Brahman, le centre mystérieux de notre être. La vie consiste à s'orienter sur lui, à devenir peu à peu lui. Il est notre Dieu personnel intérieur, notre noyau, notre joyau. Cette notion, cette idée m'avait fasciné au point de régner sur mon esprit pendant tout mon séjour.

Maintes fois, j'avais entendu parler du Soi sans que ce mot — assurément peu vibrant — ne me frappe ou ne m'éveille. Atman, quand le voyageur l'avait prononcé, était tombé en moi comme un germe sonore, comme un organe vivant. Évoquant le verbe allemand « atmen » qui veut dire respirer, se coloriant aussi avec mes souvenirs historiques de la Russie médiévale et de l'Ataman cosaque, le mot sanscrit m'avait hanté, sans doute parce que je ressentais déjà, sans la nommer, la réalité qu'il recouvrait.

Dans mes désordres, dans mon brouillard, me hélait déjà la Présence, mon soleil des ténèbres. Il était l'étrange amour que je sentais dans mon obscurité, la force qui m'appelait du fond de ma faiblesse : il était le Christ de ma solitude.

Aujourd'hui, à me remémorer cette rencontre et cette conversation capitale que j'eus avec le voyageur indien, sur la route de Leh, je ne puis m'empêcher de sourire en remarquant le signe dont la réalité était déjà incrustée et qui m'indiquait avec force — et avec humour — mon axe de développement. L'homme que je ne devais plus revoir et qui, en dix minutes, sur un terre-plein gazonné où coulait un torrent himalayen allait inscrire en moi, avec des mots de feu, l'essentiel de la doctrine védantique — cet homme que je puis donc nommer mon Maître bien qu'il ne soit apparu que pour disparaître aussitôt, cet homme noble, ce lumineux vieillard se nommait, comme je pus le constater sur la carte de visite qu'avant de partir il me glissa dans la main, M. Gadoue, au point que des années plus tard, quand on m'interrogeait à son sujet, je celais son nom, le jugeant peu présentable.

Il est vrai que dans plusieurs langues asiatiques que je baragouinais il était aussi très proche de celui du membre masculin (« Gadoue » en khmer, langue dérivée du pali) : que penserait-on ici d'un guru nommé à la fois boue et pénis ?

Les signes, quand ils sont paroles du guide, s'ourlent d'étrangeté ou se cadenassent d'embarras : nous ne méditons pas sur eux parce qu'ils nous gênent et nous font frôler notre ombre mal aimée. Le nom de mon Maître était inavouable : là était le signe et s'ouvrait la perspective.

Je ne marcherais pas à l'Atman dans la lumière mais dans la boue et le marécage. Fils de la nuit, j'arracherais aux ténèbres leur vivant secret : j'irais vers l'orient de moi-même et l'aurore empourprée en traversant le sombre, sombre inconscient, le noir océan du mystère.

Sur mes épaules était posé un fardeau qui était celui de mon ignorance, de mon opacité dont témoignait, ce soir-là en Tunisie, mon égarement comme ma tristesse. Je me sentais... abandonné, perdu, retrouvant une sensation souvent éprouvée dans l'enfance, celle d'une inculpation morne, métallique et d'une mise à l'écart : d'un bannissement. D'où me venaient cette honte et cette coulpe ? Atman, seigneur de Sagesse, toi qui nous parles dans notre obscurité, dis-moi ce qui m'arrive et pourquoi je suis si triste ? M'enroulant dans la question je descendis les grandes marches du sommeil.

Aussitôt les images affluèrent comme si elles m'attendaient. Mes paupières étaient remplies de couleurs. Je me voyais en pleine campagne, me réveillant parmi des buissons. J'étais étendu sur un matelas posé à même le sol, dans l'herbe humide. Un instant plus tard, le juchant sur ma tête, je dévalais une pente menant au village voisin : c'était Voujeaucourt, près de Montbéliard, où j'avais passé mon enfance.

De l'autre côté de la route où un bus était arrêté, s'ouvrait l'espace réservé par la commune au campement des nomades. Il était vide.

Dans le bus montaient les gens du village qui se rendaient à leur travail. C'était l'aube, vaporeuse et fraîche, qui sent l'encre, le cuir, l'appel à l'action. Me sentant, à travers le pare-brise, observé par les passagers de l'autobus, honteux de me laisser surprendre avec ce matelas idiot sur la tête — qu'allait-on penser de moi ? Que j'étais un homme des bois ? Un misérable chemineau ? — je le jetai dans les fourrés et je m'enfuis.

Voujeaucourt avait changé, était devenu une petite ville avec des immeubles modernes : cependant, derrière les cours et les parkings, je retrouvais les chemins d'autrefois que je descendais, comme emporté. J'allais vers le passé, vers mon passé qui s'étendait là-bas, dans un vaste creux du paysage, pareil à quelque cratère éteint. Je voyais de nobles demeures, j'entrais dans des jardins où jouaient des enfants heureux, je pénétrais à l'intérieur des habitations, dans les cuisines où se préparaient avec joie les bons déjeuners de famille. Chose étrange, nul ne remarquait ma présence, nul ne m'invitait : j'étais comme un étranger, admis à voir et non à participer.

J'en éprouvais une tristesse poignante ; je ressentais ma solitude, ma différence, mon abandon. Le rêve était envahi par cette mélancolie, ce chagrin d'être distinct et comme séparé, de n'être pas comme les autres, d'en être marqué comme d'une malédiction.

Tout à coup surgissait Edgar Faure, qui me chuchotait : « La nostalgie n'est plus ce qu'elle était. » Derrière nous un journaliste commentait à voix haute la réflexion de l'homme politique : « Edgar Faure utilise de plus en plus cette phrase, surtout depuis quelques mois. »

Je rouvris les yeux dans une nuit trouée par la petite flamme de la chaudière à mazout qui palpitait dans la maison silencieuse, avec son odeur de souvenir. Je me levai, allai jeter sur une feuille de papier les mots : matelas-Voujeaucourt-bohémiens. Passé en cuvette. Edgar Faure.

Le lendemain matin, grâce à ces notes, la totalité du rêve put revenir que je rédigeai avec l'exactitude d'un procès-verbal. Pendant la journée, méditant sur lui, je m'efforçai de le comprendre. C'était une lettre, c'était un message chiffré dont le code était celui du symbole : chaque élément devait être signifiant, chaque image constituait un hiéroglyphe, un idéogramme.

Et d'abord celui du réveil par quoi le songe commençait. Je m'éveillais à moi-même, j'ouvrais enfin les yeux sur ce qui m'entourait, un paysage qui devait symboliser celui de ma vie actuelle, médiocre avec des buissons sans grandeur et dont l'aspect évoquait, plutôt que la verticalité ascendante de l'arbre royal, la dispersion immédiate et des jaillissements sans retenue, sans tronc unificateur. Comparé à l'ordre de l'arbre, le buisson symbolisait le chaos de la jouissance rapide, du plaisir à courte vue et des explosions enchevêtrées : la force ne montait que pour se courber aussitôt en se divisant et en retournant à la terre d'où elle avait surgi. Le buisson était aussi le hiéroglyphe d'une vie sans élan central; ne contenait-il pas aussi une allusion à l'artifice et aux feux du même nom, aux fusées qui, en explosant, inscrivaient dans le ciel noir une forme similaire ?

Il y avait, dans ma vie présente, un climat d'insuffisance et de légèreté, un désordre que le symbole du matelas soulignait et explicitait. Mon lit était de fortune ; je n'avais pas de chambre et pas de couverture, avec toute la chaleur et la protection que ce mot diffusait.

C'était désigner avec force, outre mon inclination au vagabondage, la difficulté fondamentale de mon existence actuelle : mon mariage n'était pas harmonieux. Entre ma femme et moi s'ouvrait un abîme béant, celui du lit où nos sensualités ne réussissaient pas à se joindre. Je n'avais pas de couche constituée, architecturée, avec couvertures, draps, édredons : je n'avais pas de chambre, pas de toit, mot où je voulais déchiffrer une allusion au « toi » dans le sens de toi-même. J'étais seul, dans ma médiocre nature buissonnière, et descendant, comme invinciblement, les pentes du passé, me retrouvant devant le mystère de mon origine et le campement bohémien qui en symbolisait le déracinement initial. Ne disait-on pas, en Inde et ailleurs, que les Tziganes formaient un peuple maudit et condamné à l'errance par les dieux ?

Mon enfance avait été dévastée par la chute d'un grand chêne : ma mère, morte du typhus à Toulon, un an après ma naissance, en 1941, deuil ressenti par mon âme naïve comme l'une de ces malédictions qui marquent à jamais. Plus tard, je m'en suis enorgueilli et comme exalté ; tel Faust, vêtu de noir, je traversais ma vie en chevalier sombre, déterminé à ne ressembler en rien aux autres et à être un vagabond spirituel, sans amis, sans patrie. Oserais-je avouer que j'en éprouvais un plaisir égotique et que cette « malédiction » m'était parfois une jouissance et comme une noire liqueur qui m'enivrait ?

Dans le rêve le campement bohémien était vide. Ainsi m'était dit que mon vagabondage, mon errance magnétique, ma destinée aventureuse ne m'apportait plus l'ancienne plénitude mais, bien au contraire, le vide et le désert. A la façon de ces beatniks ou hippies attardés dont les compagnons de jeunesse, abandonnant la fête éteinte, avaient regagné le rang, je ne trouvais plus à qui parler dans une société qui se hérissait et se durcissait chaque jour davantage et où mes proclamations poétiques, mes encouragements à l'aventure, étaient de moins en moins compris et admis.

Les jeunes architectes français qui formaient à Sidi-Bou la

plupart de mes interlocuteurs n'avaient que faire de mes pétitions idéalistes. Soucieux de leur prochain retour dans une métropole où se tarissaient les commandes et où beaucoup de leurs aînés mordaient déjà dans la pauvre galette du chômage, ils écoutaient à peine mes déclarations surréalistes, percevant aussi, à n'en point douter, la chasse aux opinions flatteuses qui les motivaient. Aussi, sans me l'avouer, ressentais-je la nature de leur regard dubitatif et en éprouvais-je une honte, une insatisfaction de moi-même manifestée dans le rêve par le matelas jeté aux orties sous l'œil accusateur de ceux qui partaient au travail.

Mais un symbole ayant plusieurs lignes de sens, je pouvais interpréter cette scène aussi comme une inculpation personnelle ; la part de moi-même qui voulait se mettre à l'œuvre regardait sans sérénité le vagabond paresseux, le bon à rien, l'hercule inerte qui lui résistait. Ainsi l'Atman pointait-il, de son doigt subtil, sur le conflit intérieur : l'hostilité du principe actif pour le bayeur aux corneilles, le violoneux, le bohémien sans autre projet que son propre transport.

Aujourd'hui je comprends — pour l'avoir maintes fois vécu et reconnu — que se déchaînaient alors en moi les forces antagonistes et que mon inertie n'était que l'ombre et comme l'ubac de ma souveraine appétence à créer, de mon appel à l'art libérateur. Je sais à présent que, plutôt que de m'élancer chaque matin sur une feuille blanche qui se refermait aussitôt comme une huître, semblant s'obturer avec la force même employée à lui sauter à la gorge, je sais qu'il eût été préférable d'attendre avec douceur, dans la paix de l'âme, le moment propice à l'éclosion. N'est-il pas évident qu'à chaque fois qu'on se force on s'affaiblit, à cause du contraire d'ombre aussitôt déclenché — et qui ligote et retient ? De cette immobilité je me chargeais comme d'un crime ; je me trouvais indigne, honte redoublée qui me contraignait à fuir pour échapper au regard, à celui des autres comme au mien.

Dans sa profonde sagesse l'Atman désignait le comportement négatif par excellence, celui de la fuite qui souvent m'emportait : fuite dans les saveurs et les ivresses, fuite géographique aussi pour m'écarter des jugements. J'allais là-bas pour ne pas être accusé ici, je fuyais au loin pour échapper au proche. Le résultat était le retour au passé, aux vieilles pentes dissimulées entre les constructions de la vie récente et m'entraînant vers un état antérieur qui nourrissait ma tristesse d'aujourd'hui. Aussi ce passé était-il représenté dans un creux, dans une fondrière, hiéroglyphe où il était facile de déchiffrer le symbole de la dépression. Par cette image le Maître invisible, l'instructeur caché que mon interpellation — et la foi peut-être que je portais dans son existence — avait hélé et fixé dans les immensités du plan subtil, me montrait la cause du chagrin éprouvé, le sentiment de séparation d'avec l'amour que je voyais pourtant vivre et couler devant moi — et que je n'avais le droit d'absorber que par le regard.

Méditant et marchant dans les rues de Sidi-Bou, entendant rire dans les jardins les familles heureuses, voyant à travers les grilles les couples en liesse, je comprenais mieux ce qu'on cherchait à me dire : la tragédie originelle qu'avait été pour moi le sevrage par la mort m'avait comme imprégné d'un sentiment de séparation et de distance.

Souvent dans mon enfance, allant visiter les familles voisines, dans les maisons ouvrières en rangées dociles à côté de l'usine de mon père, j'avais éprouvé cette souffrance et cette jalousie. Dispensé par des mamans solides l'amour était versé comme du lait sur les enfants de mon âge. Chez moi, dans la vaste demeure ornée de tableaux de marines et qui veillait sur la cité comme le berger sur son troupeau, l'amour était rare, l'amour faisait maigre.

Emporté par son activité, mon père, homme bon mais pudique et lointain — ayant peut-être à son « anima » féminine déclaré la guerre —, s'était remarié avec une veuve qui à l'amour était réticente, comme si elle avait avec lui compte à régler et, à le meurtrir, jouissance particulière. Aussi, ceinte de son parc, la maison bourgeoise où nous croissions, mes deux frères et moi, n'était-elle, dans l'ordre vital de l'amour, pas même une cahute : une auberge de la pauvre étoile, un matelas posé dans les buissons.

Les palais des nababs, édifices enracinés dans la terre et entourés d'arbres verdoyants, se trouvaient au bout de la rue, dans ces familles ouvrières où l'amour ruisselait sur l'enfance : en cet instant me revient la sensation éprouvée à six ans quand j'entrais dans les demeures où, parfois, un enfant venait de naître, celle d'un nuage magnétique invisible où je me baignais comme dans une onde délicieuse. Il est faux de dire que l'amour est un sentiment ; c'est une matière, une substance, un éther subtil, une eau fraîche qui coule aux fontaines de l'âme. Comme tout élément, il a aussi sa densité que les enfants — ces voyants — savent repérer autour de certaines personnes auprès de qui, aussitôt, ils accourent, comme si aimer faisait de nous des aimants. Cette nourriture, j'allais la respirer chez les autres : ne m'étant point destinée, je ne faisais que la regarder sans avoir le droit d'étendre, vers elle, ma main.

Ainsi le rêve définissait-il avec exactitude l'origine de ma tristesse. Passant à Sidi-Bou au milieu de familles heureuses et de couples aimants, étant un vagabond au milieu des fixes, je réveillais les très anciennes souffrances suspendues à la panoplie des misères, ressentant une impression qui était moins celle du rejet que de l'écart. Eussé-je pu écrire comme tant de fois dans le passé et recouvrir avec mon écriture le bloc d'une libre imagination que je me fusse assurément stabilisé et égayé. Car la joie est ma vraie nature, l'air qui convient à mes pensées gracieuses, la sève qui me fait le mieux verdoyer ; hélas ! l'indolence à quoi ma stérilité me condamnait me ramenait comme un bétail coupable aux chemins du passé creux, dans la nature, dans la coupe où me happait la vieille affliction des enfances à l'eau froide.

Existaient donc en moi — et c'était l'un des premiers enseignements du rêve — des passages obligés, des tendances, des états engrenés : des plis. L'âme inférieure — que les hommes d'aujourd'hui nomment l'inconscient —, c'est notre passé négatif, tombé en lourdeur et déposé dans la bouteille comme une lie. Il est un empire de forces noires et d'émotions retenues qui, pendant de longues années, m'avait été favorable et au sein duquel j'avais puisé maints états poétiques délicieux. Toujours à bonne distance de lui, juché sur le promontoire qui dominait de très haut sa mer de naphte, je n'en recueillais que les gaz vitalisants, les vives incandescences et les pensers mystérieux que soufflait sa ténèbre.

Depuis quelques mois la relation avec lui avait changé : mon passé m'était fardeau, m'était chagrin, m'était poison que j'eusse voulu d'un seul coup abolir pour naître à nouveau. Pourquoi ? Que s'était-il passé avec mon passé pour qu'en fût altéré son voisinage ?

La dernière partie du rêve avec le surgissement si étrange — et si incongru — du président Edgar Faure répondait à cette question avec une précision qui, aujourd'hui encore, est pour moi la preuve de la Présence, de la situation du Maître invisible comme régisseur des songes. Certes, en ce temps de naissance à ma conscience onirique et d'ouverture de l'œil intérieur — c'était il y a dix ans ! — je ne comprenais pas ce que signifiait cette séquence finale.

C'est à peine si j'en retenais comme idée la modification du regard longtemps fasciné que je portais sur ma jeunesse. Naguère j'adorais ranger les vieilles lettres, regarder les vieilles photos. J'avais chez moi, dans mon appartement parisien, une grosse valise que je nommais la valise du passé et qui contenait toutes les traces matérielles de ma vie sensible, mèches de cheveux, couteau de poche de l'enfance, carnets de notes et lettres des amours mortes, témoignages aussi de mon existence vagabonde et journaux intimes que l'ego avait jadis tenus en mentant. Quand j'éprouvais l'ascension en moi des angoisses ténébreuses et que la solitude m'était fardeau et tristesse, j'allais m'absorber dans ces liasses de souvenir, y puisant, oui, une sorte d'amour et d'assurance : l'homme qui avait suscité tant d'attachements féminins n'était pas seul, n'était pas veule, n'était pas perdu !

Depuis peu cependant m'angoissait comme une mise à l'abîme ce retour aux jours anciens et à un éphémère retenu et comme décoloré. Une fois la valise ouverte tout mon être s'engrisaillait sans se griser, comme au souffle d'un grenier froid et poussiéreux. Aussi l'Edgar Faure de mon rêve confirmait-il d'abord l'authenticité de cette impression : la nostalgie n'était plus ce qu'elle avait été. Incapable d'aller plus loin et de saisir ce que le Maître, à symboles couverts, cherchait à me dire, je me bornais à repérer, dans le nom même de l'homme politique, une allusion à la force. N'y avait-il pas, dans la publicité, une marque de cuisinière électrique qui faisait tinter l'assonance : Faure, c'est fort ?

Aujourd'hui, après dix années de déambulation dans le monde profond et de dialogue avec le guide invisible, j'entends mieux cette langue étrange, brillante, universelle que le rêve nous murmure du revers de nos nuits et dont la mystérieuse charpente est celle du symbole et de la correspondance ineffable. Edgar Faure avait perdu sa femme Lucie, morte quelques mois auparavant. Aussi son passé avait-il pris figure et comme substance différentes : la nostalgie n'était plus, en effet, ce qu'elle avait été.

Mais quel était le rapport avec moi dont l'épouse, au contraire, allait mettre au monde un enfant de lumière, conçu dans l'Himalaya, lors du même voyage au Ladakh où j'avais rencontré M. Gadoue ?

L'énigme alors se compliquait d'un autre souvenir : en mars 1970, revenant du Viêt-nam où j'étais correspondant de guerre, j'avais séjourné dans l'Himalaya pour y entreprendre mon premier roman. Dans une vallée, sur la route de Pokhara, discourant devant les étudiants d'un campus népalais, j'avais rencontré Edgar Faure qu'accompagnait son étrange épouse, si différente de lui avec son visage pharaonique et une maigreur qui jurait avec la rondeur radicale du vieux tribun alourdi par les banquets. Différents, certes, et cependant unis par les liens d'un amour évident : ces deux-là étaient noués à l'âme. Edgar Faure sur Lucie se reposait, Lucie par Edgar, à travers Edgar, connaissait le monde.

Tous deux avaient pris les chemins de Katmandou sur l'invitation du monarque héréditaire du Népal qui célébrait le mariage du dauphin avec toute la solennité convenable. Sur la place d'armes de la capitale du royaume une cavalerie d'opérette montrait, sous le soleil vif, ses shakos et ses dolmans écarlates. Des coups de canon faisaient, dans les gargotes du bazar, sursauter les hippies pétrifiés dans leurs songes. Ainsi le personnage d'Edgar Faure était-il associé à une idée de mariage princier, de couple profond que la mort avait rompu — et d'Himalaya.

Le rêve me parlait de la mort de mon propre mariage, quelques mois auparavant, sur le toit du monde. Et c'est vrai qu'il s'était passé quelque chose sur la route pénible, fréquentée par les bus et les vautours, qui relie aux vallées douces du Cachemire le haut désert du Ladakh : un événement dont ma mémoire consciente avait à peine gardé le souvenir mais qui avait marqué mon âme haute, lui soufflant la certitude, plusieurs années avant le divorce, que le couple était fini, que ce mariage en quoi j'avais tant espéré était à jamais dénoué et que, tel Edgar Faure, ce veuf joyeux que la mort de son épouse dissipa, j'étais redevenu célibataire.

Le Ladakh, avec ses monastères vibrants de prière bouddhique et sa lumière spéciale qui en fait une province du ciel, m'avait mis dans mon altitude, dans un état de ferveur spirituelle dont je découvrais pour la première fois la jouvence et que *La Vie divine* de Sri Aurobindo, que je m'employais alors à comprendre, m'aidait à définir. J'étais dans mon supra-mental, à la haute terrasse et comme dans l'Himalaya de moi-même, ce lieu qui est le pyramidon de l'être et communique avec les vastitudes invisibles, au point d'en recevoir, par le médium de la méditation, et la force et les couleurs — et l'eau lustrale.

Ainsi, au long de la semaine qu'avait duré mon séjour à Leh, sous le Potala juché sur son roc au-dessus de la ville ancienne, ainsi avais-je plané, me posant à peine sur terre pour manger et dormir et repartant aussitôt dans cet exercice placide et cette activité immobile qu'est la contemplation. Le désert flambait sous un ciel qui ignorait le nuage et où la nuit allumait le grand théâtre des constellations. Le monde était beau, de cette beauté qui est remplie de sens et reflète la voie céleste, ce chemin de sagesse que les soufis ont nommé l'arc de remontée.

L'homme ignore qu'il est au plus bas du plus bas, dans le tamponnoir du monde, et que son travail — son œuvre — consiste à sortir de l'épaisseur pour jaillir dans sa légèreté après avoir soustrait à la matière la pensée qu'elle contient. Car le monde pense dont nous sommes le berger des idées, missionné pour rassembler les ambitions vagues des substances, le rêve de ses noyaux minéraux.

Quand nous regardons un paysage nous en recevons un message que l'âme déchiffre et nous communique par sensations intérieures. A travers ses couleurs et ses volumes le paysage nous confie son drame ou sa croyance, la sagesse qu'il porte en lui comme reflet visible du monde supérieur invisible. Nous croyons regarder la nature et c'est la nature qui nous regarde et nous imprègne, passant à travers nos yeux médiateurs, véritables sas entre le dedans et le dehors. Ce que nous regardons se dépose en nous comme si nous l'avions aspiré, au point que l'œil est l'organe même du mystère, à la fois bouche qui tète la réalité et appareil de projection qui colore l'extérieur avec l'âme teinturière. Quand des hommes hauts, comme disaient les romantiques, ont longtemps regardé un paysage, une subtile magnificence s'y incruste, jaillie de leur royaume profond et répandue au-dehors en paillettes, en poudre qui scintille.

Et telle était bien l'oasis de Leh, regardée et transmutée au cours des millénaires par des êtres spirituels, par des méditants qui l'avaient parsemée du mystérieux pollen des âmes fraîches. Aussi l'avais-je quittée à regret pour redescendre avec M.M. à bord d'un bus aux ressorts aplatis, vers Srinagar et l'État-corridor de Jammu, sur une route périlleuse où, dans les virages successifs, nous apercevions parfois, en nous penchant vers le fond des abîmes, les carcasses ratatinées des autocars malchanceux.

A Lamayuru était venu s'asseoir à côté de moi un paysan ladakhi hors d'âge, si vieux qu'on eût dit silhouette en cuir dont les yeux semblaient des fentes dans une tenture. Sortant de la poche cartonneuse de son manteau un chapelet, il se plongea dans une prière qui le fit pendant des heures ronronner avec le moteur. Prêtant l'oreille, je finis par identifier un mantra répété sans arrêt comme une scie et que, sur ma demande, il me cria dans l'oreille : Aom-Mani-Padmé-Om, formule dont je savais, pour l'avoir repérée dans les livres d'Alexandra David-Neel, qu'elle signifiait : « Gloire au Joyau dans le centre du Lotus ! »

Le vieux paysan penché vers moi m'enseigna l'exacte façon de la prononcer, avec les accents toniques si essentiels pour qu'elle devienne opérative. Alors, longtemps après qu'il fut descendu, je répétais à mon tour et jusqu'à en être martelé la parole de puissance, éprouvant peu à peu son effet garanti qui est la matérialisation de la formule vibrante.

Au-dessus de la tête l'air palpite, comme si des voiles flottaient au souffle des inspirations du dedans, l'espace entre les yeux devient sensible tandis qu'au sommet du crâne un être invisible semble avoir posé là son index. Bientôt vous gagne la légèreté comme un champagne qui frémit ; l'esprit s'envole comme l'oiseau dans la lumière du matin.

Me tournant vers M.M. assise derrière moi je voulus en criant, à cause du tumulte du moteur, lui dire ce qui m'arrivait, cet élan gracieux qui m'emportait. Je voulais l'inviter à me suivre dans cette ivresse qui rendait toutes choses aériennes, y compris ce voyage pénible, dans la chaleur sèche, sur la route hérissée.

Or, à peine eus-je dit quelques mots qu'elle entra dans une violente colère. Je devais arrêter de la déranger à tout propos, criait-elle. Déjà, un Indien derrière elle ne cessait de hurler dans sa direction. Suivait, prononcée avec aigreur, une liste d'accusations si imbéciles que j'en fus écrasé : je ne l'avais pas aidée à faire les sacs le matin même, je n'avais pas non plus lavé mon linge le soir précédent, laissant mon slip dans le lavabo, si bien qu'elle avait dû le faire à ma place, chose qui avait occasionné un certain retard, de telle sorte que lorsque nous nous étions présentés à l'autobus les meilleures places étaient prises et qu'il ne nous restait plus qu'à poser nos fesses au-dessus des roues, là où le bahut était le plus secoué...

Je pense aujourd'hui que M.M. n'était pas seule à m'invectiver et que, derrière elle, s'exprimait le sens : ce que je prenais pour de la spiritualité fervente n'était qu'ivresse, amplification, inflation d'un mental qui s'imaginait qu'en prononçant la même formule on s'ouvrait le chemin du ciel. La voie divine commence dans le lavabo où nous lavons notre linge, où nous accomplissons l'humble tâche matérielle quotidienne. Sans doute, à cette signification directe, immédiate, s'en ajoute une autre plus subtile : avant de penser à Dieu il me fallait d'abord nettoyer mon slip, c'est-à-dire, symboliquement, purifier ma nature inférieure, admonestation dont, peut-être, tout ce livre découle.

Il n'en reste pas moins qu'en un instant, des hauteurs splendides, du sommet de moi-même où le mantra m'avait juché, je roulai au fond d'un précipice plein de fiel et d'épingles, de pensées négatives tourbillonnant comme des mouches. J'étais tombé des nues et en voulais à mort à celle qui m'avait descendu.

C'est que — à cause de la mère seconde penchée sur mon enfance comme un arbre tourmenté — je ne pouvais supporter l'acrimonie féminine, le reproche et la flèche d'aigreur, la pique lancée par une femme : aussitôt la ténèbre montait du passé lointain qui me lestait d'un poids si lourd, d'une si pesante obscurité que j'en étais comme englouti dans ma nature inférieure, dans une inertie maussade et rébarbative qui est bien celle en effet de l'enfant qui boude. L'âme d'en dessous, par opposition à celle d'en haut qui veut contempler un avenir de lumière, est notre passé présent, le révolu encore actif, une puissance de régression qui nous enchaîne aux vieux désirs comme aux vieux dépits.

Pénétrer ses circuits comme ceux d'un transistor complexe, reconnaître les passages qui nous font aller de la susceptibilité excessive à la tristesse puis aux pensées sexuelles obsédantes et enfin peut-être — comme ce fut longtemps mon cas — à l'alcool destructeur, étudier donc ces lignes du métro souterrain avec les différentes stations d'attitude qu'il traverse, c'est le subtil travail qui nous permet d'éclairer notre ombre, de dénouer ses tensions et d'écarter son ciel d'orage. N'ayant pas encore entrepris cette descente aux abîmes je m'abîmais sans le savoir, recevant alors d'un coup tout mon passé lourd et prenant les attitudes de l'enfant que j'avais été.

M.M. avait, pour m'agresser ainsi sur la route longue, cahoteuse, toute ennuagée de poussières, de bonnes excuses. Notre couple n'était-il pas fondé sur la complémentarité ? J'étais le rêveur, l'imaginatif, le magicien ; elle gouvernait le réel, se trouvant donc dans sa fonction en me rappelant les viles nécessités de l'existence et en me tenant rigueur de n'y avoir point veillé. Et puis elle était enceinte — ce que j'ignorais, ce que nous ignorions — au premier mois d'une grossesse dont on sait que les débuts s'entourent d'irritabilité et d'hypocondrie.

Il n'en est pas moins vrai que j'avais éprouvé son attaque comme la chute dans un trou d'air, changement d'altitude si violent et si soudain que je me sentais hors de moi : tout à l'heure dans mon axe, à présent dans mon dés-axe. À l'étape — celle de Kargil d'où part la route vers le Zanskar — je me renfermais dans mon silence, faisant mine de m'absorber dans mes pensées, ne daignant pas lui adresser la parole, attitude infantile dont je ne consentis à me départir que le lendemain en descendant vers les vallées heureuses du Cachemire.

Une idée m'avait imprégné tout au long du voyage, celle du divorce inévitable. Mon épouse n'était point accordée à mon âme, distance et dysharmonie qui ne pouvaient aller qu'en s'accroissant. Ce qu'il y avait en moi de plus haut, de plus pur ne trouvait pas en elle son reflet et n'était pas compris par elle qui ne voyait la vie et le monde qu'au travers du cadrage matériel. Le subtil, le poétique, le spirituel même à quoi je m'étais efforcé de l'éveiller avaient comme glissé sur un caractère qui cherchait avant toute chose la sécurité et les biens. Notre union avait été une erreur que la séparation réparerait.

Certes, j'étais injuste, ignorant alors que la vie était à la carte et qu'il suffit de fixer soi-même son menu et d'infléchir dans ce sens ses pensées et ses actes : ce que je veux dans ma profondeur, je le peux. Un couple est une glaise modelable, l'union une œuvre à accomplir et non un état aussitôt octroyé. Peut-être aurais-je pu, en l'aimant comme il convenait, ramener M.M. à son essentiel, l'arracher au souci de l'extérieur pour la réconcilier avec une intériorité dont j'avais parfois aperçu la richesse et la créativité.

Mais quelque chose en moi la repoussait à quoi l'épisode du bus ladakhi soudain fournissait un combustible facile et comme un motif pour grandir de façon décisive. Au fond de moi venait d'être prise la résolution de me séparer de M.M., perçue tout à coup comme l'ennemie de ma recherche et sur qui je projetais, pour la première fois, l'ombre ancienne, les longues rancunes qui, depuis l'enfance, avaient macéré dans mon âme étrange et fortifiée. Derrière elle se profilait soudain en silhouette de vapeur une autre femme, la seconde épouse de mon père, créature déchirée dont les mots terribles, les attaques, les reproches qui tombaient en éclats inopinés jadis me brisaient, me mettaient dans mon terrier. Dès lors, puisque je ne la voyais plus comme elle était et qu'une image ancienne et poussiéreuse entre nous interférait, j'avais, comme le rêve le sous-entendait, perdu mon épouse que recouvrit dorénavant, jaillie de mon âme sombre, de mon lourd passé, une forme cruelle, un fantôme projeté par mes yeux.

A partir de ce jour-là je ne coulai plus jamais avec M.M. d'heure vraiment paisible. Toujours voletait entre nous et venant de moi le climat de l'enfance inquiète que le poignard d'une voix perfide pouvait sans cesse blesser. Mon épouse était morte qui avait stabilisé ma vie et comme rangé ma jeunesse dans l'ordre du passé dépassé. Le chaos, la noirceur, les perversions étranges étaient — comme je n'allais pas tarder à m'en rendre compte — sur le point de revenir.

M.M. m'avait gardé, son amour m'avait protégé. En s'effaçant peu à peu, elle me livrait aux anciens sortilèges, aux mécanismes d'autrefois et à des monstres dont j'avais cru depuis longtemps l'espèce éteinte. La nostalgie n'était donc plus ce qu'elle était qui, naguère, m'apportait des sensations poétiques et nourrissait ma plume d'un fluide élégiaque dont mes premiers romans témoignaient. Elle faisait à présent monter dans ma vie une eau noire, une eau d'angoisse qui me refroidissait, qui me pervertissait.

Certes, ce jour-là en Tunisie quand ce rêve m'advint, je n'étais pas capable de percer le secret de ses formules finales. Ce n'est que longtemps après, et quand le divorce fut consommé, que je pus les déchiffrer et saisir le message profond et l'oracle que le maître invisible m'adressait. Car le rêve, ce grand songe venu à travers moi dans la nuit des Rameaux comme pour me préparer à un cycle de métamorphose, de mort et de renaissance que la semaine de Pâques symbolisait, m'annonçait aussi les grandes directions de ma destinée.

Lucie, la femme d'Edgar dont la disparition était évoquée dans le rêve, était un écrivain fort bien en cours et dont chaque livre était salué à la parution par un tonnerre de louanges critiques, ce qui était aussi mon cas, jusqu'à mon dernier roman, publié quelques mois auparavant et qui n'avait pas reçu, dans l'*establishment* littéraire, le même accueil que les précédents. Il est vrai que les préoccupations spirituelles dont il était agité à la façon d'une onde tumultueuse — celles du combat avec un dragon pétrifiant et sa transmutation en Sîmorgh — n'avaient pas été comprises, perçues qu'elles avaient été comme une tentative de fantastique à la française, expression romanesque à quoi renâclait la très cartésienne littérature nationale. Habitué, depuis mon premier roman, à l'éloge et aux succès automatiques, j'en avais été affecté, me sentant rejeté — et comme banni — d'une société où j'avais trouvé maintes nourritures en même temps que l'illusion d'amour et de sécurité qu'une petite renommée favorise. Aussi en avais-je conçu une sorte de noirceur, un climat de déception et d'irritation vague qui avait comme incliné mon être à ses bas-fonds de tristesse.

Contenant une allusion à la mort de Lucie Faure — et Lucie Faure est proche de Lucifer —, le rêve notifiait dans ma vie la mort de l'écrivain luciférien, altéré de jouissances et de dévorations, enraciné dans son corps voluptueux et soucieux de domination et d'influence. Quelque ombrage que je pusse en prendre, il fallait m'y résigner : l'ensemble de l'édition allait être emporté vers des livres commerciaux où mon type de littérature, fondée sur un certain idéal — peut-être à mon insu — de recherche intérieure et de connaissance de soi, ne trouverait plus qu'avec difficulté sa place.

*La nostalgie n'est plus ce qu'elle était* est le titre d'un livre connu, ouvrage de souvenirs que l'actrice Simone Signoret, avec de vives prétentions littéraires, avait fait paraître quelques mois auparavant et dont le succès, appuyé par l'artillerie critique, avait été foudroyant. J'avais éprouvé de l'antipathie pour ce livre, non seulement parce que sa réussite provoquait en moi une obscure et déplaisante réaction de jalousie et de rivalité — le dépit de ne pas être, autant qu'elle, loué — mais aussi parce que je sentais que son genre allait coloniser les devantures de l'avenir. Bientôt, chaque acteur un peu caressé par la plume de paon de la célébrité se risquerait sur la même voie et embouteillerait les librairies avec des confessions romancées qui prendraient la place de la création authentique.

Ainsi, répondant à ma question sur l'origine de ma tristesse, le rêve désignait, à côté du sentiment d'exclusion et de l'ébranlement de ma situation conjugale, mon infortune littéraire comme un autre motif de mon abattement. J'étais triste parce que mon être profond savait qu'il allait, pour s'accomplir, devoir lâcher prise, abandonner toutes sortes de joies antérieures, jouissances et certitudes, connivences avec un milieu à qui je devais tourner le dos pour gagner les hautes régions. J'avais connu, depuis ma sortie de l'université, une époque fastueuse, une jeunesse de prince qui m'avait fait embrasser mille aventures aux quatre coins du monde. Elle était à présent révolue. Une nouvelle journée commençait où il m'était demandé d'ouvrir les yeux, de m'éveiller, de me considérer sans mensonge, de me connaître.

Et c'était bien là le sens de la première image du rêve : jusqu'à présent, étranger à moi-même, j'avais dormi. Par l'appel à la parole du dedans, par l'invocation consciente du Maître, j'avais allumé l'œil intérieur qui, désormais, percerait l'un après l'autre les lourds secrets de ma destinée.

Aujourd'hui, à approfondir ce rêve, je m'émerveille de l'art drolatique du guide à jouer sur les mots et à parler cette langue des oiseaux évoquée jadis par les sages alchimistes. Semblable à l'*Almanach Vermot* — almanach du mot vert —, le rêve est souvent un puits d'astuces qui peuvent, certes, égayer les cafés du commerce mais aussi livrer un enseignement sur les coïncidences significatives et, par exemple, sur le sens secret des noms de famille.

Dans un songe qui m'invitait à la connaissance delphique de moi-même, la présence — non mentionnée directement mais induite comme celle de Lucie Faure — de Simone Signoret évoquait en effet un être qui s'ignorait et un type de livre qui aggravait l'opacité du monde. Il y avait là un avertissement à mon usage : m'avait hanté le projet d'écrire un roman commercial où ma plume n'irait point chercher d'élucidation personnelle et cosmique mais s'attacherait à produire un paquet conditionné de l'espèce de ceux qui réussissent dans la littérature de plaisance. Hélas, j'étais voué à la haute mer et, comme le disait le Yi-King, « à la traversée des grandes eaux ». Simone, peut-être, s'ignorait mais, pour ce qui me concerne, je devais entreprendre de me connaître et, me connaissant, de connaître les mondes et les dieux.

Ainsi devais-je m'écarter de la Simone Signoret de moi-même, conseil d'autant plus retentissant qu'il contenait des allusions à un mal dont je commençais de souffrir. Simone Signoret avait — comme beaucoup d'acteurs — une inclination à boire dont témoigna le rapide déclin de son apparence. Semblable à elle au milieu des folies de la société de spectacle, le commerce que j'eus avec la république des lettres — avec ses angoisses et ses difficultés de communiquer — m'avait porté à la fois au vain et au vin comme si la hauteur de l'un eût favorisé la descente de l'autre.

Telle était donc la réponse du guide invisible à ma question : Atman commentait ma vie, me montrant les sources de désordre et d'affliction qu'elle contenait. Certes les significations étaient posées dans le rêve comme de petits oiseaux frissonnants qu'il me fallait capter. C'était des noyaux de sens latent, des braises sur quoi je devais souffler pour obtenir un beau feu de vérité, des grains de méditation et de lumière. Et la plupart des rêves sont ainsi : une composition de symboles en cristaux dont chacun contient un sens sacré de nature, si on l'approfondit par amplifications successives à la façon d'un orgue qui s'embrase et gronde, à nous fiancer à l'éternité.

Rien n'illustre mieux cette force concentrée du symbole que le hiéroglyphe central du rêve, celui du matelas qui définit en effet, dans un premier niveau véridique mais incomplet, la vie vagabonde que j'ai menée et son déracinement originel : mon lit difficile et alors nulle part vraiment posé. Mais n'offre-t-il pas aussi un autre sens, celui de l'extrême intimité et du secret de l'être ?

Bien des fois dans les grandes villes mon regard avait été attiré par ces matelas abandonnés au pied des immeubles pour que le service municipal les enlève. Dressés contre le mur ou bien posés à même le trottoir comme une invite à s'y étendre, ils révélaient les corps qu'ils avaient soutenus et dont ils s'étaient imprégnés. On reconnaissait le matelas de jeune fille à je ne sais quel éclat que le sang offensait, le lourd support de couple à sa rampe centrale que l'éloignement avait, à la longue, sculptée, le matelas d'amants aux taches multiples et différentes, celui des moribonds à toutes sortes de souillures qui le constellaient.

Le matelas était ainsi le buvard des hommes, attestant de la vie des chairs et des âmes. Combien de fois, regardant là où les têtes se posent, à la jonction de l'oreiller absent, n'avais-je point reconnu, pareilles à l'urine mais en plus affinées, les larmes versées par l'homme dans l'obscurité ! Quant à moi, déchiffrant les matelas et [illegible] d'ombre que les anciennes jouissances y avaient [illegible] d'autrefois quand le premier [illegible]t comme du blanc d'œuf — [illegible]versait le drap pour humidifier [illegible].

[illegible]nfance, c'était la mère seconde [illegible] procédait chaque matin à la [illegible]aisir à l'examen des couches et [illegible]urnes, me les imputant comme [illegible]'il apparaissait dans le rêve, était [illegible]a sexualité honteuse, de tout ce [illegible] paraissait pas conforme : il était [illegible]ers, il était mon enfer.

[illegible]e, ombre et envers du personnage qu'au-dehors nous affectons de jouer, tombe et tombeau où coule ce que nous rejetons et où cependant, pareil à la rivière, il nous faut faire notre lit — notre nid ? Là est le mystère capital : ce matelas taché et caché, cette paillasse est notre nef pour le voyage futur que la mort à ce monde aussitôt ouvrira.

Notre matelas est notre barque au port de l'éternité, notre honte est notre appui. En y opérant une rectification comme le suggère l'alchimie traditionnelle, nous la métamorphosons et de ses plaintes nous faisons des triomphes, simple magie de la rénovation de soi dont le sens est exposé dans le mot même de matelas. Cette barque inerte, cette pinasse où, parfois, nous sommes comme engloutis, cette vieille péniche nocturne tout juste bonne à recevoir les ordures du vivant, il nous faut la mâter, lui adjoindre ce mât vertical par où peuvent descendre sur elle les énergies transformantes, purifiantes qui la blanchissent en même temps qu'elles la fixent sous l'œil de la connaissance. Ainsi l'ombre transmutée et comme rapprochée du soleil devient-elle en effet notre barque d'éternité, notre vaisseau de résurrection pour traverser les océans psychiques tumultueux qui attendent l'âme en mouvement quand elle a quitté son corps matériel.

En Tunisie, dans ce printemps où je m'éveillais à moi-même, mon regard était fasciné, en visitant le temple de Moloch que les archéologues américains tiraient alors de la terre de Carthage, par le signe de Tanit partout inscrit sur les stèles et qui représentait un croissant de lune tourné vers le haut et surmonté par le soleil : croissant ou barque — telle qu'on la voit sur les bas-reliefs égyptiens pour évoquer le voyage de l'âme sur les eaux de l'Amenti —, elle était pour moi le signe de l'ombre avec le soleil réconcilié, le symbole d'un inconscient redressé, réaxé et enfin éclairé.

Il est vrai que tout conspirait pour me convaincre de la réalité d'une ombre indocile qui ne voulait pas céder à l'impatient écrivain acharné à l'exploiter comme une mine — ou plutôt à la traire comme une vache. L'attention soudain portée au rêve, la réponse si complète alors donnée par le maître intérieur, la sensation que j'éprouvai de son existence comme d'une conscience engloutie, la foi qui me vint dans la finalité divine de la vie, tout cela opéra la descente immédiate d'un rayon céleste, lumière impitoyable à la façon de l'épée angélique et qui ouvrit les coffres depuis longtemps fermés, fendant le matelas en deux et faisant sortir un monstre oublié, véritable griffon de l'imagerie médiévale qui se rua aussitôt sur moi.

Au lendemain de mon rêve sur Edgar Faure et après en avoir, pendant la journée, médité l'énigme, je m'étais rendu chez Isabelle qui allaitait alors son enfant, montrant dans le jardin, sous le soleil déclinant qui rosissait sa chair pâle, un sein dont la vue me troubla. Sans doute ressentit-elle sur sa peau le poids de mon œil car, voilant ses appas, elle remit le bébé au berceau et m'interrogea sur Andréa et Agathe : les avais-je rencontrées pendant la journée ? Non, dis-je. « Alors elles doivent être dans leur brunissoir. » Leur brunissoir ? « La terrasse de la maison d'Agathe, celle que la tienne surplombe. Elles y font du naturisme... De quoi te rincer l'œil, si tu le voulais », ajouta-t-elle avec un sourire en coulisse. Elle se tut : son mari arrivait.

Professeur à l'école d'architecture de Tunis, Thierry était un jeune petit homme austère, soucieux surtout des cours du lendemain vers la préparation desquels, aussitôt le dîner avalé, il s'envolait. A le voir gagner ainsi son bureau situé au premier étage, à l'entendre tracer des plans et choquer ses règles, j'éprouvais une tristesse qui me faisait tendre vers la bouteille une main automatique. Encore une petite lichette, soupirais-je. Isabelle me cuisinait des briks à l'œuf dont l'absorption était délicate : en refermant les mâchoires la pâte se brisait, laissant couler sur le menton, et parfois jusqu'au col de chemise, le jaune qui s'échappait.

Dehors, quand je rentrais chez moi, je suivais la rue El Nafs bordée d'un mur d'où l'on dominait la ville assoupie, grise dans la nuit avec ses arbres en fleurs d'ombre, en flammes noires et parfumées. Dans le ciel grésillaient les étoiles comme si elles eussent été l'extrémité de cigarettes aspirées par des titans invisibles. L'anhydride sulfureux que le vin tunisien contenait en abondance me brûlait l'estomac, produisant, au cœur de mon ventre sonore, un clapotis de douve.

Le lendemain matin, j'avais la tête lourde. La gueule de bois m'était alors si familière que j'avais appris à y trouver mes aises, en tirant une sensibilité frissonnante qui me rendait délectables des musiques, des peintures ou des lectures qu'en temps ordinaire je n'eusse pas même remarquées. Sans doute y a-t-il dans le démantèlement des structures à quoi l'alcool s'emploie une faveur d'âme qui peut, dans un premier temps, nous ouvrir les armoires de la réalité. Ma nature contemplative y trouvait son miel qu'un simple regard sur un mur ensoleillé ou un feuillage bougeant dans la brise alors exaltait. Ma nature animale aussi qu'actionnait le désir passant, me rendant l'assouvissement si nécessaire que j'eusse pu, dans ces moments-là — avec ma bête énervée —, couvrir n'importe quelle créature.

Aussi la pensée m'était-elle revenue du « brunissoir » où Andréa et Agathe allaient exposer des corps dont j'avais maintes fois imaginé, et comme caressé par l'esprit, la très sensuelle opulence. Grimpant, aussitôt le petit déjeuner avalé, l'espèce d'échelle de coupée qui menait à la terrasse, je me hâtai d'examiner les lieux.

Sous la rambarde blanchie à la chaux s'ouvrait en effet — côté ouest — la terrasse d'Agathe où, dans un coin près de l'escalier, deux serviettes-éponges étaient étalées sur des nattes. En me penchant d'une certaine façon je pouvais, tout en faisant mine de regarder la ville, diriger vers le brunissoir des œillades si promptes qu'elles n'auraient pas été remarquées. J'attendis donc que les deux femmes daignent enfin, sur la scène blanche, faire leur entrée. Or, elles tardaient. Immobile sous le soleil suspendu à la faïence bleue du ciel comme un bouclier punique, je laissais mon regard se fixer et comme se clore sur les nattes de bronzage, tâchant de suppléer à l'absence de mes voisines par des images de compensation.

Je me les représentais nues avec leurs chevelures sur les coussins répandues, brunes, avec les cuisses écartées par mon regard. Aux femmes qui avaient traversé ma vie charnelle j'avais souvent demandé, pour rallumer mon désir après le déduit, de s'ouvrir pour que mon œil les dévore avant mes baisers, tirant de cette vision insistante un regain qui m'emportait. Si j'avais été voyeur, c'était par occasion et non de façon délibérée, comme chasseur à l'affût. C'est pourquoi mon attitude m'étonnait qui me clouait à ma terrasse, à fixer des formes imaginées !

Montait en moi, à cause de cette abstraction sans substance, le relent des abîmes et comme la vapeur des gouffres. Mais qu'avais-je donc ce matin-là, immobile, pétrifié, à me tendre, comme la corde d'un arc, vers des nudités absentes, des chairs fantomatiques ? Ni Andréa ni Agathe ne revinrent, pendant la durée de mon séjour et à ma vive consternation, s'ensoleiller. Avec les vacances de Pâques se pressaient dans leurs demeures des familles débarquées de l'avion de Paris, images paternelles et maternelles au bras desquelles, dans les rues étroites de Sidi-Bou, on les voyait s'afficher.

Mais pour ce qui me concerne, une trappe s'était ce jour-là levée dans mes bas-fonds qui ne se referma plus, m'obligeant à négocier mon visage d'ombre, à vivre avec un dragon dont je sentis dès lors — dont je palpai par toucher intérieur — la présence. En nous réside un être mystérieux dont le nom est travers : il regarde de travers, il se nourrit de travers, il est en travers de nous, jaillissant à mi-vie par le travers. Il nous faut le traverser, en le vivant, en l'habitant et en le domptant pour le remettre à l'endroit.

Regardant les autres hommes, j'en repère qui n'ont pas de travers ; ils marchent d'un même pas vers la réussite fortunée et n'ont pas à dompter ce qui n'existe pas ou ce qui — déjà — fut maîtrisé dans quelque antériorité fabuleuse. Mais comment expliquer cela ? C'est comme si le travers manquait au droit, comme si défaillaient des forces qui n'avaient pas été, dans le combat intérieur, retrempées, renouvelées : les êtres s'éteignent qui n'ont connu ni affronté le dragon. Et pour le combattre, il faut d'abord le subir.

Ce jour-là, constatant que ne reviendraient plus s'offrir aux baisers du soleil les deux archi-beautés de la colonie française de Sidi-Bou-Saïd, je descendis dans les rues de la ville, la pensée rèche où la gueule de bois avait comme répandu sa laque, le désir vague en tumulte et le mental rongé par la pensée obsédante du corps féminin. Derrière la mosquée et presque en promontoire au-dessus de la mer qu'on voyait blanchir au pied des falaises, s'ouvrait, au milieu des orangers dont les fruits semblaient lampions dans la verdure, un établissement où l'on servait du thé à la menthe à des clients renversés en des fauteuils profonds, arrangés avec cet art du divan qui, avec celui du divin, définit l'Islam contemplatif.

Sur cette terrasse ouverte en plein ciel parmi la végétation qui déployait son luxe, dispensant cette odeur de jasmin qui est celle de la féminité fraîche, venait, l'après-midi, se divertir et se rencontrer une jeunesse cousue d'or, enfants de cette bourgeoisie de Tunis qui porte encore sur son visage je ne sais quelle expression carthaginoise qui en rehausse le velours. Les femmes étaient belles, longues, brunes et vêtues, comme il se doit, à l'européenne, avec des robes d'été qui dévoilaient leurs jambes, véritable pistil au milieu des fleurs d'étoffe et qui invitait le papillon du regard.

Seul à ma table et m'efforçant de jeter sur un bloc le plan du premier chapitre de mon livre, je ne pouvais — je ne pouvais pas — empêcher mon œil de s'égarer vers des profondeurs que les genoux — écartés à cause de la mollesse du fauteuil — désignaient de leur intervalle d'ombre. Souvent, à l'interrogatoire, les assassins ont cette phrase : « C'était plus fort que moi. » Tel était ce que je ressentais, une force supérieure à la mienne et qui me contraignait, une instance de nuit dont je pouvais, certes, l'espace d'un instant, contredire le pouvoir et comme desserrer l'étreinte mais dont je retrouvais la prise et la force aussitôt que, par inadvertance et pensant à autre chose, je laissais aller mon regard.

Non qu'à regarder les jambes d'une femme ou à capter l'éclat d'une cuisse surprise, il y ait la moindre faute ou incrimination : l'erreur, le travers ne résidait pas là mais dans l'obsession que ce regard forcené installait dans mon être, dans la tension que je mettais à lancer vers ces fruits distants le rayon d'un œil crispé.

Ces femmes, me levant et marchant vers elles, m'inclinant vers leurs belles épaules avec nonchalance, j'aurais pu — comme j'avais si bien su le faire sous tous les climats — les aborder comme des navires barbaresques et tenter d'obtenir ce que mon regard imbécile s'obstinait à éloigner. Car l'œil du voyeur ne rapproche pas, il écarte, il repousse, il glace ce qu'il croit vouloir échauffer. Me serais-je alors répété toutes ces bonnes phrases que je n'aurais pas été capable de m'affranchir de l'envoûtement étrange. N'y a-t-il pas des saisons dans la vie où l'on ne fait que subir l'emprise de l'ombre et où toute révolte, loin de l'amoindrir, au contraire l'excite et l'accroît ?

Mais que s'était-il produit pour que surgît ainsi, jailli tout armé du néant, ce monstre, ce travers bizarre de la prunelle écarquillée qui halait, du fond de ma mémoire, d'imprécis souvenirs d'enfance, flous, vaporeux mais gorgés cependant d'un malaise qui en interdisait l'évocation ?

Je crois aujourd'hui que le moment était venu d'entreprendre l'œuvre intérieure et de laisser monter à la surface les forces retenues dans mon secret et qui, par leur simple présence et tourbillon au fond de l'âme d'en dessous, empêchaient mon renouvellement, ma restauration. La destinée du monstre n'est-il point, comme son nom en français l'indique, de se « monstrer » ? Certes, il était mon ombre mais il était aussi ma force : la Force !

Ne tarda pas à l'attester, une fois revenu à mon logis de la rue El Nafs, une puissance d'écriture et de travail — une créativité — que je n'avais jamais connue. Accueillir le monstre et en vivre le ridicule tourment oculaire — l'inclination à dévorer la chère chair par un regard béant — m'avait comme rechargé, au point que cet élan, pareil à celui d'un jet d'eau incessant, finit par m'inquiéter et que je désirai, devant mes pages noircies, prendre du recul pour juger de l'excellence du chemin choisi.

Autour de moi, à cause des vacances de Pâques, les maisons amies se fermaient, soit que leurs habitants, emmenant avec eux leurs parents débarqués de France, fussent partis passer le week-end pascal dans les îles du golfe de Syrte — Djerba et Kerkenna —, soit que leurs demeures où j'avais aimé prendre mes aises se trouvaient en proie aux familles en fête, atmosphère qui rallumait en moi la vieille tristesse des solitaires.

Le soudain resserrement des liens familiaux que les grandes fêtes rituelles organisent incline à la mélancolie celui que Hermann Hesse a si bien nommé : le loup des steppes. Elles réveillent la culpabilité attachée au bannissement, volontaire ou involontaire, de ceux qui n'ont plus d'assiette régulière ni de lit consacré par l'usage. Elles poussent au souvenir aussi, à cette nostalgie qui avait cessé d'être ce qu'elle avait été ; elles réactualisent chez moi la vieille souffrance de l'écart, de la distance affective, de l'abandon maudit.

Aussi, pour échapper au spectacle de ces repas de famille dont les seules fenêtres chrétiennes de Sidi-Bou dispensaient l'odeur de mouton rôti, décidé-je de partir vers le sud, vers un désert que je ne connaissais pas et dont les oasis de Tozeur et de Nefta étaient les pierres précieuses. Pour être franc, il y avait une autre raison — beaucoup moins avouable —, une raison d'ombre à ce départ, à cette fuite.

Isabelle, mon amie, chez qui j'avais chaque jour, si je le désirais, mon couvert mis, recevait chez elle son frère chéri, homme de mon âge et banquier dont, en matière d'ameublement et d'architecture intérieure, le goût exquis avait été plusieurs fois rapporté dans les magazines. Dans l'une de ces revues qui montrent, dans la fausse lumière d'un jour d'été, ces maisons de rêve où les meubles anciens ont l'éclat particulier que l'on trouve dans les palais en technicolor, j'avais pu admirer cet homme élégant et un peu efféminé dont sa sœur m'avait confié qu'il était homosexuel.

Or j'avais en ce temps-là — et depuis l'adolescence — une relation très bizarre — très névrotique — avec les homosexuels, les considérant du même regard que celui avec lequel j'avais observé les Moïs, les Negritos ou les Bataks : comme une peuplade aux rites barbares et à l'altérité évidente. Je ne supportais pas, à côté de moi, leur présence, allant jusqu'à éprouver des réactions d'agressivité dont témoignèrent de folles détestations littéraires, parées de raisons éthiques ou politiques mais dont le secret motif était l'appartenance de leur objet à cette tribu.

C'est pourquoi, plutôt que de demeurer à Sidi-Bou comme m'y engageait Isabelle qui aurait aimé me faire connaître son frère, je partis vers le sud le vendredi saint par l'autocar de Tunis, passant la nuit à Gabès et repartant le lendemain matin vers les oasis. A cause du démarrage de mon livre et de la qualité des vents alizés qui gonflaient alors mon imagination, je me sentais à nouveau léger et plein d'espérance, l'âme aventureuse et comme portée en avant. Mon vagabondage, ma nature errante perçue, deux jours avant, comme une malédiction, était redevenue pour moi source de plaisir et enchantement délicat qui me faisait dire :

je ne saurais appartenir à ceux qui demeurent, je suis un nomade, un aventurier, un irrégulier.

Regardant autour de moi, tels ces grands séducteurs dont j'avais lu avec passion les mémoires, je cherchais, comme on disait au XVIIIe siècle, un objet à conquérir, une place forte à prendre d'assaut. De toutes les femmes présentes — étudiantes tunisiennes ou touristes françaises —, la seule dont l'aspect me parut digne d'une telle entreprise était une Noire de vingt-cinq ans, américaine à en juger à sa chevelure défrisée, à ses jeans et à son corsage aux vives couleurs. Assise au fond et plongée dans ses livres qu'elle tenait ouverts sur ses genoux elle ne prêtait pas attention aux œillades que, me retournant sur mon siège, je lui lançais, aussi, me rembrunissant, je cessai ce qu'en langage militaire je nommais mes travaux d'approche.

Le bus, qui venait de traverser Tozeur, filait sur Nefta à travers le chott el Djerid au sable soulevé par le vent. Opaque était le désert dont ne se voyait nul pli, nulle dune, brouillard qui n'entravait la vision qu'à l'horizontale, découvrant, au-dessus du véhicule chauffé à blanc, un ciel bleu au soleil implacable.

A Nefta le car s'arrêta devant Le Grand Hôtel des Oasis. M'extirpant le premier du bus je courus à la réception. A cause des fêtes, de l'invasion des coopérants et de leur famille, il n'y avait plus de chambre. A moins que... L'employé scruta son registre. Il en restait une, avec deux lits. Étais-je prêt moi, voyageur solitaire, à payer le prix d'une chambre double ?

Je saisis la clé au vol, donnant mon passeport et veillant à ce que mon nom figure avec exactitude sur le grand livre. Puis, me redressant au-dessus du comptoir, j'allais gagner mon havre quand, à côté de moi, j'entendis un soupir.

La Noire américaine s'attristait : où aller à présent ? Il n'y avait plus de bus pour retourner à Tozeur où, selon l'employé de la réception, ne se trouvait — de même qu'à Nefta — aucune chambre, tant était massive la migration pascale et touristique vers le sud. La solution était de prendre un taxi, de franchir la frontière algérienne voisine et d'y chercher ce que la

Tunisie envahie ne pouvait plus offrir. Il est vrai que la tempête de sable était de nature à décourager les chauffeurs... à moins que...

L'employé me considéra... à moins que ce monsieur ici présent daigne partager sa chambre pourvue de deux bons lits. Ainsi la note se trouverait du même coup divisée par deux. Que pensais-je de cette honnête proposition ? Penché vers moi, le sourire aux lèvres, une lueur dans l'œil, il attendait ma réponse. Elle fut proférée d'une voix indifférente et neutre, comme si la chose allait de soi et qu'il n'y avait pas lieu de s'en émouvoir.

Le soir même, au terme d'un dîner oriental ponctué de libations abondantes et après une visite en chameau de la corbeille de Nefta dont le sous-bois composait, au soleil d'un crépuscule où s'étaient assoupis les vents de sable, un possible paradis terrestre, Linley — elle s'appelait Linley — était couchée à un mètre de moi, dans le lit voisin où, après sa toilette, elle était venue blottir un corps qu'à peine recouvrait une courte chemise de nuit.

Professeur d'anglais dans un lycée du fond de la Tunisie, elle appartenait au *peacecorps* américain et commençait, dans son entourage uniquement arabe — dont, parlant la langue, elle ne partageait guère les visions politiques simplistes —, à éprouver une solitude que ma rencontre avait égayée et, dit-elle, comme éclaircie. Aussi, dans la chambre aux lampes éteintes, entreprit-elle de me raconter sa vie, de sa naissance à Tobago jusqu'à son arrivée en Tunisie, en passant par ses études à New York et Washington. Au bout d'une heure, s'avisant de mon silence, elle finit par se taire et, me sembla-t-il, par s'endormir. Ouvrant les yeux je tâchai, dans l'obscurité de la chambre, d'apercevoir sur l'oreiller blanc son visage.

Il était beau, quoiqu'un peu rond et trahissant l'abus de ces sucreries qui altèrent, noire ou blanche, la physionomie américaine. Tout au long de la soirée — surtout au restaurant parmi les coopérants français et les familles bourgeoises —, je m'étais pavané à ses côtés. Pour la mettre en évidence, j'avais noué autour de sa tête l'une de ces écharpes en rayonne immaculée que l'on vend dans les échoppes et censées protéger des vents de sable. N'aurait-on pas dit que j'étais un explorateur d'autrefois, aventurier du désert accompagné de son esclave nubienne ?

Il y avait alors en moi — tendance dont la recherche intérieure m'a peu à peu guéri — une affectation de singularité. Je prenais grand soin de paraître, me souciant extrêmement du regard et de l'opinion que les autres pouvaient se former à mon sujet. Mon obsession était de ne ressembler à quiconque, de trancher sur le commun des mortels par une façon d'être qui me signalerait à l'attention du public.

La compagnie de Linley m'était précieuse qui me posait, me définissait, à cause de la contradiction des peaux, comme un amant du bizarre ; aussi avais-je pris, ce soir-là, la résolution de me l'approprier. N'ayant jusqu'alors rien tenté, ni caresse, ni baiser, ni même cette étreinte de la main où passe l'acquiescement qui dénoue et excite, j'ignorais comment j'allais être, par cette beauté d'ébène, reçu. Dormait-elle ? Me levant sur un coude je tâchai de l'apprendre.

Les yeux étaient clos, la respiration régulière et douce, la tête abandonnée. Je tendis la main, ne tardant pas à toucher, non loin de ses hanches, le rebord de son lit.

J'éprouvais un trouble que le seul brasier de l'incertitude et du désir n'expliquait pas complètement ; il y avait autre chose. Explorer le corps d'une femme quand elle dort ou qu'elle est inconsciente — comme morte —, jouir ainsi d'une chair livrée sans avoir, de quelque façon que ce fût, à payer ce cadeau en retour, était pour moi une source d'excitation qui réveillait — qui rallumait — je ne savais quel feu noir et souterrain.

Jadis, oui, jadis, j'avais vécu... quelque chose de ce genre, quelque chose de pervers où mon enfance avait saigné. Mon Dieu, qu'était-ce ? La sensation était présente, celle d'une sombre, sombre transgression, d'une indignité lourde et pourtant — pourtant — le souvenir se dérobait, la scène restait ensevelie.

Il y avait eu, dans une nuit lointaine et poudreuse, un grand corps que j'avais, avec les mains de l'innocence, voulu explorer. Lequel ? Mystères de ma vie, énigmes de mon passé d'outrages : je n'avais point encore acquis l'élan qui me ferait briser les portes du sanctuaire !

Sans doute leur évocation m'avait-elle cependant refroidi car mon geste vers Linley n'était pas allé plus avant, ne dépassant pas le rebord de métal du lit-cage. J'allais même, pareil à un général pusillanime, retirer l'avant-garde audacieuse de mes doigts quand, jaillie du lit, une main noire se saisit de la mienne, l'attirant et comme l'invitant à poursuivre son exploration. Impatiente, Linley s'irritait d'atermoiements qu'elle imputait à ma timidité.

Nous nous joignîmes — mais sans amour ni passion de brindille, ni même ce feu de foin qui fait illusion dans l'âtre — par politesse, eu égard aux circonstances qui exigeaient, comme dans la rue le salut au voisinage, ma révérence. Je me souviens que, pareil à une épée en plastique, mon sceptre ne daignait point s'ériger avec une suffisante ampleur et solidité, au point que, pour le rendre propice à la pénétration, je dus rameuter la chair mémorable, les anciennes lippées où j'avais joui. Une dizaine d'années auparavant j'avais eu à Marseille maîtresse si chaude et inventive que j'en avais retenu, dans mes archives mentales, une collection de caresses et de postures où, quand l'imposait la nécessité de l'amour triste et du déduit obligatoire, j'allais puiser pour me raffermir.

Je déchiffre aussi, dans ce recours au souvenir, une volonté de m'absenter et comme de censurer la chair présente, une fuite vers l'immatériel, l'inexistant, le corps d'abstraction. Nue, Linley était somptueuse qu'une saine abondance embellissait : ai-je de ma vie picoré poitrine plus belle que la sienne où deux seins pointaient comme au râtelier de l'artilleur deux obus ? Sa peau avait ce velouté, cette soie tendue et sucrée qui définit, dans la mémoire des hommes de plaisir, l'amante négresse. Alors pourquoi cet ennui et cette distance, et cette étreinte molle et ce corps — le mien — qui après l'amour se retire et en arrière se rejette, comme soulagé d'échapper à... A quoi ?

Nous restâmes trois jours ensemble sans renouveler une expérience dont ni elle ni moi n'avions tiré le moindre motif de nous réjouir. Demeura cependant, au long de ces journées, une amitié tendre, un agrément qui nous faisait avec délices marcher côte à côte et admirer, dans le même embrasement, la beauté du désert.

Après celle de Nefta, nous parcourûmes les corbeilles de Tozeur et de Gabès, nous émouvant de leur splendeur. Professeur par nécessité, Linley était peintre par vocation et réagissait avec moi en artiste devant la palette des oasis. Le sable d'or, l'eau des norias, l'éclatement d'un végétal qui célébrait la vie précieuse de tous ses bras verts et levés, tout cela, joint à l'ombre qui frissonnait dans les sous-bois enchantés, nous transportait, nous ouvrait au monde d'en haut : je me croyais en Égypte, entre les sanctuaires de Ptah et d'Amon, au rivage d'une divine lumière.

M'habitait alors, plus que jamais, le sentiment du mystère de la réalité. Ce que je voyais était coquille, apparence, combinaison externe : le sens était au-dedans, comme un trésor caché à découvrir. D'où m'était venue cette vision du monde comme écriture à déchiffrer ? Sans doute fut-elle toujours là, embarquée avec moi, parmi d'autres outils, dans la nef de mon âme. Le monde, la vie sont maintenus, structurés par un code que toute mon existence consiste aujourd'hui à comprendre, à traduire. J'aspire à être le secrétaire au chiffre, aidant mes semblables à trouver leur chemin sous les étoiles du sens. Dans la réalité sont des lettres dont l'homme moderne a perdu l'alphabet et qu'il ne remarque plus, trop soucieux du voile pour apercevoir ce qui sourit derrière : l'immortelle sagesse et connaissance, parole du guide personnel, du Maître intérieur qui parsème notre vie avec des symboles reçus par nous comme des signes et qui forment, mille fois scandés, le sens de la destinée — de la mission personnelle — à accomplir.

Je traversai en Tunisie ce printemps-là des situations dont je me disais en les vivant qu'elles étaient étranges et qu'elles devaient avoir une signification que mon œil, encore insuffisamment formé, ne pouvait percer ou reconnaître. Je voyais les lettres, l'écriture devant moi tracée et, cependant, Champollion encore fruste, je ne la comprenais pas.

Le voyage au sud, le désert en tempête, la belle femme noire jonchant ma chambre comme un étal capiteux à quoi un bizarre interdit m'avait empêché de me conjoindre : il y avait là des hiéroglyphes que je me bornais à fixer dans ma mémoire. Plus tard, me disais-je, je m'efforcerais de les traduire.

Je ne pouvais cependant pas ignorer qu'ils étaient apparus après l'invocation du guide et la réception de son premier message, constituant ainsi un commentaire dans la réalité des informations fournies par le grand rêve initial. Ce qui m'était ainsi montré avec le surgissement de l'inclination voyeuse comme avec la somptueuse Négresse du désert — la femme donnée que je repoussais — était assurément une partie du matelas que le songe avait placé en fardeau sur mes épaules : l'âme inférieure s'était ouverte, le croissant de lune du signe de Tanit avait brisé son sceau sous le soleil qui le surplombait, j'allais voir mon envers, mon enfer, mon double d'ombre, cette eau lourde que l'homme, pour se réaliser, doit connaître puis transmuter avec le feu de l'amour !

J'entrais — je ne le savais pas encore — dans une période nouvelle de ma vie, une crise, au sens étymologique du terme, où ce qui était caché allait se montrer. Nous avons en nous nos monstres, nous avons notre horreur, nos vampires retenus que leur rétention même amplifie. Ils ne sont monstrueux que parce que nous les avons au loin rejetés, bannis, expulsés de la vie consciente et jusque de notre mémoire claire.

La vérité c'est que nous sommes, sous le divin soleil, remplis d'obscurité, d'une ténèbre si farouche qu'elle baigne notre vie d'une acidité qui la mine, menacés que nous sommes sans cesse d'être par elle repris et dissous. D'où nous vient cette méfiance que nous éprouvons pour nous-mêmes, sinon de cette présence ressentie dans nos douves de la puissante eau de la nuit qui peut nous dévorer ?

Matrice obscure, informe, vulve d'ombre, nous en avons si peur que nous nous retenons de toutes nos forces aux aspérités du mental et du monde matériel. Nous retenant, nous sommes pleins de retenue, rigides et à peine ployants quand la vie nue, chaude, le tendre amour nous ouvre les bras, insiste pour être reçu puis, devant tant de froideur, de contraction imposée et d'insensibliité volontaire, se retire et s'éloigne faisant de notre existence un désert troublé.

Ce que je vivais en Tunisie était décisif : il m'était demandé de ne plus avoir peur des ténèbres du dedans et, plutôt que de me tenir pensif et prudent à la margelle, d'oser plonger dans l'eau noire, de m'abandonner à ma nuit pour mieux la comprendre et l'éclairer, pour la dissoudre et la transformer. Aussi, pour m'encourager sur la voie, la réalité devenait-elle signifiante, constituant de véritables exposés du problème.

C'est ainsi que, revenant à Sidi-Bou-Saïd après avoir laissé Linley à Gabès, sans autre tentative pour effacer en puissance le souvenir de notre molle étreinte, je fus soudain capté par le spectacle du couple formé par Isabelle et Thierry et qui, me semblait-il, reflétait, avec ma difficulté d'aimer, mon mariage menacé.

Professeur d'université dont les travaux sur l'architecture coloniale font aujourd'hui, comme on dit, « autorité », Thierry était d'une extrême timidité, fragilité psychique compensée par un élan forcené au travail. Fils d'un maçon italien devenu en France entrepreneur de travaux publics, il avait subi toute sa jeunesse les malédictions d'un père violent qui avait mis dans son âme un effroi que son regard, volontiers fuyant, trahissait.

C'était un homme petit, presque malingre, à la chevelure blonde et frisée qui lui montait au-dessus du visage comme une crinière. Parlant peu, proposant toujours sur ses traits la même expression d'enclos concentré, il était, à n'en point douter, un homme sensible, si sensible qu'il préférait n'être présent à rien, hormis à sa tâche qui l'accaparait jusqu'à une heure tardive de la nuit. En temps ordinaire, il semblait muet, froid et comme retiré en lui-même ; il ne se dégelait que dans les atmosphères d'orgie ou de fête tonitruante. Il était l'un de ces hommes dont l'Allemagne a exploré le type et qui, frigorifiés tout au long de l'année et la tête rigide au-dessus du col dur, s'abandonnent à la luxuriance et vivent leur programme d'ombre pendant la seule semaine de carnaval.

Isabelle l'avait rencontré au « Grand Magic Circus » où,

étudiant en architecture, il figurait dans la fanfare d'accompagnement, manifestant, une fois le spectacle achevé, jubilation si sautillante qu'en étaient impressionnées les brutes et ribaudes du convoi délirant. A le voir tout empourpré et courant de table en table, Isabelle avait cru qu'un tel époux mettrait la fête au foyer. Il n'en fut rien. Une fois légalisé et rangé en maison, loin du souffle des réjouissances collectives, le couple fit popote et le mari s'éteignit : froid au-dehors et chaud au-dedans. Aussi Isabelle comptait-elle sur moi pour réanimer une atmosphère aplatie. Avait-elle un autre projet en tête, en cœur ou en corps ? Je ne crois pas. Elle était de ces femmes qui volontiers installeraient devant l'appartement conjugal leurs anciens amants comme des attestations vivantes du désir par elles jadis suscité et dont elles aimeraient observer chez leur époux la perpétuation. Certains propos qu'elle tenait en sourdine, certaines réflexions amères risquées au dîner tandis que Thierry battait en retraite pour rejoindre le haut pigeonnier où il avait dressé sa table à dessin, ainsi que je ne sais quelle odeur de défaite et d'absence montant du lit conjugal, tout cela disait avec clarté que, dans le vaisseau de draps, les corps déjà ne se rencontraient plus. Mon irruption, souhaitée par Isabelle, n'avait d'autre objet que de magnétiser à nouveau un désir viril remis au fourreau par le guerrier devenu laboureur.

J'étais troublé par ce que je voyais. Fuyant une situation pesante, obsédante, je m'étonnais de la retrouver, de l'autre côté de la mer, à nouveau déployée devant moi, ravivée et comme rallumée par un angle d'observation qui la rajeunissait. Sans doute ne pouvons-nous échapper à ce qui nous creuse. Où que nous allions l'entrave principale, comme si le monde nous était miroir, se reforme pour nous inviter à la dépasser.

De toute ma vie je n'avais pu aimer. Les femmes qui l'avaient traversée, égarées un instant par mon sourire et les gestes tendres que je produisais pour les abuser, prenaient peu à peu conscience du blocage devant quoi je piétinais : je ne pouvais me donner, comme pétrifié au moment d'ouvrir mon cœur. Pareil au couperet de la guillotine tombait sur l'émotion d'amour le métal violent d'un interdit incrusté qui fermait la boutique en un clin d'œil.

On dit que peu avant sa mort le marquis de Sade faisait venir à l'asile de Charenton, où il épuisait ce qui lui restait de lumière et de vie, des roses coûteuses qu'il décapitait l'une après l'autre et qu'il jetait dans une bouche d'égout. Ainsi avais-je vécu ma vie amoureuse : à décapiter les fleurs. Mais le pire le voici : ce mouvement était involontaire, il était autonome et se déclenchait sans que je pusse avoir, sur lui, maîtrise. J'étais victime d'un démon de restriction et de refus, comme étranger à moi-même et pourtant si fort enraciné dans mon être que tous mes efforts pour passer outre avaient échoué.

Les femmes ne tardaient pas à le comprendre qui finissaient par s'éloigner, irritées de cette muraille sur quoi se brisaient leurs appels à la fusion. Voulant atteindre la totalité, elles battaient en retraite devant l'infranchissable limitation, devant le barrage d'amour qui semblait se rire de leurs assauts.

M.M. avait été la plus résistante, la plus persévérante. Il est vrai que son amour avait été aussi le plus vaste, le plus profond. Je l'avais rencontrée, cinq ans auparavant, dans la région niçoise, l'arrachant à son poste de secrétaire d'administration pour l'emporter jusqu'aux extrémités de la terre, aux Canaries, puis au Cambodge et en Indonésie, dans une vie exaltée par la nouveauté constante. Elle avait vingt et un ans, j'en avais onze de plus et me comportais avec elle en initiateur, ne la révélant à elle-même et ne lui ouvrant le monde que pour me fermer à mesure.

Après le vif brasier de la rencontre, l'abstinence s'était peu à peu imposée et, selon le mot — terrible — de Geneviève Dormann, nous dormions à « l'auberge des dos tournés ». Quand, d'aventure, je la prenais, c'était au gré d'un mouvement bien plus délibéré que désirant, la tête froide qui appelait à la rescousse, à la façon d'un général ses réserves, les amantes d'autrefois. Qu'avais-je, à l'instant de témoigner à ma chère épouse mon attachement et ma complétude, qu'avais-je à me refermer comme une huître et à déserter un lit où seul mon corps, presque inerte, était présent ? Et qu'avais-je à m'assombrir quand — actionné par la tendresse — le désir levait son petit chef sanguin, son chapeau de caporal rouge ? N'aurait-on pas dit que j'étais automatisé et comme possédé par le démon du frein, de l'obstruction et du reflux ?

Il me fallait convenir que dans le moment où le cœur et le sexe allaient se rejoindre et brûler dans le même emportement, se levait aussi un vent gelé, un souffle pétrifiant qui réussissait en un clin d'œil à séparer les deux puissances, à les rejeter loin l'une de l'autre et à étouffer leurs feux. Il me fallait convenir qu'il y avait en moi, logé dans l'une des chambres secrètes du palais, un adversaire mystérieux. Pourquoi ne pouvais-je aimer celle que j'aimais ? Pourquoi ne pouvais-je à elle me donner, de toute mon âme, de tout mon cœur ?

Ce que je voyais et devinais du couple formé par Isabelle et Thierry, en leur maison mauresque de Sidi-Bou où j'avais le soir sur la table mon assiette posée, m'aidait à mieux comprendre, à saisir l'origine du blocage. Car Thierry courait à son pigeonnier, au travail aride où il excellait, quand la conversation s'approchait du vif, quand elle tournait autour des vérités nues, quand risquait de jaillir des yeux et des bouches le feu essentiel. Fuyant la profondeur, il s'envolait vers ses plans et ses règles, vers des demeures abstraites que le seul mental pouvait habiter.

Je crois encore voir aujourd'hui son visage qui, sous la lave émotive, subtilement se cabossait, changeant d'expression et de regard : montait en lui une force dont, ne pouvant la maîtriser, il allait cacher des effets qui auraient pu détériorer le masque social recouvrant la face de l'homme sensible.

Et tel était bien ce que, devant ma femme aux bras ouverts, douce et donnante et fertile à mes influx, j'éprouvais : la peur de lâcher prise et de laisser passer la force qui emporte et dévore, l'immense amour présent au fond de moi comme un opéra englouti et dont je craignais que, lui ouvrant les lourdes portes, il ne mît à mal… quoi donc ? Mon identité, le moi si laborieusement construit dans l'enfance, la maison d'orgueil que je souhaitais proposer aux regards des autres et que le torrentiel amour, la plainte jadis nouée, le sanglot d'autrefois pouvaient d'un seul coup disloquer !

Montant à sa tour en surplomb, à son bureau juché comme une tête au-dessus du corps du bâtiment — tour qui n'était point d'ivoire mais de blanche mosaïque —, Thierry allait, avec ses équerres et ses porte-mines, se reconstruire dans le cérébral, se refaire une physionomie que, redescendant de ses hauteurs à l'instant où les invités prenaient congé, il nous montrait par l'entrebâillement de l'huis, sereine et recomposée. Sans doute avait-il dans l'enfance, devant le père rugissant, été contraint de s'édifier dans la glace et d'opposer un visage de froideur aux émotions qui jaillissaient.

Mais la vérité c'est que tous les hommes sont ainsi : ils ont peur, non d'eux-mêmes, mais de ce qui, en eux, n'est déjà plus eux-mêmes, le grand arbre d'amour qui pousse dans leur profondeur, qui passe à travers leur âme comme à travers la réalité, la nature en mouvement, le fleuve de vie, la mère ténébreuse — dont l'être humain n'est qu'une partie éclairée —, une identité cristallisée, fruit et graine provisoire que la mort fait tomber comme un gland. Cette puissance universelle que les Indiens ont nommé « Shakti » ou « Maya », les alchimistes l'honorèrent sous le nom de « Mercure », d' « abîme » mais aussi de « dame des philosophes », de « déesse de merveilleuse beauté » et, chez Basile Valentin, de « Dame de la Nuit ».

Nous sommes traversés par la Dame de la Nuit, amour ou venin dont le contact nous électrise ou nous détruit et dont au fond de nous — guerriers virils — l'extrême féminité nous épouvante. N'est-elle pas le lourd amour ouvert, la tendresse illimitée, le chaos qui, d'une étreinte avec ses bras de ténèbre, peut nous reprendre en nous abolissant ?

Tel était Thierry et tel j'étais, victimes de la même peur inconsciente de nous dissoudre dans l'océan de l'indifférencié, fermés à nous-mêmes et inquiets de ce qui venait du fond parce que ce fond pouvait nous fondre. On ne peut comprendre les hommes et la société humaine si on ne perçoit cette peur de l'intérieur qui les anime et les pousse au futile, aux mots croisés, aux résultats sportifs comme aux chamailleries dérisoires. Ils s'y maintiennent, ils y clouent leur pensée pour ne pas regarder en eux la bouche noire de la Reine de la Nuit, de la dame de la mer où ils craignent d'être engloutis, terreur qui n'est autre que celle de la folie, sanction de la chute involontaire dans l'abîme.

Sans doute cette épouvante du retour au chaos m'était-elle, dès l'enfance, incrustée, car les seuls rêves mémorisés de ce temps d'édification de l'ego sont des cauchemars où je tombais dans une nuit béante. Si ardentes avaient été, avec la mort de la mère, les misères initiales que le moi n'avait pu se construire qu'avec peine, sans cesse menacé d'être, comme un château de sable par la vague, à l'indifférencié restitué. Aussi le cauchemar désignait-il la nuit intérieure comme l'ennemie. Enfant, mon évolution passait par la construction d'une solide maison de conscience, juchée en altitude pour veiller sur les vallées en péril du moi ébranlé par les tristesses, l'âme inférieure désespérée et comme dénoyautée. Aussi, pareil à Thierry, avais-je peur de l'intense, du vif, de l'incandescent et de toute situation qui aurait pu attirer une lame de fond et emporter les édifices du front de mer : mes façades.

Thierry fuyait le feu noir par un travail titanesque dont profitaient ses collègues de la fac qui, sur lui, se déchargeaient de leur tâche. A lui seul et en bondissant de salle en salle il aurait pu faire fonctionner l'école d'architecture tout entière.

Quant à moi, j'avais mes propres itinéraires de fuite. A peine la tristesse ancienne montrait-elle son nez gris que je courais au nez rouge, au vin qui m'emportait vers ses gouffres béatifiques. Et quand l'amour ouvrait grand ses yeux de bruyère, agitant auprès de mon cœur son stylet, je le poussais en un tournemain vers Eros puis Pornos, l'avilissant pour ne pas avoir à le vivre.

Mais j'avais aussi mis au point dès l'enfance une herse de froideur, une obstruction par l'intensité même déclenchée : dès que montait le feu liquide, l'essence rouge, le vieux cri enseveli, alors tombait la grille, comme actionnée par un thermostat inconscient. Sur le point de jaillir, retenu à la gorge en émotion dangereuse, l'aveu, en un instant refroidi, laissait place au jeu de mots qui grince, amour dégradé en humour qui, comme l'averse sur le feu de camp, faisait pleuvoir l'ironie sur la braise, éteignant d'un seul coup ce qui ne demandait qu'à brûler.

Ainsi, par son exemple exposé, Thierry, comme s'il eût été reflet de moi-même au miroir, m'aidait à saisir l'intime refus qui empêchait l'amour d'entrer dans ma vie. Où que nous soyons le Maître intérieur s'exprime à travers les autres et dans des situations où se trouve désigné le garrot qui nous serre. Le réel nous commente, qui est un discours sur notre âme, une évocation tantôt claire, tantôt indirecte et symbolique, des obstacles qui nous retiennent comme de la voie qu'il nous faut parcourir pour nous unifier.

Le monde est une allégorie, l'illustration de ce que nous sommes, une carte, une légende à déchiffrer pour entrer dans la Réalité véritable, le plan des causes cachées qui s'ouvre au-dedans de nous et que nous ne verrions pas si, comme pour le tournage des films, il n'y avait des extérieurs. L'univers visible n'est que projection, structure dressée comme un écran pour recevoir images et formations colorées venues du dedans parmi lesquelles, voix d'or au milieu du chaos, retentit, comme une sirène de brume, l'appel réitéré du guide de l'âme, du Maître subtil qui est notre président de destinée et achemine vers nous des épreuves qui n'ont d'autre but que de nous construire. Nous sommes des ébauches, des monticules d'argile qui attendent encore les mains du sculpteur véritable qui fera de notre épaisseur jaillir la forme éblouissante à laquelle nous sommes promis et qui dort encore en nous comme un feu latent mais fermé.

Il nous faut devenir, devenir ! Nous sommes une symphonie à ce point inachevée que juste quelques notes sont portées sur la partition immense. Quel était mon thème principal, mon leitmotiv ?

Je le voyais peu à peu, ce printemps-là, monter devant moi, se structurer, se poser sur les lignes de ma vie. La femme en était le grand souffle de cuivre, l'élan capital, femme du dedans comme femme du dehors dont j'avais si peur que je ne me rapprochais d'elle que pour mieux l'éloigner.

C'est que la féminité — ce que les psychologues nomment « l'anima » — est l'ombre de l'homme, elle est son matelas, son inconscient, sa ténèbre inavouable, le fardeau qu'il dissimule et dont il a honte. J'avais lu sufisamment de livres sur la Tradition pour savoir que cette féminité secrète, cette femme d'ombre était symbolisée par la Négresse, hiéroglyphe de la matière première que l'alchimiste devait peu à peu transformer jusqu'à la suprême métamorphose.

Il y a en nous une femme noire, une sombre, sombre féminité que Linley avait pour moi signifiée et comme incarnée, me fournissant au surplus, par l'échec charnel de nos relations, une indication sur l'existence de l'obstacle intérieur. N'avais-je point, à l'instant d'approcher de son corps une main audacieuse, ressenti une opacité et comme un empêchement venu d'un lointain passé ? Et n'était-ce point cette sensation renouvelée d'un vieux crime et comme d'un remords poussiéreux qui avait débandé les compagnies du désir ?

Par son passage météorique dans ma vie et l'extraordinaire d'un signe qui ne l'avait fait tomber dans mes bras que pour me la soustraire aussitôt par la manifestation du barrage intérieur, Linley avait écrit un paragraphe que, l'étudiant aujourd'hui, je découvre constellé de sens. N'était-elle pas américaine, venue de ces terres de l'Ouest qui, pour la vieille Europe, ont symbolisé la métamorphose, image de la transformation de l'ancien en neuf, en œuf que la symphonique expression de « Nouveau Monde » désigne et récapitule ? Linley correspondait avec mon propre renouvellement : son don repoussé, son corps refusé étaient une indication sur l'entrave secrète, le reflet d'une difficile conjonction avec ma nuit femelle et inconnue.

Pour saisir ce langage, pour s'ouvrir à cette écriture du sens retranché, sans doute convient-il aussi de désapprendre et de renoncer aux causalités ordinaires : Linley n'avait pas débarqué dans ma chambre parce qu'il n'y avait pas d'autre lieu où dormir dans l'oasis de Nefta, mais pour exprimer le surgissement dans ma vie d'une force ignorée, d'une féminité noire que j'avais toutes les peines du monde — à cause d'un blocage ancien — à recevoir.

Ce déchiffrement, déchiffrage ou défrichage du réel apparent, oserais-je dire que, depuis que j'ai entrepris ce livre étrange, je suis encouragé à le codifier par le Maître intérieur ? L'autre nuit m'entouraient dans un rêve des enfants asiatiques qui m'encourageaient à traduire les écritures chinoises. Il y en avait trois selon eux, distinctes les unes des autres et qui portaient sur des domaines différents : la première était l'écriture de barrière ou d'enclos, la seconde l'écriture Yug, la troisième les idéogrammes proprement dits. Le rêve était bref mais suffisant cependant pour me faire comprendre que les signes avaient trois fonctions différentes : nous avertir, nous relier, nous initier.

Les enfants ont souvent symbolisé dans mes songes la force en croissance, le nouvel être à venir, la promesse de régénération, tandis que la Chine, associée à une idée d'Orient et de soleil à l'aurore, a pris définitivement dans mon lexique personnel le sens d'empire du Milieu, de pays de la connaissance et de lien avec le Soi. Le milieu n'est-il pas le milieu du monde, le milieu de nous-mêmes : notre noyau, notre graine essentielle ?

Aussi ces enfants symbolisent-ils la parole fraîche, printanière de l'éternelle Tradition, l'occulte connaissance ouverte à ceux-là seuls qui, plutôt que de se perdre à la périphérie, consentaient à entrer dans l'intérieur pour renouer avec le joyau et se replacer dans l'axe. J'étais vivement approuvé, encouragé dans la tâche difficile de l'oiseleur : saisir au vol l'hirondelle du signe pour l'étudier et ne pas la lâcher avant qu'elle n'ait rendu son message.

Il y avait donc trois types d'écritures émanant de l'empire du Milieu, du Soi directeur, du Maître intime dont la parole fendait ainsi l'obscurité et l'épaisseur : l'écriture de barrière d'abord dont j'avais compris, à l'intérieur même du rêve, qu'il s'agissait moins de signes que de signaux, indications posées pour révéler la présence d'une frontière invisible, le passage dans un nouveau temps ou un nouveau territoire, tout en symbolisant le climat qui allait dominer la période qui s'ouvrait.

A cette écriture subtile appartenait par exemple et pour ce qui concernait mon séjour en Tunisie l'inscription dans la semaine de Pâques de la plupart des événements et expériences relatés : mon contact avec le cristal intelligent du Soi engrenait ma mise à mort et ma résurrection. J'allais devoir accepter de mourir pour renaître, sacrifier ce qui avait fait mon assise matérielle, mon corps de jouissance et de réjouissance, pour rejaillir en esprit, dans le feu de mon âme, cette puissance contrariée qui m'appelait à la libération suprême. Un autre signe de barrière était constitué par l'abondance d'architectes qui entouraient ce prélude au voyage intérieur, fonction qui symbolise autant l'édification du nouvel être que la fidélité aux « archés », c'est-à-dire aux formes et modèles supérieurs, aux Idées qui, dans le monde invisible, inclinent et influencent nos développements.

N'y avait-il pas aussi, parmi les signaux annonciateurs du climat de la période à venir, ce désert en tumulte que j'avais traversé pour atteindre Nefta, l'oasis et Linley, image d'une tempête qui n'allait pas tarder à se lever dans ma solitude ? Ne pouvais-je considérer pareillement l'Islam, où intervenait le début de l'œuvre intérieure, comme le tuf fondamental où prendrait racine une expérience du dedans que ses Maîtres avaient évoquée avec insistance, lui donnant même le nom de Djihad, guerre sainte à côté de laquelle les conflits extérieurs et le choc d'acier des armées n'étaient que combats dérisoires ? Ainsi l'écriture de barrière ou d'enclos avertissait-elle et préparait l'homme aux situations dominantes du destin à venir, du cycle qui s'ouvrait devant lui, entrée dans un nouveau territoire que les signes, à la manière des poteaux frontières, proclamaient.

Mais qu'en était-il de l'écriture « Yug » mentionnée dans le rêve comme l'un des trois modes de communication par le signe ? « Yug » est un mot sanscrit qui veut dire « attelage » et a donné « yoga » en hindī comme « joug » en français, mot qui évoque surtout le contact avec le plan divin : la reliance. Quand nous sommes attelés au ciel, alors nous en recevons le « prana », cette force que je me représente comme une écume dorée et qui nous lave et nous change et nous accomplit peu à peu.

Nous en recevons aussi, vif et incandescent — étincelant —, le signe d'approbation, marque d'une présence attentive qu'on dirait émaner d'un compagnon de route sans cesse aux aguets. Telle est l'écriture « Yug » : la brève attestation, aussitôt apparue et aussitôt défaite, d'un accompagnement subtil. Nous ne sommes pas abandonnés sur le chemin : il n'est point de solitude mystique dès lors que le pèlerin de l'âme en marche vers son centre s'est relié par l'exercice spirituel avec le plan des causes, avec son garant mystérieux qui dans le haut pays veille sur lui et le sculpte et le conduit. Le signe Yug est l'impact, soudain vrillé dans la réalité matérielle, d'une vive parole d'en haut, le feu du sens qui touche ce monde et y allume un brasier éphémère.

Comme je me demandais tout à l'heure, après avoir écrit ce passage d'une plume emportée, quel exemple citer, pour illustrer ce propos rendu, par son sujet même, évanescent et volatil — instable —, comme je m'interrogeais donc sur la nature de ces hiéroglyphes d'attelage et leur vertu principale dans la quête, le signe Yug est venu, pour parler comme les philosophes, s'exemplifier lui-même.

J'écris ce livre de récapitulation et d'élan dans un village des bords de Loire, près du grand fleuve dont l'âme invisible — le Brahmapoutre occulte — m'inspire et à coup sûr agit sur moi. Aussi, quand — comme tout à l'heure — je suis préoccupé et que je cherche une réponse, je vais marcher sur le bord de cette grande épée d'eau d'où parfois, telle une idée qui ouvre ses ailes, un héron s'arrache pour voler vers la rive. Qu'est-ce donc, me disais-je, que le signe Yug : sollicitude, approbation, signal de présence ? Et de quel exemple nourrir mes abstraites définitions ?

Dix ans ont passé depuis que j'ai entrepris en Tunisie le dialogue avec le guide intérieur, aussi ses premières paroles furtives, son fragile murmure et ses interjections mystérieuses se sont-ils dissous dans ma mémoire : les exemples d'écriture Yug de ce temps désormais lointain me manquent pour apporter de l'eau à ma roue. Or, ici même, deux pages plus haut et pour ouvrir cette plongée directe dans l'univers du signe, j'avais comparé ces messages fugaces, ces significations passantes, volant à tire-d'aile et qu'il faudrait saisir au filet, aux « hirondelles du sens », hésitant un instant, le stylo levé, sur l'oiseau qui conviendrait le mieux à l'évocation de ces paroles filantes. Le moineau, le rouge-gorge ? Non, l'hirondelle, avais-je conclu, ignorant que c'était moins le mental que l'âme elle-même qui avait choisi ce volatile pour désigner le vif message d'en haut.

L'hirondelle est migratoire, elle ne saurait vivre dans la froideur. Sans doute, choisissant cet oiseau, la part connaissante de moi-même se référait-elle aussi à une certaine température intérieure, à l'allumage du feu secret et, peut-être, au solstice du divin soleil. Le signe Yug ne saurait ainsi échoir qu'à l'âme déjà croyante et qui a, si j'ose dire, en réglant son comportement sur le luminaire de la création, respiré l'odeur de Dieu. Dans la relation avec le Maître invisible c'est la foi qui sert de vecteur. Plus elle est ardente et plus affluent, sur ce pont assuré, les pensées et les conseils étranges, les profondeurs multiples qui font du réel qui nous entoure une surface poreuse, menant à toutes sortes de soubassements signifiants et de correspondances.

C'est ainsi que dans la phrase même où j'ai désigné l'hirondelle comme le symbole du sens rapide, du hiéroglyphe évanescent, je n'ai pu m'empêcher de comparer le lecteur, le déchiffreur, à l'oiseleur, songeant aussitôt à Mozart et à *La Flûte enchantée* où ce personnage apparaît, sous le nom de Papageno, à l'entrée du voyage intérieur, de la descente initiatique vers la Reine de la Nuit.

Toutes ces références et analogies, bien qu'opérées dans l'instant, ne m'en occupaient pas moins l'esprit comme, parcourant la rue sonore et solitaire qui mène à la Loire, je m'interrogeais sur le meilleur exemple pour illustrer le signe Yug. Alors, soudain, là, devant moi et une fois tourné le coin du quai, la réponse jaillit, comme si le javelot d'une idée supérieure venait de se planter dans le monde matériel, vibrant de sens et m'apportant la réponse en parole sous-jacente.

Dominant le grand soupir des eaux meubles sur le barrage voisin, j'entendais un tumulte de cris d'oiseaux, un pépiement excité et comme un appel véhément. Je levais la tête. Alors là, je vis...

Sur une longue gouttière, mais serrées l'une contre l'autre comme si elles voulaient se compénétrer et ne plus faire qu'une, trois hirondelles étaient posées dont les becs, dirigés vers moi, me parlaient. Et ce que j'entendais, l'idée qui entrait et m'envahissait, au point même de fleurir en mots à ma bouche, était celle-ci : connivence. Le signe Yug était un signe de connivence, la marque de la sollicitude amusée et attentive du Maître invisible, de la haute intelligence qui nous surplombe, l'ami d'en haut qui préside à notre destinée.

Puissions-nous parfois — comme cela me fut donné — apercevoir, à travers les brumes de notre incarnation lourde, son bouleversant visage, qui est le nôtre, mais rayonnant et dépouillé de toutes les imperfections qui, telles celles du portrait de Dorian Gray, ont martelé et ridé notre face. Puissions-nous, au créneau mystérieux du jour, dans l'embrasure d'une réalité bien plus profonde, vaste et riche que l'homme ne la perçoit, entendre sa parole d'éternité, son insistante parole qui veut de notre âme assoupie et comme éteinte refaire un brasier d'étincelles, un feu de veilleur sur les toits !

Par leurs petits corps qui voulaient se fondre et tâchaient — dans un effort remarquable — de se rassembler en un seul, les trois hirondelles exprimaient, au-delà du caractère triple des écritures de reliance, l'unité de la parole messagère. Mais le hiéroglyphe — celui de la Triade devenue tri-unité — s'enrichissait du support où les oiseaux étaient juchés : la gouttière symbolisant, comme dans les cathédrales, la réception des fluides subtils, l'accueil des eaux d'en haut.

Aujourd'hui, à cause de la fermeture de l'œil intérieur, les gouttières, si elles existent encore, sont oubliées par le conscient, aussi les eaux qu'elles acheminent ne sont-elles plus reçues par un ordre structuré et des canaux d'accueil. Dans l'homme moderne c'est la plomberie qui défaille ; l'âme psychique — le matelas — en est toute gonflée et vitreuse, une éponge que la moindre émotion fait juter. Nous vivons le temps de l'homme humide, soumis à son insu aux eaux rebelles d'un inconscient que le déclin général des religions et des traditions, par l'ensablement qu'il engendre sur un réseau qui avait fait ses preuves, livre au chaos des cours irréguliers et des inondations soudaines.

La civilisation doit rétablir à nouveau son alliance avec le plan supérieur, diriger ses antennes vers un monde spirituel que le matérialisme moderne a éloigné de la terre, mettant l'homme dans sa solitude et son angoisse, le coupant de sa loi de réalisation. Peut-être verrons-nous de nos yeux, au virage du millénaire, ce temps de Renaissance intérieure, cette révolution du Verseau et du verse-eau où, comme son nom en français l'indique, seront à nouveau considérées les énergies subtiles, l'invisible circulation des forces et la nature fluidique de l'être humain. Combien de souffrances et d'errements obstinés nous faudra-t-il encore pour nous rabaisser le caquet et nous faire comprendre que, si importants que nous fussions, nous dépendons de mondes invisibles qui exigent au minimum notre orientation, notre aimantation sur eux ? Aussi le regard qui se saisit de l'hirondelle Yug, même s'il n'en déchiffre pas aussitôt le sens, témoigne-t-il déjà du changement et de la volte-face : de la réorientation sur la loi de la vie.

En Tunisie, parvenu au comble de l'égarement et de l'éloignement de moi-même, en proie à un personnage — le mien — qui plaquait sur mon visage un masque en dur métal, en dur mental, je n'en avais pas moins opéré, pour reprendre le terme des philosophes grecs, ma métanoïa, modification radicale du comportement et de l'êtreté qui, d'un seul coup, m'ouvrait aux significations ineffables : à l'enseignement délivré par le Maître.

Le monde n'était plus absurde où, longtemps, je n'avais voulu tracer que le sillon d'un ego d'ambition, labour d'un Rastignac qui n'aspirait qu'à s'assouvir lui-même. Voici que mon œil, dans l'entrelacs des choses et des êtres, dans le dessin et les volutes des mystérieux nuages, commençait d'apercevoir ce que mon rêve récent a nommé les idéogrammes : l'idée écrite par un calame divin dans la réalité et qui, le plus souvent, synthétise notre programme de destinée.

Certes, comme pour le rêve du matelas qui m'initia tout à la fois à mon ombre et à la Présence du Guide — le Paraclet de l'âme — je n'en saisissais pas bien le langage, me risquant parfois à le mal traduire ou à l'incliner dans le sens de mes désirs. Il n'en est pas moins vrai que pour la première fois j'attribuais de l'importance — même de la considération — à ce que la civilisation rationnelle et matérialiste m'avait appris à ignorer : la langue d'âme et l'écriture de ciel, les messages subtils que les situations et les humbles circonstances diffusent, comme si la vie était initiation lente, parole retenue, sagesse qui se lâche par bribes.

C'est ainsi que Sidi-Bou-Saïd, lieu saint d'un Islam dont les Maîtres, tel Ibn Arabi, ont poussé loin la recherche du sens intérieur, de la parole secrète, c'est ainsi que cette ville blanche, dont les minarets hérissaient la colline au-dessus de Carthage, devait m'apporter un autre étrange éclaircissement, un idéogramme dont le souvenir en cet instant me frappe.

Sans que je pusse alors le comprendre il apparut devant moi par une claire après-midi, dans le vaste jardin qui levait ses buissons de laurier, ses cèdres et ses ifs — ses petits citronniers délicats — derrière la maison d'Isabelle et de Thierry. En louant, pour une somme assez modeste, cette mauresque demeure, mes amis avaient eu de la chance. Non seulement leur maison surplombait et regardait, jusqu'à La Marsa, la mer verte des oliveraies, mais en plus leur jardin était un lieu délicieux où murmurait une fontaine et où l'on entendait le bruit mat des balles sur les raquettes. Thierry et Isabelle disposaient en effet d'un terrain de tennis que, généreux, magnifiques même, ils avaient mis à la disposition du corps désargenté des coopérants français.

Aussi cet espace verdoyant et parfumé, au bout de la rue El Nafs et à la sortie de Sidi-Bou-Saïd, ne désemplissait-il pas. Il y avait là, à côté du court et pendant que s'exténuaient, sous le soleil des Syrtes, des jeunes gens pleins de sueur, une véritable vie mondaine que le gin-tonic enfiévrait. La reine en était la belle Agathe, cette beauté opulente — idéal baudelairien de la maigreur peuplée — que j'avais voulu lorgner sur sa terrasse et qui, sous le magnolia et l'amandier, offrait à tout le monde, dans des robes audacieuses, la vision de ses épaules nues et de ses seins aux trois quarts découverts. La mode était alors à ces combinaisons roses — la tenue intime de nos grand-mères —

arborées sans honte comme vêtements ordinaires, véritables petits tailleurs charnels qui affûtaient les désirs.

Agathe ne venait pourtant pas seule près du tennis ; elle était le plus souvent accompagnée par son jeune fils de sept ans, enfant qu'elle avait eu d'un premier lit et qui, à l'ombre d'une mère trop aimée, donnait des signes de désordre, de névrose, dont le principal était le nez qui, en pleine chaleur, coulait et coulait, au point qu'on ne pouvait le regarder sans gêne. Toute à sa séduction, Agathe ne portait qu'un intérêt limité à son fils dont elle avait accepté la misère, se résignant à son arriération et pensant à autre chose. J'avais beau avancer sur la table de jardin les boîtes de Kleenex, Agathe laissait couler. Et quand on osait lui en faire l'observation, tombaient sur ses hanches des bras découragés : à quoi bon ? Elle avait tout tenté. Si ce nez avait envie de couler, qu'il coule ! Viendrait bien un âge où il se tarirait.

Or, cela me gênait extrêmement, si fort qu'il y avait là matière à réfléchir. N'avais-je pas été moi aussi, dans mon enfance dévastée, sujet à une telle disgrâce ? Je ne le croyais pas. Mais je me souvenais qu'à l'école, dans l'immédiat et sale après-guerre, j'avais eu l'obsession de la propreté : sur les visages des enfants malheureux et mal nourris, sous certains nez prolétaires, abondait une morve dont la vision m'offusquait, la devinant synonyme de malheur, de souffrance, de déstructuration.

Alors, puisque personne ne s'en occupait, le prenant par la main, je l'emmenai au fond du jardin, près du grillage de la maison voisine. Régnait là, derrière des buissons épais, une atmosphère particulière et comme un silence de feuilles dont je me souviens encore. Quand les lieux sont habités par l'invisible, quand leur esprit en est nourri par en dessous, il nous semble — fussions-nous à l'air libre — être pourtant sous des voûtes et dans une nef.

Une butte, sorte de tumulus planté de gazon vague, montait vers le grillage de séparation. Machinalement et tandis que je parlais à l'enfant, mon pied y déplaça une pierre. Je la vis disparaître dans son trou, comme engloutie par la terre où, éperon blanc, elle pointait. Je m'accroupis, dégageant avec mes doigts un orifice de la grosseur d'un poing, qui me souffla au visage une haleine de feuilles mortes et de champignonnière.

Il y avait là... quelque chose, temple ou tombe, trace d'une vie ancienne. Au bout de quelques minutes et travaillant à deux nous avions mis à jour une petite paroi voûtée et sorti d'en dessous des débris de poteries et des fragments d'os : il s'avéra que c'était une tombe antique mais chrétienne, du temps où saint Augustin — le futur évêque d'Hippone — grandissait non loin de là sous l'œil de Monique, dans les faubourgs de Carthage.

A rouvrir cette tombe j'avais éprouvé un frisson sacré qui, bizarrement, me poursuivit quand, quelques jours plus tard, je rentrai à Paris. N'avais-je point, à troubler le repos de cette âme ancienne, profané et comme violé un tabou respectable ? M'avait touché aussi la présence à mes côtés, pour dégager ce passé enseveli, d'un enfant triste, au visage défait et que sa relation avec sa mère avait enténébré. A nouveau, à la façon de la sonnerie assourdie d'un angélus que l'on entend dans la forêt à travers les feuilles, et qui révèle au loin une flamme de crypte, un appel vertical, une âme qui vibre, à nouveau m'avait effleuré la sensation du signe, la nostalgie du sens : une lumière dorée nous hèle dans les carrefours de la vie, tâchant, à travers notre épaisseur, notre vulgarité, de nous atteindre, de nous ramener à la source. Que signifiait cette tombe, que voulait me dire le guide avec cet enfant sale, quel sens pouvait-on donner à ce travail de fouilles ?

De retour en France, je voulus conserver le lien avec le Maître de l'âme, avec mon initiateur caché dont la parole avait orné mon séjour en Tunisie d'une profondeur inattendue. Aussi me couchant le soir, je l'invoquais, entrant dans le sommeil comme dans un sanctuaire, comme jadis à Delphes au pied de la pythie : où aller, Maître, et quel est mon chemin ?

Je me vis, une nuit, emporté par un fleuve au flot rapide et où peut-être, poussé par son courant, j'aurais découvert mon confort si l'eau, s'accélérant, n'avait trahi la présence d'une cataracte dont j'entendais la rumeur. A une boucle du fleuve j'aperçus le péril. Les eaux se précipitaient en grondant vers une caverne obscure, une vaste bouche de nuit où elles se jetaient. Seigneur ! Que faire ? Impossible, à cause du violent courant, d'atteindre la rive !

J'allais me résigner à mon anéantissement quand, là, au milieu de l'eau et à une certaine distance encore de la chute, je vis une grande pierre levée, toute droite, rectangulaire et pareille à une dalle de marbre. Je m'y laissais porter, heureux de pouvoir m'y retenir et y reconstituer mes forces. Sous mes pieds je sentais pourtant... autre chose. Il y avait là une autre pierre, au fond de l'eau, une pierre horizontale qui me fit comprendre la nature du monument ainsi dressé au milieu du fleuve.

C'était une tombe dont la présence se révélait providentielle. Prenant appui sur le marbre vertical je pouvais en effet, en y armant mes élans, repartir en sens inverse et, avec effort, m'éloigner peu à peu de la nuit où j'allais m'anéantir. Certes la nage était épuisante ! Il y allait cependant de ma vie ! D'ailleurs plus je m'éloignais du gouffre et plus la progression devenait aisée, franche, joyeuse ! Au réveil je sentais encore sous mes pieds le contact de la pierre d'appui.

Chose étrange, après avoir noté le rêve dans le livre d'or où je consignais, d'une plume exacte, les messages de la nuit, je le laissai sans traduction. C'est à peine si je consentis à voir dans cette tombe dressée au milieu du fleuve un symbole de métamorphose : mourir n'était-ce point, dans le symbolisme universel, renaître ? Et le XIII^e^ arcane du Tarot, à cause des promesses de changement attachées à son lugubre squelette, n'était-il pas l'une des cartes les plus excellentes d'un jeu auquel je commençais de m'initier ?

Le gouffre noir où roulaient les eaux du fleuve devait être une image de mon inconscient ténébreux, de mon enfer où m'entraînaient certaines de mes attitudes et inclinations, parmi lesquelles assurément ma considérable faiblesse qui me faisait parfois approuver, bouteille à la main, mon propre torpillage. Je n'allai pas plus loin. Il est vrai que toutes les nuits désormais la bouche d'or du songe me soufflait des oracles qu'à cause de leur abondance et à moins d'y consacrer ma vie je ne pouvais tous interpréter.

Autre chose réclamait mon extrême attention, ma disponibilité : M.M. venait de mettre au monde un enfant gracieux dont nous espérions qu'il nous rapprocherait. A défaut de pouvoir, de notre propre mouvement, nous harmoniser, nous unifier, nous avions demandé à ce fils, sans nous l'avouer nettement, d'y procéder à notre place.

C'est tout le contraire qui se produisit. Les enfants qui naissent sont des épées de l'absolu, manifestant un principe actif — un soufre invisible — qui sanctionne avec force ce qui est, encourage ce qui devient et détruit ce qui ne peut être. A peine parut-il dans l'étroit cercle de famille que celui-ci, lentement, se fendilla. L'enfant est une flamme qui brûle le couple d'un feu qui fertilise ou qui détruit.

Il est vrai que, pour liquider mon mariage, je n'avais pas besoin d'aide ; la nuit même où M.M. donnait passage à la vie, je festoyais, un verre à la main, chez une lionne littéraire dont le salon tumultueux était l'une des bizarreries du VIIe arrondissement, lieu où le coquin voisinait avec le poète et où l'on se soûlait au vin rouge, tandis que la maîtresse de céans, qui portait un grand nom et se trouvait être la cousine de la plupart des têtes couronnées de l'Europe, jouait de l'accordéon, telle l'Ange bleu, en jarretelles.

J'avais alors une amante à qui je donnais ce que je mesurais avec âpreté à ma femme, m'étonnant de voir se détériorer un mariage que je profanais sans vergogne. Je suis aujourd'hui effaré par l'élan sauvage et négatif que je produisais pour m'enténébrer, pour souiller et amoindrir ce qu'avec un élan contraire j'aurais pu aisément consolider. Mais le voulais-je vraiment ?

Emporté par le fleuve dont mon rêve avait souligné l'accélération, je filais vers une destruction générale, vers une chute dans l'inconscient le plus noir, obéissant à mon insu à une volonté secrète de liquidation et de mise à mort. Il y avait dans mon mariage quelque chose de faux et de feint contre quoi, me poussant à le contredire sans cesse, mon ombre se soulevait.

Soyons attentifs au corps de nuit qui est en nous, à cette ténébreuse volonté qui ne saurait à l'artifice consentir. Quand nous dressons dans notre vie, en les prenant pour la vraie substance et comme pour le grain de la réalité, les panneaux illusoires, les mensonges peints, décors d'un théâtre où nous nous obstinons à jouer, alors se lève la sauvagerie étrange de notre âme nocturne, alors s'arme aussi une fatalité dont le but est de nous faire mordre la poussière pour nous restituer… à quoi ? A l'intensité, au feu, au nu, à l'orageux amour par notre froideur opprimé.

Oserais-je l'avouer ici ? Je m'étais marié pour m'imposer l'ordre du convenable, pour fixer une vie que je sentais sous mes pieds mouvante et dépourvue de cette charpente ou ossature dont je voyais beaucoup de mes semblables excellemment nantis. Je découvre en cet instant combien m'automatisa ce mouvement qui me faisait dresser des leurres souriants, des mensonges affables pour dissimuler une blessure intérieure que je voulais à jamais recouvrir, que je voulais oublier !

Des grands désastres initiaux qui ont fléchi mon enfance — celui de la mère morte et celui de la maison sans feu —, il me semble avoir moins souffert que rougi, comme si, plus que mon cœur, mon orgueil avait été blessé. J'ai eu honte de ma pulpe, de ma sensibilité, de ma fragilité, du malheur intense que le sort infortuné avait répandu sur ma jeunesse. Aussi la sauvegarde des apparences me devint-elle une seconde nature, laquelle me poussa à l'insensibilité, à la ridigidé, à l'anti-amour. Et à l'oubli des gouffres, au moins de ceux où, pareil à l'écorché vif des supplices de Bagdad, bougeait je ne sais quelle souffrance sanglante, ou quelle silhouette d'enfant rouge.

A partir de l'adolescence et comme, à la façon des héros de Balzac, j'entrais dans le monde, tout le passé pénible fut évacué par un esprit qui voulait à la seule réalité présente se donner, n'accueillant des jours anciens que leur onctuosité parfumée, leur douceur, leur nostalgie délicieuse. Avais-je même eu une enfance difficile ? Je ne le croyais pas. Le monde était bleu, la mer était ronde, les femmes vouées à l'enchantement du voyageur solitaire. La réalité était à prendre, à célébrer dans l'ivresse : à dionyser !

Et si parfois, dans quelque hôtel des faubourgs, dans une ville inconnue où je n'avais point d'amis, la désespérance de l'artifice et, si j'ose dire, le vide du creux me rattrapaient, je les muais aussitôt, plume à la main, en spleen et en une tristesse que j'avais nommée la triste tresse, en référence aux chevelures de femme où, tels Baudelaire et Poe, je cherchais un pays. Quant à la dévastation inaugurale où ma vie avait ployé à l'instant où elle se montrait, je n'en voulais plus rien savoir : je censurais jusqu'à son évocation même, considérant que l'adulte — l'homme ! — devait tuer son passé, le régler comme un compte et l'évacuer.

Je ne savais pas que demeure en nous, silhouette pareille à celle d'un nain qui vieillit et se plisse, l'enfant que nous fûmes et qui point ne s'effacera que nous n'ayons accepté l'héritage de ses blessures, le legs de son fardeau. Aussi, dans cette mi-vie où, à la faveur d'un printemps tunisien, montait à nouveau en moi le chant de mon âme, pareil à celui d'une beauté captive dans une prison souterraine, revenait aussi l'enfant triste que j'avais été pour me rappeler, pour montrer du doigt, pour désigner avec force l'ancienne et vivante blessure.

Orientée par son gynécologue parisien, M.M. avait accouché à Charenton dans une clinique lointaine, en bordure du bois de Vincennes que ses étages les plus hauts surplombaient. La chambre où mon épouse, après le choc césarien et la venue au monde d'un enfant de lumière, récupérait, dominait la jeune verdure des arbres. Souvent, pendant qu'elle reposait et que j'avais assouvi le besoin de contempler mon fils dans son berceau transparent, j'allais m'accouder aux fenêtres.

S'y apercevait un stade en anneau parfait d'où montait une rumeur de rotation régulière, comme d'un étrange cortège silencieux : c'était le vélodrome de la « Cipale », alors unique en son genre dans la région parisienne et où venaient s'entraîner de nombreux poursuiteurs et pistards, nostalgiques du Vel' d'Hiv' que la construction de Bercy n'avait pas encore comblés. Quel plaisir pouvaient-ils prendre, à tourner ainsi, sur ce plan incliné où ils semblaient adhérer à la façon des insectes ? « Ça tourne ! Ça tourne, Saturne ! » murmurais-je en souriant.

Un autre lieu plus sévère jouxtait le vélodrome dont on apercevait le mur d'enceinte et quelques croix dressées : un cimetière de dimension modeste mais qui me rappelait un souvenir. N'y étais-je point déjà allé ?

Derrière le vélodrome et le cimetière mais à une certaine distance et séparé d'eux par une pelouse où, sous le jeune soleil venaient déjà s'étendre des femmes que j'eusse voulu lorgner de plus près, se dressait un bâtiment qu'on eût dit japonais ou coréen, appartenant à un style massif qui est celui du bouddhisme du Nord. J'appris que c'était la grande pagode où Tibétains et Nippons de Paris venaient honorer le Compatissant.

Vélodrome, cimetière et pagode formaient ainsi un triangle isocèle à l'intérieur duquel mon obsession s'érigeait quand, sortant de la clinique, je m'y promenais avant de rentrer chez moi. Le regard vil, l'œil fixe, cherchant l'angle adéquat pour la vision furtive que certaines postures de femmes allongées sur l'herbe favorisaient, je m'abandonnais à la déambulation du voyeur honteux.

Ce qui à peine s'était montré en Tunisie désormais sortait avec franchise, inclinant aux automatismes mon comportement, me poussant, presque à mon insu, à poursuivre vers les lieux les plus propices une marche que je croyais nonchalante et sans but.

Une après-midi, comme était venu nous visiter un parent, me fut rappelée une réalité oubliée et censurée, laquelle composait l'un de ces idéogrammes de l'invisible dont la richesse me frappe aujourd'hui avec force.

« Voilà qui est étrange ! s'était-il écrié en se penchant à la fenêtre.

— Quoi donc ?

— Que ta femme soit venue accoucher ici... je veux dire au-dessus de ce cimetière.

— Qu'est-ce qu'il a ce cimetière ? »

Il me regarda comme s'il n'en croyait pas ses oreilles.

« Mais, voyons, dit-il. C'est celui où ta mère est enterrée. L'aurais-tu oublié ? »

Je l'avais oublié, n'y étant allé qu'une fois, vingt ans auparavant, avec mon père, quand il m'avait accompagné à Paris où j'entreprenais des études distraites. M'effarent encore aujourd'hui, outre la coïncidence signifiante de cette naissance au-dessus du lit final où, après sa mort à Toulon, fut portée ma mère, mon refus de mémoriser cette tombe, ma répugnance à renouveler une visite où, jadis, mon père m'avait entraîné. Même après ce rappel, je n'y allai pas davantage. N'aurait-on dit que j'en voulais à ma mère d'avoir péri ?

Je sens, dans ce moment même, que l'un des secrets de ma vie est dans ce refus, dans cet oubli qui aurait été total si la mère seconde avait été disponible au généreux amour. Chose étrange, dans mon âme inférieure invisible — ce sombre envers et enfer que je veux purifier et transmuter — j'ai reproché à ma mère son fatal départ, j'en ai voulu à son souvenir.

Pourquoi m'as-tu abandonné ? Cette plainte de chien perdu, sans doute mon enfance l'a-t-elle souvent exhalée jusqu'à la froideur vengeresse : puisque tu es partie, je t'effacerai, je n'aimerai plus. Plus jamais. Et je me corromprai, je me corpsromprai pour salir l'œuvre de tes flancs, je me souillerai pour défigurer le labeur de ton ventre.

Non que l'âme pure, la part blanche et immortelle de moi-même — la huppe gracieuse — ait jamais proféré d'aussi pathétiques menaces : seul ici s'est exprimé le matelas, l'ombre, mon fardeau, l'homme malade dissimulé comme un lépreux au fond d'un puits et que nous devons apprendre à connaître pour le mieux guérir — et nous alléger pour notre envol futur.

C'est que je n'irai pas à la lumière par la lumière mais par la nuit. Ma voie est dans les gouffres, à travers mes peurs et mes barrages, l'oreille tendue vers ce que Couperin a si bien nommé « la leçon des ténèbres ».

Le lieu où mon fils venait d'accéder au monde, la situation de la chambre en poste de guet et comme en mirador au-dessus de la tombe oubliée était là pour me rappeler la nécessité du souvenir. Il m'était demandé, pour naître à nouveau, de regarder ce qui avait blessé ma vie, cette tombe, cette fosse initiale, ce manque profond qui, à mon insu, me gouvernait encore, me pétrifiant, me refroidissant, m'éloignant de tout amour, me poussant vers une chute que j'entendais au loin gronder.

Non que je dusse à nouveau m'immerger dans les anciennes tristesses ou bien — comme nous y encouragent certains maîtres de la théosophie orientale — revivre le deuil pour m'en libérer. Surélevée et comme en vigie au-dessus du problème, la chambre à balcon m'invitait à me pencher sur lui, associant ainsi une naissance à un certain regard distant et juché, à une reprise de contrôle par l'œil de l'aigle de nos vieux territoires de souffrance enfantine.

Sans doute pour saisir ainsi l'idéogramme, pour comprendre la parole du guide dans l'entrelacs des événements et situations, sans doute faut-il admettre que la réalité est un panneau et comme un paravent — un pare-avant ! — où le sens transparaît hors des règles connues de la logique ordinaire.

Que la réalité de ce monde soit une illusion aucune religion ne le proclama avec autant de conviction que le bouddhisme dont la présence au fond du paysage signifiant était là pour compléter l'idéogramme tombal et l'inscrire dans une vision plus large, intégrant ses grands thèmes fondamentaux. Pour le prince Gautama, jadis sorti du palais de son père pour renoncer au désir qui enchaîne à la souffrance et à la mort — et chercher la sagesse dans la forêt sans chemin — l'homme devait travailler sur son corps ténébreux, sur sa lourdeur, sur son fardeau, afin de s'arracher à la roue éternelle des incarnations, des morts et des renaissances : il devait, par l'ascèse, atteindre un état spirituel supérieur qui l'affranchirait de la roue cosmique, de la roue psychique où, entraîné par les pentes de ses erreurs, par le poids encore actif de ses actions passées, il tournait.

Et comment trouver meilleure illustration — meilleur hiéroglyphe — de cette roue que le vélodrome où couraient des heures durant des cyclistes infatigables, acharnés à se dépasser l'un l'autre et comme collés par la vitesse centrifuge à la substance caoutchouteuse du revêtement ?

Sous mes yeux s'étendait ainsi un paysage symbolique où tout était sens et subtile parole formulée, jusqu'à l'attirance animale pour les corps féminins que les premiers rayons d'un printemps chaleureux portaient à s'exhiber et que mon regard aspirait à ouvrir davantage. La naissance d'un enfant implique toujours — pour ses deux sources — une métamorphose. Je venais de l'entreprendre en Tunisie, par le réveil à moi-même, par le contact avec le Maître intérieur dont les conseils — les informations — allaient me porter peu à peu aux éclaircissements fondamentaux, de nature à me transformer jusque dans ma base.

Ainsi les idéogrammes tracés sous les fenêtres de la clinique m'initiaient-ils à une vérité que de nombreux rêves vinrent par la suite développer et commenter : ma sexualité noire et mes comportements de chute ne devaient pas être perçus en tant que tels mais dans leur relation avec la tombe inaugurale et aussi — chose que je mis longtemps à admettre — dans l'avenue d'une vie incessante qui n'allait dans la mort que pour en jaillir à nouveau.

Mon ombre venait de loin dont les énergies psychiques écarquillaient, à le rendre globuleux, un œil qui aurait voulu avaler ses proies, attitude que l'ouverture du matelas et le premier regard sur son contenu avaient comme automatisée et engrenée : me serais-je, sinon, rendu compte de ce que cachait le coffre noir, la malle karmique, l'enfer-envers qui imprime à l'âme supérieure — le moi essentiel — son mouvement dans le cosmos invisible ? Je ne le crois pas : j'aurais passé sans savoir d'où venait cette pesanteur, cette retenue qui m'inféodait au réel inférieur, à la matière chaotique, à la froideur des vies sans amour.

Le mal qui le plus fait souffrir est celui qu'on ne voit pas : le mal bloquant, la prison souterraine où sont incarcérées nos virtualités audacieuses. Nous avons en nous dans notre noirceur invisible un établissement pénitentiaire, un bagne où sont punis, par décision ancienne et oubliée, les mouvements jugés inacceptables, indignes d'être portés au-devant, dans les ruelles des réalités froides, fragilité ou tendresse ou plainte immense — cri empêché — tenus au fond par le boulet de peurs primordiales.

Et sans doute n'est-ce point le hasard qui, en cet instant, me dicte le mot « ruelle » pour évoquer les vieilles glaciations de l'enfance et l'origine de la rétention d'amour. Il y eut dans ma vie des ruelles, c'est-à-dire dans le sens classique du terme : des bords de lit.

Il y eut une indignité fondamentale, une condamnation par moi-même proférée, un rejet de mon être par mon être, une partition d'âme. J'ai coupé ce qui me blessait, repoussé dans le noir abîme ce qui ne devait plus se montrer, se transmettre, pour me punir à jamais, pour me vouer au seul courant et emportement négatif où j'acceptais de m'abolir.

Oserais-je avouer que j'eus longtemps la jouissance du mal, ce plaisir éprouvé par la noirceur psychique — cette joie magnétique — quand nous infligeons à l'autre la souffrance, la déception, quand nous blessons sa pulpe ? Oserais-je même reconnaître qu'il y a dans le service de Satan une ivresse qui fait reluire l'âme et comme l'enorgueillit de son néant ?

Avec quelle folle exaltation ai-je couru à l'orgie qui fume, au sexe grégaire et aux bestialités sans amour ? Le courant qui, dans le rêve de la tombe dressée au milieu du fleuve, me poussait à la cataracte noire, je ne puis m'empêcher de songer que j'y souscrivais et qu'une part considérable de moi-même en approuvait l'orientation. N'est-il point, cet élan des eaux, ce que l'hindouisme et le bouddhisme désignent sous le nom sanscrit de « Karma », c'est-à-dire la résultante des actes et des pensées antérieurs ?

Ce que nous fûmes nous conduit, nous emporte et s'accélère de la proximité fatale. J'étais sur le point de tomber, chute spirituelle et basculement dans la nuit définitive que je voyais se profiler en caverne noire au bout de mon comportement. L'alcool, l'orgueil, le vice obstiné qui toujours me poussait aux sentines du sexe froid : je m'abandonnais au fleuve qui grise, consentant à ma propre immolation qu'une maladie ou un accident n'aurait pas tardé à sanctionner.

Quelques mois plus tôt, en Inde, au sud de Calcutta et dans une ville qui portait le nom peu encourageant de Pouri, j'avais été terrassé pendant plusieurs jours par un mal violent, une fièvre dont seule une dose massive d'antibiotiques put me guérir. Il m'en resta une faiblesse étrange, une débilité du corps physique qui mit plusieurs mois à s'effacer et où je veux voir un avertissement lancé à travers ma chair : le corps est vêtement d'âme et laisse entendre à travers ses maux un mot que certains thérapeutes aujourd'hui déchiffrent et qui, dans mon cas, était peut-être celui là même que proclamait la ville du Bengale où j'avais été frappé.

A cause des romans que j'écrivais et qui s'approchaient, sans même que je le voulusse et par le seul jeu de l'imagination active, de la connaissance hermétique, je m'étais assez familiarisé avec l'alchimie pour savoir que le grand œuvre comportait une phase nommée putréfaction, opération au cours de laquelle, de la matière menée à son pourrissement délibéré, on extrayait les germes des transmutations futures. Il est vrai que l'œuvre — « *il grande opera !* » comme disait Cagliostro — exige au minimum avec la conscience affûtée du philosophe son lien avec le plan supérieur, avec le monde invisible qui le protège et l'encourage.

Cette phase, nommée aussi « œuvre au noir », est le plus souvent symbolisée par la tombe ou le mausolée, image de la métamorphose, de la séparation entre l'âme et le corps, entre le subtil et l'épais à quoi la mort ! — par son coup d'épée qui tranche — naturellement procède. Aussi dans mon rêve la tombe dressée au milieu du fleuve signifiait-elle en partie la transformation à laquelle mon entrée sur le sentier d'Atman, dans la voie du Soi, désormais m'inclinait.

L'écoute soudaine de mes songes, l'attention portée aux signes répandus autour de moi comme les cailloux blancs du Poucet, afin que je découvre mon chemin dans la forêt obscure, avaient marqué mon arrivée dans l'aire de la tombe, dans l'*athanor* aux métamorphoses. Le toucher inspiré des réalités intérieures, cette ouverture à la parole secrète, avait été providentiel qui stoppait l'emportement noir ; encore fallait-il, pour remonter le courant et m'éloigner de la chute qui grondait, que je prisse appui sur la pierre levée, sur la verticalité de la métamorphose.

La sépulture au milieu du fleuve était, comme toute tombe chrétienne, formée de deux dalles, l'une horizontale, l'autre verticale. Le symbole était limpide qui soulignait la nécessité de la verticalité spirituelle, de l'arbre de la foi, pour m'arracher aux déchéances. Jusqu'à présent j'avais vécu à l'horizontale, dans la ligne et lignée de mes appétits matériels et d'une sensualité qui, le plus souvent, me servait d'intelligence.

Je devais me redresser, sortir du psychisme, hisser le haut de mon être au-dessus des eaux et poser mes pieds, c'est-à-dire ma base, ma prise, sur la verticalité ascendante symbolisée, comme aux temps préceltiques, par la pierre levée. Je devais raffermir à son contact mon jarret, armer sur elle mon élan et la saisir comme ressort pour échapper aux fatalités menaçantes. Ainsi m'extirperais-je des pesanteurs de moi-même et des courants de perdition.

Mais il y avait aussi, dans cette image onirique de la tombe creusée au milieu du fleuve, une autre explication que le signe tunisien de la sépulture chrétienne joint à celui de la naissance de mon fils au-dessus du caveau oublié de ma mère exprimaient. La tombe découverte par moi dans le jardin d'Isabelle et de Thierry — dans un parc symbolisant, derrière la façade du couple social, la nature en retrait — révélait la présence du deuil lointain comme fond du problème. La sépulture ne datait-elle pas des tout premiers âges du christianisme et donc — par homologie — de l'âge tendre où j'avais été, par le départ du soleil, refroidi ?

La présence à mes côtés, pour ouvrir le caverneux passé, du fils névrosé d'Agathe apportait aussi ses flux de signification, exprimant le grand trouble d'enfance, le vaste désordre causé dans ma constitution originelle par le soudain retrait, à l'âge d'un an, de la bouillotte d'amour. Continuant à explorer le signe, à marcher vers ses vérités englouties, je ne peux aujourd'hui que repérer le thème du nez coulant plusieurs fois aperçu en rêve — les miens comme ceux des autres — revêtu d'un sens sexuel et viril très clair : n'y a-t-il pas, dans la vision populaire, correspondance entre l'appendice nasal et celui qui, pour être son antipode, ne manque ni de flair ni d'inspiration ! Un nez qui se laisse aller exprime l'absence de contrôle sur une sexualité débordante, difficilement maîtrisable.

La souffrance du fils d'Agathe — telle que j'avais pu la deviner alors — venait du remariage de sa mère auquel, au fond de lui-même, il n'avait point consenti. N'y avait-il pas là une allusion très signifiante à un autre second mariage, celui de mon père, jadis perçu, par l'enfant troublé que j'étais, comme une profanation, une trahison ?

Je devais reconnaître qu'il y avait en moi un noyau sombre, un soleil noir allumé en brasier de tristesse et qui datait de ce temps lointain : dans mon âme était une tombe, un regret, un chagrin, un cri rouge qui, trente-sept ans plus tard, continuait à mon insu à me gouverner, m'inclinant au vil comme au veule et m'imposant, dans le rapport amoureux, un gel du cœur où toutes sortes de déviations et perversions avaient établi leurs circuits de pierre.

Plusieurs fois vint alors me visiter le même rêve pour m'expliquer — à moi qui ne comprenais pas — le lien entre ce cri non jeté et le noir fourmillement d'un psychisme qui proliférait. Je me voyais dans ma cuisine découvrant avec dégoût ce que cachait au pied du mur la planche inférieure qui se détachait de la paroi : des araignées qui avaient établi là leur base d'attaque et se répandaient sur les nourritures.

Pas besoin, aujourd'hui, de réfléchir longtemps pour identifier le double calembour inscrit dans le rêve par un Maître qui aime jouer avec les mots. Cette boiserie est une plinthe : elle est donc ma plainte où nichent des insectes dont le nom même indique qu'ils appartiennent au passé. L'araignée, c'est, dans les rêves, ce qui « a régné », ce qui fut bon jadis et ne l'est plus à présent, vieux comportement qui se perpétue et au piège duquel viennent se prendre les papillons du renouveau. Nous avons en nous des modes d'être anciens, des façons d'agir ou des pentes qui, en demeurant et quoique dépassées, nous ligotent encore, attitudes d'âme qui, autrefois, nous permirent de résister aux chocs et aux tristesses, mais qui, désormais, nous encombrent, nous retiennent, nous pervertissent.

Dans mon ombre était ainsi une plainte non exhalée, un noyau de souffrance ténébreuse dont la rétention et le refoulement avaient été, dans ma fragile enfance, une nécessité. Eussé-je seulement pu vivre avec une telle détresse dans ma vie plantée ? Aussi son occlusion, son rejet dans le puits de l'âme sombre — son oubli — m'avait laissé croître et comme autorisé à pousser au sein d'une nature — celle du Jura verdoyant — qui se substitua, me semble-t-il, à la mère personnelle, qui devint ma mère et combla, pour une part, l'absence vertigineuse.

Mais cette censure avait incrusté en moi un pli de rétraction, un refus induré qui sur tout élan d'amour, sur toute émotion tendre fermait coquille, montrant au-dehors un masque dont aurait pu être jaloux le Japonais impassible. J'avais le cœur enclos, fortifié, et l'âme à l'étroit où, à cause du chagrin barré, des larmes avec violence retenues, l'amour ne pouvait ni respirer ni ouvrir ses ailes. Hélas ! je me suis fermé pour vivre, je fus à moi-même mon propre geôlier, veillant au détroit des émotions et sur tout sentiment pur, sur toute fleur d'âme, tirant de mes batteries de froideur.

Si, au milieu de ma vie — et par son travers — la foi simple, humble, de l'artiste charbonnier n'était venue, dans la nuit de mon être, allumer ses tisons, sans doute me fus-je comme abîmé à la ténébreuse cataracte dont le rêve n'eût pas choisi le symbole si elle n'était aussi un trouble de la vision, une maladie de l'œil. En allant aujourd'hui vers mon mal, je veux m'opérer de la cataracte, me guérir de toute chute en comprenant pourquoi mon œil, tel celui de Méduse, laissa ainsi passer des rayons de dévoration. C'est qu'il y eut aussi... autre chose, une seconde obstruction consécutive à la première et qui dévoya Éros, le poussant vers les froids territoires où, pour amener le plaisir, n'est même plus nécessaire le contact des chairs, l'emboîtement des corps et des cœurs.

J'ai souffert ainsi d'une étrange maladie de l'être dont je veux, par ce livre où je me livre, comprendre le sens caché, le message spirituel. Cette fonction de la maladie n'est-elle point — puisqu'il faut jouer avec les mots à la façon du Maître intérieur — clairement indiquée dans le nom même qui la désigne ? La maladie, c'est le « mal a dit », c'est la parole de l'ombre, la haute sagesse qu'elle porte et qu'on pourrait nommer l'enseignement des gouffres. Aussi veux-je aller sans honte vers ce qui me diminua et m'emporta, vers le principe de solidification où j'aurais pu, comme on le verra, périr.

Il y a dans le sexe sombre, dans l'obsession perverse, un Christ de solitude, une fleur de beauté et de connaissance qui était mon lis noir, la mystérieuse triarchie des ténèbres, la puissance de lumière inversée qui, si je la touchais et la comprenais, pouvait me ramener en un instant sur la voie. Seuls les dévoyés peuvent trouver le chemin : oserais-je dire que la déviation est le seuil du Royaume ?

Ce seuil apparut donc à vingt mètres de moi, peu après mon retour en Tunisie, dans une petite ville du sud de la France, par la baie vitrée de mon bureau-véranda, de l'autre côté d'une cour. C'était une jeune femme, belle et brillante qui dès lors — et sans que je lui eusse jamais adressé la parole — s'imposa dans ma vie comme une obsession centrale qui mangeait mes regards. Elle était « la jeune fille au pull vert », inaccessible et cependant toujours saisissable par mon œil, la rouée mystérieuse qui mit l'enfer à vif et ébranla mes démons.

Je la vois encore... à son miroir... si nue ! Je reviens en hâte au passé, au passage.

# II

# La langue des oiseaux

PEU de temps après la naissance de mon fils nous allâmes nous fixer dans une ville du Midi si tronçonnée d'autoroutes, de voies rapides et de nationales qu'un vaste fracas la surplombait.

Fraîche et provençale, la gare — une gare d'aquarelle — était surmontée et comme écrasée par le tablier d'une autostrade qui l'enjambait avec arrogance, paysage d'urbanisation forcenée où je n'eusse jamais songé à m'installer si les parents de M.M. n'y avaient mis à notre disposition un appartement reçu en héritage.

Coincée entre ses chemins perçants, vibrant de tous les poids lourds qui la sillonnaient, la ville — le bourg — s'employait à respirer autour de ses vieilles agoras, de ses dernières villas impressionnistes où parfois, près d'un effondré muret, une compagnie d'oliviers attendait encore le peintre à chapeau de paille qui la comprendrait. Combien furent les paysages du Sud profanés, rien ne le disait mieux que ces lambeaux de l'agraire civilisation ancienne dont les feuillages toujours s'argentaient aux brises de la mer.

A côté d'un carrefour où gémissaient les freins et les changements de vitesse s'apercevait au crépuscule du soir une allégorie attelée, celle d'un vieux paysan sur sa carriole à mulet, s'en allant traire ses chèvres. Derrière lui, sur la route étroite, hurlaient les klaxons, sans que, juchée sur son siège, la vieille silhouette à casquette en fût le moins du monde dérangée.

Alentour, formant un mur épais entre la mer et la montagne, se dressaient les compartiments du tourisme immobile, grands rocs déployés en rectangles où adhéraient comme des huîtres tout un peuple de bronze. La plupart des habitants s'y étaient déportés des régions humides, convicts au bagne d'un farniente qui faisaient de cette ville à ciel ouvert — de cette chaise longue en ciment — un ponton d'ensoleillement où, pour téter à la mamelle d'or, les corps s'ouvraient chaque jour comme des mains. Aussi, dès que s'obscurcissait le plafond ou que tombait la pluie aux terrasses renfrognées, roulait entre les immeubles une consternation palpable.

C'est que chaque ville a son aura sensible, son climat psychique formé avec toutes les émotions de ses citoyens, nappe où les hommes sont plongés sans le savoir et qui influence leurs emportements particuliers. Parfois, nous mettant en colère, nous n'exprimons pas notre irritation mais celle des autres, victimes de courants collectifs où les pensées filent comme des ablettes, soumis à des fluides généraux qui agissent sur nos humeurs individuelles.

La physionomie de la ville — nommons-la La Crau — trahissait, à travers son corps dépecé par les pénétrantes, un morcellement d'être que la nervosité ambiante aussi révélait. Nulle cité, excepté Marseille, n'était plus corrompue par le banditisme que celle-là, drainant vers elle, à la façon d'un collecteur de boue, toute la noirceur européenne. L'ombre assaillait les banques, pillait les bijouteries, défouraillait à la moindre querelle dans les boîtes de nuit.

Situé dans la rue du commissariat, notre appartement balconnait au-dessus des arrestations, donnant à voir, arrachées des fourgons, des bêtes féroces embracelettées et qui, avant de s'engouffrer de force dans le palais aux grimaces, échangeaient avec les inspecteurs des coups de semelle à en ébranler un platane.

La Crau, comme beaucoup d'autres villes de la Provence côtière, peuplées de bouts de famille comme de pièces rapportées, était — si beau que fût son regard sur la mer entre ses paupières de béton — la cité d'un malaise que l'étroitesse des murs en pelure propageait. Chaque logis semblait sur les foyers voisins ouvrir ses oreilles. Nous étions informés sans l'avoir demandé et par indiscrétions incessantes de l'évolution des rapports amoureux des couples du même palier, nous subissions au-dessus de nos têtes, par le plafond qui sur nos tasses saupoudrait son plâtre, la cavalerie des pas pressés que le téléphone ou la sonnette actionnait, proximité ressentie comme une promiscuité par mon ego luxueux. Quoi ? Étais-je vraiment fait, moi l'aventurier, le créateur — quel orgueil dans ce mot ! — pour me retrouver dans la même soupe que ces âmes petites-bourgeoises, pour vivre côte à côte et comme flanc à flanc avec des êtres qui n'avaient même jamais vu se lever le soleil sur la mer des Célèbes ?

Sans doute, pour mieux noircir mon être au passé et l'illuminer au présent, exagéré-je aujourd'hui cette pente vaniteuse qui menace tous ceux qui, la plume ou le pinceau à la main, s'emploient de leur art fragile à s'ouvrir une route dans la société. Mes réticences à vivre le sort commun étaient peut-être moins dues à l'enflure de l'ego qu'au déracinement primordial qui fit de moi un errant, fatalité et souffrance qui se réveillaient chaque fois que je m'efforçais de me fixer et de ressembler aux autres : à demeurer j'aspirais, à demeurer je renâclais, victime sur ce point d'une contradiction qui explique bien des malaises ressentis au moment d'entrer en maison, de m'établir et de plonger dans une terre immobile mes racines vagabondes.

De notre nouvel appartement M.M. avait voulu faire, pour moi, le temple de la réintégration, le lieu où ma sauvagerie trouverait enfin, dans le quotidien d'un père de famille, à s'apaiser, aussi avait-elle désiré rendre notre lieu le plus harmonieux possible, accordant grande importance à la couleur des rideaux comme à celle des papiers peints, accomplissant des prodiges d'habileté pour, dans ce logis modeste et de peu de surface, organiser une pièce où je pourrais m'isoler et écrire des livres dont, à l'époque, je tirais le plus clair de mes revenus.

Une véranda en surplomb sur l'arrière-cour fut désignée pour accueillir chaque jour mon cerveau pensant, chambre étroite que l'on moquetta et où l'on réussit à introduire, pour mon usage personnel, l'impressionnant bureau Empire du grand-père. M.M. avait eu un grand-père qui, décédé depuis plusieurs années et directeur d'un conservatoire de province, avait été aussi un compositeur estimable dont France-Musique diffusait parfois des œuvres aujourd'hui oubliées. Si mince était l'espace où le meuble devait se loger qu'il avait fallu en scier le rebord de façon oblique, infligeant ainsi à ce chef-d'œuvre en acajou un dommage irréparable. Mais l'essentiel n'était-il pas d'adapter à mon être confus la géométrie de cette table-symbole, d'introduire dans mon chaos une rigueur qui s'était comme encastrée dans mes limitations ?

Ce n'est pas sans trouble d'âme que je revisualise ma véranda, mon surplomb, mon nid d'aigle où se déroula un tel conflit entre le ciel et l'enfer que j'aime à croire que les vitres en sont toujours fendillées. Les lieux difficiles qui sont dans notre mémoire, surtout quand l'épreuve les a recouverts, sont comme voilés d'un crêpe qui les obscurcit. Nous les avons annulés de notre souvenir, rayés d'un registre où, cherchant Capoue, notre esprit fatigué ne se pose que pour se reposer. Aussi, n'étant plus évoqués, s'enténèbrent-ils, tombant dans la lie des archives où, pour les extraire, la conscience aujourd'hui s'arc-boute : de quelle couleur était la moquette qui en tapissait les dalles ? D'un beau bleu, je crois, et d'une substance agréable au toucher que le jour lustrait.

Revient surtout dans ma mémoire, se déployant sur ma gauche quand, au bureau mutilé, je travaillais, la baie vitrée qui regardait, derrière La Crau, le verdoyant pays des collines, paysage qu'on eût dit, dans sa douceur molle, florentin, avec ses cyprès et ses ifs noirs sur le vert pomme des gazons et des prairies en lopins. Non loin, à flanc de coteau, s'apercevait, au sein d'une végétation décorative, la villa devenue musée d'un grand peintre qui avait achevé là sa vie par toutes sortes de femmes embaumée. Son œuvre, dans son essence même, était-elle autre chose qu'une célébration du corps féminin, de la féminité luxuriante ?

Souvent, écrivant mon livre qui réveillait à la caverne le dragon de l'âme inférieure, je regardais cette maison comme la preuve, administrée au pinceau, qu'il pouvait exister un art heureux, un art de l'approbation à la vie verdoyante. Que m'était, que me valait cette tristesse toujours fichée en lancette dans mon cœur douloureux ? Ces mélancolies avaient-elles lieu d'être quand ma plume, poussée par les alizés d'une création gracieuse, filait vers les archipels du sens ?

Quant à ma difficulté conjugale, à cette impossibilité où je me trouvais d'aimer ma femme, de la renverser au lit comme l'une de ces proies furtives que la débauche me chevillait, je pouvais me dire que, tel le grand peintre dont le souvenir planait encore sur la contrée, je n'avais au mariage qu'une disposition limitée : ma destinée n'était-elle pas de découvrir la Femme à travers les femmes, d'aimer l'unique dans le multiple ?

Un dimanche après-midi, comme je me répétais ces sophismes avec quoi l'adversaire intérieur — le sournois, le roué — blanchit et justifie les chutes en les revêtant de sagesse, mon regard s'attacha aux fenêtres situées en face des miennes, de l'autre côté de la cour qui servait de parking aux locataires de l'immeuble. Vivait là une jeune femme qui venait d'emménager et que j'avais entr'aperçue un matin, vêtue d'un seul tee-shirt qui lui descendait aux cuisses, passant dans son appartement l'aspirateur dans des poses — tantôt accroupie, tantôt cambrée — qui révélaient, sous la minceur, l'opulence. Ma véranda regardait en frappe directe son living, où mon œil pouvait à l'aise, tel un phare, se répandre, se déverser. Il pouvait aussi, comme le voleur qu'il était, entrer dans la salle de bains voisine, laquelle — chose étrange — ne comportait ni fenêtre opaque ni rideaux, offerte pour ainsi dire à mon inspection.

C'était dans cette pièce, à son lavabo, que mon regard, ce jour-là, pour la première fois la saisit et s'y fixa, en obsession longue dont je mis plusieurs années à me défaire. Vêtue d'un pull vert et d'un slip, elle lavait à la main son linge. La chevelure bouclée et châtain, elle avait un très charmant visage de chatte où deux yeux verts fendaient une peau en blanche porcelaine. On eût dit, par son port et sa carnation, une créature aristocratique, l'une de ces filles de collège dont l'usage et l'expérience m'avaient enseigné que le feu, chez elles, est sous la neige. Une fille d'officier ministériel, pensé-je, le beau rejeton d'une lignée de notaires poitevins, une Clara d'Ellébeuse perverse dont le petit tailleur charnel disait assez qu'elle avait moins l'esprit au presbytère qu'à la séduction.

S'avisant que, de l'autre côté de la cour, je l'observais, lâchant à son tour vers moi, entre ses cils assombris, son regard d'émail, elle fit un geste qui, je l'avoue, en dépit de mon cuir tanné, me surprit : retirant son slip, elle le mit à tremper, avec le reste de son menu linge, dans le lavabo, apparaissant devant moi les fesses à l'air, la croupe rebondie, à la fois nerveuse et joufflue, et qui comportait, au creux des reins, deux fossettes semblant deux yeux de phoque.

De ce jour-là, de ce sombre dimanche commença de tourner un manège qui m'accapara, me retenant si obstinément à ma table de travail que mes amis crurent à un engloutissement dans un manuscrit sans bornes. L'une se montrait, l'autre, à dix mètres, regardait : si forte était parfois la tension d'un bord à l'autre de la cour qu'on eût cru un jet de harpon et comme le bruissement d'une ligne sur son pylône.

Deux ou trois fois par semaine, surtout quand l'hiver rafraîchissait les vitres, avait lieu, dans la salle d'eau, la cérémonie du bain. La jeune femme au pull vert se dévêtait, m'offrant un instant la vision d'un corps dont à distance j'avais appris à connaître la géographie. Bientôt cependant, à cause de l'eau brûlante qui coulait dans la baignoire, la fenêtre se couvrait d'une buée qui me la dérobait peu à peu, ne laissant plus entrevoir, à travers la vapeur figée, que des formes mouvantes et roses qu'une lampe à abat-jour encore magnifiait. Alors j'attendais, pareil à la statue d'un faune, que la nymphe sortît de son bain et que, nue encore sous une grande serviette blanche, elle gagnât le living où, devant un miroir en pied, elle s'essuyait, se baissant avec lenteur, se relevant, coulant entre ses cuisses un linge humecté autant par sa rosée que — sans doute — par la semence gluante projetée par mes yeux.

Une fois le séchage terminé, suivaient deux opérations, celle du parfumage et du talquage qui me mettaient dans un tel état que tout en moi s'érigeait, devenait tourelle, donjon, forteresse de fer et rampe de lancement. La main de la coquine appliquait alors, sur sa toison qu'elle avait épaisse et bouclée, l'eau de toilette et le talc qui civiliseraient sa forêt. Se moquait-elle ? Que voulait-elle de moi ?

Jamais elle ne consentit à aller plus loin, se bornant à des exhibitions qu'on aurait pu laver, si j'ose dire, de toute arrière-pensée, au point parfois que je me surprenais à douter : n'avais-je pas, entraîné par mon excitation, inventé la connivence délicieuse qui la faisait à mes yeux seuls se donner, s'offrir en trésor intouchable ? Avait-elle même remarqué ma présence ? Bien vite cependant, levant la paupière, elle me donnait son regard vert, aussitôt émis aussitôt repris et qui me rassurait : nos relations silencieuses tisonnaient aussi sa journée qu'une certaine mélancolie éteignait.

Qui était-elle ? Je la voyais recevoir deux types de visite, des hommes vêtus de sombre d'abord et portant de lourdes serviettes, visiteurs qu'on aurait dit prêtres défroqués ou marchands de bibles. Des êtres jeunes ensuite, garçons et filles vêtus de couleurs vives avec qui elle festoyait et qu'unissait un projet commun, une haute pensée qui les soulevait. Son métier était énigmatique : point de ceux, en tout cas, qui ébranlent le travailleur à l'aurore et l'acheminent vers les centres d'aliénation. La jeune femme au pull vert ne s'envolait qu'à la mi-journée, ayant auparavant rangé dans une sacoche petite une liasse de documents où j'avais cru repérer le papier quadrillé des lycées et des facs. Était-elle professeur ? Le mur de son living était tapissé de livres dont l'aspect annonçait les ouvrages d'érudition, aux seuls spécialistes et chercheurs réservés, volumes qui devaient toucher à l'histoire des civilisations, si j'en croyais les visages semblant pharaoniques qui figuraient sur leurs tranches.

Il est vrai que j'aurais pu, sans attendre, aller lui parler. Plusieurs fois déjà, sur le trottoir qui ceinturait notre bloc d'immeubles, je l'avais croisée, sans réussir à vaincre une barrière de froideur et de timidité qui m'annihilait, qui me ligotait aussitôt qu'elle paraissait au-dehors. Autant de fenêtre à fenêtre, je la dévisageais, je la foudroyais de regards sans vergogne, autant, à l'air libre, hors casemate, je baissais les yeux, filant doux et disparaissant au plus vite.

C'est que la gêne porte message qui m'enseigne ici à nouveau en la révélant, en la désignant, toute la maudite culpabilité qui rayonne au fond de moi en astre d'opprobre. Ce sentiment obscur qui me faisait devant elle me faufiler comme un enfant honteux, je l'ai souvent éprouvé dans ma vie, toujours associé à une certaine sexualité, celle du regard ou du toucher dérobé, du plaisir que je force et auquel je n'ai pas droit.

Si mon Éros fut souvent orgiaque, me portant à toutes sortes d'extrémités qui m'assouvissaient sans remords, si même j'éprouvais une sorte d'orgueil à marcher aux débauches, si je me sentis parfois comme annobli et purifié par une nuit de plaisir — comme remis au monde au petit matin —, je n'en étais pas moins, dans certaines situations très précises, écrasé par un sentiment d'indignité qui me voûtait l'échine.

Dans l'immeuble où se montrait la jeune femme au pull vert et vers lequel mon visage était sans cesse tourné, un homme chauve avait remarqué mon manège. Croyant que je lorgnais son épouse, il m'avait adressé des signes d'hostilité. J'en avais éprouvé, sous son œil qui m'accusait, un embarras dévorant, une contraction, une souffrance d'âme dont l'excès, pour une cause aussi dérisoire, désignait la blessure mystérieuse, le noir trésor ancien à explorer : le passé repoussé nous retient dans sa nasse, il nous durcit, il nous immobilise.

Là-bas, au loin, dans mon enfance, était une incrimination véhémente, un poignard de honte et de haine sur moi toujours levé et que les situations passantes réactualisaient en cataracte. Puissé-je atteindre au terme de ce livre aventureux l'élucidation du vieux fardeau tombé de ma jeunesse lourde ! Puissé-je comprendre l'origine de la pierre qui toujours a pesé sur mon cœur pour l'empêcher d'aimer, poids que j'eusse mieux accepté si ne m'avait aussi habité son contraire, une divine légèreté et souplesse, un appel à l'amour d'éclater.

Écrivant ces lignes, je touche à la cause des vastes désordres et malaises — des souffrances — qui, dans ma mémoire, imprègnent cette saison étrange de ma vie où tout céda et décéda pour renaître dans un déploiement différent. Coexistaient en moi, d'abord côte à côte puis face à face, en ennemis déclarés, deux forces qui semblaient impossibles à concilier, deux puissances logées dans mon âme et que je ne pouvais saisir qu'au travers de mes rêves ou en scrutant mon comportement. Car dans le même temps où je pillais par l'œil et comme aspirais ainsi un corps distant, j'étais moi-même aspiré et inspiré par la Présence intérieure qui m'enseignait le chemin pour accéder jusqu'à elle.

Pendant ces années tourbillonnantes les rêves me devinrent plus que la « seconde vie » vantée par Gérard de Nerval ; ils furent l'écume d'une vraie vie encore absente mais dont la lumière parfois perçait leur tenture. Ainsi, pendant que, jailli d'un profond passé, d'une enfance d'émerveillement et d'outrage, me terrassait un démon de froideur, de répression et d'écart — le voyeurisme étant une mise à l'écart —, je m'enivrais de recevoir, derrière l'obscurité de mes nuits, les premiers rayons d'un soleil qui n'était point celui de ce monde mais luisait au-dessus d'une haute contrée où il me fut donné quelquefois d'avoir accès.

Parole messagère, enseignement du Maître de vie, énergie revitalisante, le rêve emprunte deux chemins pour accéder jusqu'à nous et nous éclairer : par le corps psychique ou âme inférieure, par le corps spirituel ou âme supérieure. Ne dirait-on pas qu'il est une télévision à deux chaînes, chacune diffusant ses programmes particuliers mais fonctionnant ensemble, sans que l'audition de l'une empêche l'autre d'émettre, au point parfois, sans avertir, d'interférer et de substituer tout à coup les images de l'une à celles de l'autre ? Aussi bien, nous les distinguons si aisément que nous avons l'habitude, dans le langage courant, d'établir une différence entre les rêves en noir et blanc et les rêves en couleurs, ceux du « pied gauche » — sur quoi nous nous levons avec irritation —, et ceux du pied droit, qui nous sont plus agréables, plus rafraîchissants.

Les rêves du pied gauche — rêves psychiques — sont de difficulté, de péril ou de gêne, soit que nous fussions nus ou déféquions sous le regard d'autrui, soit qu'un danger imminent plane sur nous : des animaux féroces s'approchent en grondant dont l'attaque est comme suspendue à un geste infime qui la déclencherait — ou bien nous nous surprenons à marcher en pyjama dans la grande rue de notre ville sous l'œil désapprobateur du maire et du conseil municipal. La honte et la peur sont les deux émotions principales produites et comme manifestées au-dehors par le pied gauche tandis que l'intelligence, la touchante sollicitude appartiennent au pied droit, sont les rayons du pied droit.

Revient en cet instant dans ma mémoire le rêve d'une artiste peintre qui traversait la crise des vingt-sept ans à laquelle toute femme est promise avant d'éclore à son destin : métamorphose pareille à celle de la chrysalide et qui s'accompagne souvent de la rupture amoureuse, de la mort du passé et d'un blocage général qui laisse peser l'ombre d'un doute sur le chemin choisi. Yasmina, qui portait aussi en elle-même la dualité de l'origine et que la Méditerranée partageait comme elle avait séparé son père et sa mère, n'était plus capable de peindre à cause de l'intensité de la crise par elle traversée. Elle se sentait en état de sécheresse, indigne et comme éloignée de tout : en exil hors d'une vie dont s'était retiré l'amour.

Le rêve — un rêve typique de pied droit — produisit si forte impression qu'elle en fut redressée et poussée vers une jubilation créatrice qui la rééquilibra. Elle se voyait rentrant chez elle, dans son atelier où l'attendaient, suspendues au mur, une infinité de toiles blanches, de toiles vides qu'elle se fût sentie prête à remplir — comme on remplit sa mission — si un manque n'eut rendu son travail impossible : elle n'avait plus de peinture, plus la moindre couleur sur une palette redevenue vierge et monochrome. Elle ne pouvait plus peindre, ayant exprimé et comme pressé au-dehors tout le contenu de ses tubes — mot qu'il faut entendre aussi dans son sens de musique à succès, de chansonnette pour le plus grand nombre.

Devant l'appel de ses toiles et l'impossiblité où elle se trouvait d'y répondre, elle éclatait en sanglots, les mains sur les yeux. Alors — ô surprise ! — elle respirait une odeur de peinture fraîche. Rouvrant les paupières elle voyait sur ses paumes d'appétissantes couleurs. Elle comprit : elle venait de pleurer des larmes miraculeuses, créant avec sa tristesse les teintes dont elle avait besoin pour couvrir ses tableaux.

Ce rêve montre les vertus du pied droit qui sont l'intelligente concision, la puissance de synthèse qui, en deux images, définit l'essence d'une situation et le moyen d'y remédier. Yasmina était invitée, plutôt que de se durcir, à s'abandonner aux larmes, à laisser aller — à favoriser ? — un chagrin qui contenait son principe de dépassement, comme si ce qui la minait était aussi ce qui l'acheminait.

Toujours le rêve du pied droit semble descendre ainsi d'une conscience perchée et qui — vigie au sommet du grand mât — balaie, dans l'avenir et dans le passé, un espace beaucoup plus vaste que celui mesuré par nos yeux. Elle est, cette conscience, l'âme planante, l'âme ailée, l'âme supérieure — « huppe gracieuse pleine de réserve et de chasteté », comme la décrit Ibn Arabi — qui est notre moi véritable et dont la souffrance, le trouble qui l'agite en l'opacifiant, est d'être au griffon de l'âme inférieure reliée et comme enchaînée, ange et plaintif démon qui forment, dans la courte étendue de cette vie, un couple d'inconciliables qu'il nous faut concilier.

Mon sac de nœuds — pour traduire avec vulgarité l'emmêlement de mes actes — était le résultat de cette dualité, de cette coexistence, dans le logis du corps, d'un chevalier et d'un malfaiteur, d'un pied droit et d'un pied gauche sur lesquels il fallait pourtant trouver mon équilibre. L'un tirait à hue, l'autre à dia, l'un m'altérait de pure lumière, l'autre me poussait au vil et à une dissipation générale que l'alcool entérinait ; l'un voulait la vie et l'autre la mort.

Les rêves m'aidèrent, peu à peu, à y voir plus clair et à distinguer dans mon comportement ce qui venait de l'un de ce qui appartenait à l'autre. Grâce aux messages de la nuit je pus différencier, puis cerner et définir ces deux centres de conscience, ces deux volontés qui m'animaient, d'autant plus difficiles à saisir qu'elles se chevauchent et s'entremêlent. Les rêves du pied droit, comme si l'âme supérieure voyait avec lucidité les manœuvres de l'âme gauche, me fournirent un commentaire régulier, des informations sur le terrain vague, m'aidant à comprendre — à attraper au vol au-dehors — mes tendances négatives, mes plis destructeurs.

C'est ainsi qu'au début de mon exploration subtile j'aperçus, en vision rendue étrange par l'éclat qui la nimbait, un paysan de mon village qui avait habité en face de mon école, homme très robuste dont le suicide par pendaison avait été un des étonnements de mon enfance. Quoi, cet être si animal et si simple — presque simplet — avait été capable d'un geste aussi complexe et contre nature ? La vision me le montrait donc assis sur une chaise, vêtu d'une toge romaine et arborant sur sa tête inclinée une couronne de marguerites fanées. Le visage, buté, renfrogné, l'attitude — comme de repli sur soi-même — trahissaient, avec l'accablement inerte qui suit les excessives libations, la solitude et le désœuvrement d'une vie sans principes. Que voulait me dire mon âme haute dans cette brève image de lendemain de fête ?

Derrière l'homme s'apercevaient plusieurs idées ou correspondances : celle du suicide d'abord, celle du naturel ensuite et de l'instinctivité animale que le sujet symbolisait, la proximité de l'école aussi où je décelais une allusion à l'enseignement et une injonction à me souvenir des conflits vécus à la communale, celle d'un drame caché enfin, d'une fêlure secrète qui avait emporté et comme jeté à terre cet homme de vigoureuse apparence. Le vêtement romain évoquait autant la sensualité décadente que les débuts de la vie à quoi Rome — enfance de la civilisation européenne — renvoyait. Quant à la couronne de fleurs, elle exprimait en métaphore poétique le caractère éphémère des désirs et des plaisirs, sitôt fanés que cueillis, et dont l'accumulation portait à la tristesse et à un manque d'assise que la chaise étroite signifiait.

Ainsi, vue d'en haut par la vigie, était mise en évidence — en relief — la négativité fondamentale de mon âme inférieure, de mon âme molle et végétative : un pli suicidaire, une volonté de mise à mort du corps vigoureux par l'orgie et les abus dévorants. Que s'était-il passé dans mon enfance pour que s'imprime ainsi dans ma ténèbre un tel mouvement d'autodestruction ? En quoi avait-il fauté ce corps animal pour être ainsi poursuivi par une haine tenace, à ce point fourbe qu'elle utilisait son plaisir même pour le frapper ?

Au moins peut-on apercevoir, à travers cet exemple, la nature impressionnable de l'âme inférieure. Elle est une chambre d'enregistrement où la présence lourde, la sombre pensée d'inculpation ou de vengeance creuse des galeries à l'intérieur desquelles, pendant des années, elle se terre — se taire ! — pour jaillir en nous poussant à l'acte. Pensée noire à retardement qu'une situation extérieure banale, un mot jeté par autrui soudain réveille et réactive avec tous ses venins, elle est le plus souvent une pensée rongeante que les rêves — ces synthétiseurs de la réalité invisible — représentent sous les traits du rat ou de la souris.

C'est que, même oubliées, ces pensées jadis émises continuent leur sape, entretenant, dans l'espace intérieur, un malaise flou, tristesse ou nervosité d'autant plus éprouvantes que leur cause nous est dérobée : « C'est bien la pire peine que de ne savoir pourquoi, sans amour et sans haine, mon cœur a tant de peine. » Cette plainte mélodieuse de Verlaine, nous l'avons tous exhalée devant ces mystérieux changements d'état qui nous font tomber de la joie à la mélancolie et de la mélancolie à l'abattement, par le seul effet de leur pesanteur croissante. Quelque chose s'est passé pour que nous versions ainsi dans notre lie : quelque chose, oui, mais quoi ?

J'avais observé qu'une telle altération du climat intérieur se produisait quand je rencontrais des êtres investis de la fonction de propriétaire ou du simple rôle d'hôte chez qui j'habitais. Invité à partager leur repas avant de regagner ma chambre ou convié chez eux, avec cake et petits fours, pour la signature du contrat de location, j'avais remarqué qu'autour de la table où nous mangions je déployais des manœuvres de séduction si exorbitantes, si creuses et artificielles — compte tenu de la situation — qu'étonné le maître de céans se refroidissait et coupait court.

Était-ce une raison pour agir ensuite comme je le faisais, tendant la main vers la bouteille et buvant rasade sur rasade, au point d'en être bientôt abruti, comme si je souhaitais m'anéantir ? Était-ce une raison, parce que le propriétaire périgourdin d'un gîte rural manifestait de la retenue, était-ce une raison pour me noircir jusqu'à l'inconscience ?

Les rêves m'ont aidé à comprendre que l'âme inférieure — notre ombre-lie — s'actionnait et se mettait en batterie devant les emblèmes et les porte-fanions, réagissant ainsi aux seules représentations symboliques. Hôtes ou logeurs, ces hommes qui me recevaient et m'ouvraient leur foyer, qui me fixaient un temps et, si peu que ce soit, me protégeaient, correspondaient avec l'image ancienne de mon père dont ils étaient, sans le savoir, dans les pays du temps présent, les ambassadeurs plénipotentiaires.

C'est que, dans la maison du pauvre amour et à la table familiale où, n'eussent été la radio et ses informations, le silence épais aurait régné, me hantait le désir d'être enfin reçu, aimé et comme garanti par un père que ses activités professionnelles — il était le directeur d'une usine de machines-outils — éloignaient et refroidissaient. Par son caractère même et son ombre-lie, il était porté à une certaine réserve, à une honte du cœur ému que ses baisers peu ardents et ses rares caresses, sa gêne aussi quand étaient devant lui évoqués des sujets trop brûlants, manifestaient. Non qu'il fût froid : il avait mis son âme en carapace et ne se souciait guère, par le contact corporel, la tendresse de la main donnée, d'ouvrir les portes à des fils qui en eussent peut-être cru avec davantage de ferveur.

Sans doute à l'évoquer ici, dans ces pages où galopent des chevaux-forces échappant parfois à mon contrôle, me montré-je avec lui injuste, témoignant d'un ressentiment cabré que je découvre en écrivant. Aussi cuirassé que je viens de le dire, il ne l'était assurément pas, pudique tout au plus et comme retenu — immobilisé — par une entrave que les épreuves avaient nouée. Cet homme penché sur ma vie, avec cet éloignement de nature qui le caractérisait — cette distance —, je sais qu'il me faut le comprendre pour m'affranchir moi-même d'une ombre amoncelée, d'un poids dont mon âme souffre encore, vieux reproche à ma pulpe incrusté et qui me tire, me tourmente dans mes relations avec la société ou avec l'institution.

C'est que le père est toujours, dans le destin de ses enfants, le gouverneur du principe actif, le moteur psychique de l'accomplissement social, l'ambassadeur de la Structure : sommes-nous avec lui, ou avec son héritage, en conflit, que nous piétinons aux portes de la réussite, tantôt reçu, tantôt repoussé, en coquetterie avec des patrons dont le nom même qui les désigne atteste qu'ils sont des pères par intérim. Tels nous recevons l'image du père dans notre cœur, tels nous sommes reçus par l'Ordre légal ; tels nous nous conduisons avec notre père, tels les gouverneurs de la société se comportent avec nous.

Il me faut ici confesser combien mes rapports avec l'Ordre furent, dans ma vie, inharmonieux, soit que, tout miel et sourires, je m'introduise auprès de lui pour mieux, soudain, le quitter, soit que je me tienne si écarté de ses centres et de son apparat que mon absence à la cour en devienne énigme inquiétante, presque révolte. Il me faut revoir et comme réinspecter le lien tourmenté — quoique silencieux — que j'eus avec mon père et qui, dans mon être profond, retient des forces que pourrait peut-être utiliser ce livre étrange. N'en ai-je pas eu confirmation hier, à la façon indirecte du signe subtil, tandis que je venais d'écrire le paragraphe consacré à la froideur paternelle ?

A peine venais-je d'achever la phrase relative à ces défaillances de tendresse que retentissait, couinait, criait le téléphone. J'allai décrocher.

« Êtes-vous bien le fils de Paul Charrière ? » me demandait une vieille voix.

Je balbutiai, croyant défaillir, si étonné de la question et de son opportunité signifiante que pendant un instant je restai muet.

« Êtes-vous Christian Charrière, l'auteur du *Baptême de l'ombre,* le fils de Paul Charrière, mon condisciple à l'école des Arts et Métiers en 1920-22 ? »

J'opinai d'une voix blanche. Mort depuis vingt ans, mon père avait été effacé de ma vie : excepté la mère seconde retirée sur la Côte d'Azur et, parfois, mes frères, nul n'évoque jamais son souvenir. Aussi avais-je lieu d'être troublé d'une interpellation si étrange dans le moment même où je visualisais mon père en le méjugeant, d'autant que mon correspondant n'avait à me dire que ceci : il avait repéré un article de moi dans *Le Figaro* et fatigué les annuaires pour retrouver ma trace.

Ce qu'il voulait porter à ma connaissance ? Qu'il avait été non seulement l'ami de mon père mais aussi le premier employeur, sur la recommandation de celui-ci, de mon oncle René, mort en 1938 d'un accident de canoë sur le haut cours de la Dordogne. C'était ce fait qu'il tenait à me rappeler : la mort du frère cadet de mon père, comme s'il y avait là une clé pouvant m'intéresser. Il raccrocha après m'avoir donné son adresse. Il habitait dans l'une de ces banlieues de l'ouest de Paris où se retirent d'ordinaire, une fois leur labeur achevé, les ingénieurs.

La surrection soudaine, le jaillissement de ce très lointain passé dans l'instant même où je l'effleurais, l'information capitale portée ainsi à ma connaissance et qui traçait une ligne de causalité entre la froideur paternelle et la mort de cet oncle que je n'avais pas connu, tout indiquait le subtil murmure du sens et comme l'intervention des principautés mystérieuses. N'étais-je pas sur le point de commettre une injustice et d'aggraver ma relation avec l'ordre et la structure que mon père — ce commandeur de la réalité — personnifiait ? N'allais-je pas, sans comprendre, sans même produire l'effort minimum pour franchir l'apparence, décréter que mon père appartenait à l'espèce des insensibles, au mépris des témoignages d'affection qu'il m'avait parfois donnés ? Et surtout, par des lignes jetées en hâte sur une page de manuscrit, n'étais-je pas en train de réactiver la monstrueuse tarentule enfouie dans l'âme inférieure, le vieux dragon de désespoir et de rancune infinie à l'égard de celui qui m'avait porté dans la vie ? A travers ce coup de téléphone de l'ancien élève des Arts et Métiers me parlaient mon village invisible, mes amis de l'autre monde dont bien des fois, depuis le début de l'œuvre intérieure, j'avais éprouvé la sollicitude. J'étais par eux invité à me pencher sur la fermeture de mon père et à en comprendre les raisons : sa vie avait été, me disait le signe, jalonnée d'épreuves et comme frappée à coups répétés par la mort injuste qui avait, autour de lui, fauché les êtres qu'il aimait.

Son père d'abord — un artisan de Charenton — décédé alors

que lui-même émergeait à peine de l'adolescence, chef de famille qu'il avait été prié, par la réussite dans ses études, de remplacer, ce qu'il fit de façon exemplaire aux Arts et Métiers d'abord et à l'École navale ensuite dont il sortit ingénieur-mécanicien de la Marine. Mais à peine avait-il commencé de s'illustrer sur mer — à bord du *Montcalm* et du *Dunkerque* — que fondait sur lui l'infortune. Son jeune frère qu'il chérissait, qu'il adorait et dont il était le guide, mourait, avec le détail lugubre de son corps perdu que la Dordogne ne consentit pas à rendre avant deux journées écoulées. La mort de sa femme — ma mère — qu'il aimait de grande passion et qui mourut loin de lui, à l'hôpital Sainte-Anne de Toulon, tandis que, de l'autre côté de la Méditerranée, il défendait Mers el-Kébir contre les Anglais. Et enfin — drame qui a dû peser sur sa sensibilité — le sabordage général, devant la ville où son épouse aimée avait péri, de la flotte imposante qui avait nourri ses rêves d'ambition, suicide colossal induit par l'invasion allemande de la zone sud et auquel il lui fut ordonné de participer, dont il fut l'un des peu glorieux opérateurs, le bras même qui lève le couteau.

Si courageux qu'il eût été, une telle suite d'intimes tragédies, de revers et de trahisons étranges l'avait à ce point ébranlé qu'il s'était mis à boire, à se dissoudre dans les bas-fonds d'un port où il avait tout perdu. Son remariage, conçu à n'en point douter pour « faire une fin » et dans la perspective d'apporter à ses trois enfants une mère seconde, l'arracha d'une ornière d'ailleurs peu profonde et à laquelle je ne sais quoi de sérieux dans son caractère ne le prédisposait pas. Il n'en fut raffermi qu'en apparence, gardant par-devers lui, dans ce « for » intérieur qu'enfant j'orthographiais comme s'il était forteresse, une tristesse, une émotivité blessée, une souffrance immense comme un lac de larmes prêt à se déclencher, à se déverser en cataracte.

Était-ce pour cette raison qu'il prit si fort appui sur les réalités matérielles qu'aucune spiritualité ou foi ne put jamais l'atteindre ? Était-ce pour cette raison aussi qu'il mesurait à notre endroit ses preuves d'affection, ses gestes de tendresse comme s'il eût voulu ne point s'approcher du feu pour ne pas brûler ?

Je devais prendre conscience des traumatismes subis par mon père, de la longue peine qu'il avait portée en lui et dont il crut s'affranchir en déshabitant son cœur, en se refroidissant et roidissant, en s'investissant dans les seules tâches de réalisation sociale. Ma jeunesse s'était écoulée dans le paysage martelé qui suit les catastrophes, avec la poussière du tremblement toujours suspendue dans l'air où le passé crevé est encore plus odorant, avec l'expression hagarde et pétrifiée de ceux qui ont survécu. J'avais fait mes premiers pas sur terre blessée, sur sol incertain et mon enfance en avait été déséquilibrée et comme déroutée.

Longtemps je me suis demandé pourquoi, quand il s'agissait de me remettre au passé, dans la vaste maison caverneuse, le rêve me plaçait non dans ma chambre mais dans celle — voisine — réservée aux visiteurs et que nous nommions « la chambre d'amis », grande pièce solennelle aux meubles indifférents comme ceux des hôtels de gare et qui, le plus souvent inhabitée, diffusait le froid par les cages thoraciques de ses radiateurs clos. J'ai fini par comprendre que le guide intérieur synthétisait ainsi ma situation d'alors, l'impression générale éprouvée par mon âme d'enfant, celle d'une précarité d'accueil, d'un logis provisoire et d'un statut d'invité bien plus que d'appartenance et de filiation. A cause de la mort de ma mère, et des secondes noces de mon père, il me semblait être de passage, menacé à tout moment d'une exclusion qui m'aurait jeté seul sur les routes. Adolescent, ne fus-je pas fasciné dans mes lectures par le thème, si fréquent chez Dickens ou Hector Malot, de l'enfant fugueur qui marche la nuit dans la forêt sous la pluie battante, à la rencontre d'aventures qui l'accompliront ?

Ayant perdu, à peine avais-je paru en ce monde, la maîtresse de maison qui, de ses bras et de ses mamelles, reçoit et favorise l'âme qui s'incarne, je reportai sur mon père toute ma béance et mon attente, exigeant de lui ce que son ombre et sa retenue lui interdisaient de me donner : le magnétique amour qui descend sur la petite enfance comme l'eau du ciel sur la jeune végétation. Aussi son retrait quand je me tournais vers lui — sa distance — me frappait-il dans la mesure même du manque dont j'étais affligé, d'autant qu'à son exemple et par fidélité et mimétisme à son modèle de comportement, je n'en laissais rien paraître, m'efforçant au-dessus de mon assiette de garder visage impassible et œil sec.

Sans doute les pensées négatives alors formulées devaient-elles être accompagnées d'émotions violentes pour rejaillir avec force trois décennies plus tard devant les seuls emblèmes et porte-enseignes de la puissance paternelle, détenteurs de propriété locative que mon existence errante mettait sur mon chemin. Au moins à la lumière de ces rencontres et de l'ivrognerie forcenée — qu'on eût dite automatique — qui suivait sans retard, puis-je en deviner la teneur que corrobore le rêve du paysan suicidé.

Devant le père indifférent — non point hostile mais lointain, presque absent —, devant ce distrait visage qui n'était peut-être que celui de la préoccupation, sans doute ai-je conçu de sombres pensées d'attentat contre moi-même : je veux mourir... tout est si gelé alentour que mieux vaut se saborder. A peine émise, soutenue et animée par l'émotion immense, cette pensée est descendue dans l'âme ténébreuse pour s'y imprimer comme un fer rouge.

Un jour, je le sais, je le sens, se produisit, à cause de la distance affective, un drame intérieur aujourd'hui oublié, refoulé dans ses termes mêmes et dont, sans le savoir, j'ai enduré toute ma vie les sombres éclats : j'ai voulu faire mal à ce qu'il y avait en moi de plus beau et prononcé, avec toute la gravité possible, une malédiction contre l'amour qui n'avait point consenti à s'approcher de ma jeunesse, ou qui en avait tôt disparu comme un oiseau regagne à tire d'aile son nid. Par le verbe d'un serment martelé, la puissante contraction de tout mon être vers lui-même et comme à lui-même se nouant, j'ai refusé la vie, j'ai commandé à l'amour de ne plus venir : je n'aimerai plus, plus jamais, jamais plus !

J'ai donc, en un éclair, choisi les froideurs inconscientes et les perversités, j'ai choisi la vallée humide, farouche des cœurs consternés, des cœurs dépris que leur immense déception a comme retournés à l'envers.

Bien entendu, dès le lendemain, ma nature heureuse se rétablissait et effaçait jusqu'au souvenir de cette promesse glaçante, de cette épée de haine au fond de moi trempée par les mystérieux forgerons du gouffre. Aurais-je pu deviner qu'une pensée conçue dans le feu d'une excessive émotion se minéraliserait en gemme noir, en négativité irradiante et agissante ? Comment aurais-je pu être averti de cette périlleuse imprimerie mentale qui rend l'enfant responsable de sa destinée d'adulte ?

Nous souffrons aujourd'hui des sombres pensées de jadis devenues moteurs secrets de nos actions ou réactions. Combien de fois, tandis que s'approchait l'amour, ne me suis-je hérissé de manière inexplicable, repoussant, par l'ironie qui blesse ou la sexualité vicieuse qui borne, le don de fleur d'un cœur qui vibrait ! Et combien de fois aussi, devant le soleil que l'amour lève aux fenêtres du cœur enclos, n'ai-je point éprouvé dans ma poitrine, pourtant submergée de tendresse, l'impossibilité d'en dire, d'en extérioriser même la chaleur de voûte !

Elle était là à côté de moi ma femme précieuse, assise sur le divan où les soirées douces nous réunissaient, épouse par tant d'aventures communes jumelée que nous avions fini, dans je ne sais quel fond de visage, par nous ressembler. Un mot de moi, un mot pour dire ce que je ressentais et qui s'épanouissait dans un cœur qui voulait se donner, un mot pour exprimer l'aveu de l'âme aimante, un mot de tendresse, d'acquiescement, de promesse renouvelée — et tout ce qui nous séparait, remontrances ou aigreurs, souillures et errements, tout s'écroulait comme château de poussière, restituant le foyer à son projet initial.

Le moment était donc arrivé de dire à l'autre l'amour retenu et comme ligoté. Elle-même ne le sentait-elle pas qui se tournait vers moi et, les yeux dans les miens, attendait qu'enfin jaillisse ce qu'elle avait, depuis si longtemps, espéré, la source contrainte, le cœur opprimé ?

Alors, semblable à une ville sur le point d'être assiégée et qui ferme en hâte ses issues, pareille à la chute, sur le pavé sonore, de mille rideaux de devanture, tombait à nouveau le vieil interdit, l'empêchement, la négation de fer ! En un instant je me pétrifiais puis me détournais, froid, renfrogné, inerte et murmurant, d'une voix absente, une banalité inféconde.

Amour, que de mal je t'ai, par ma rétention et mon retrait, infligé. Avec quelle sombre, sombre détermination t'ai-je poursuivi pour redoubler mes attaques et te souiller, te profaner, te mener où vomissent les chiens. Hélas ! ce que nous infligeons à la femme, nous le faisons subir à nous-mêmes, c'est nous-mêmes que nous frappons et desséchons avec nos distances : la froideur dont nous entourons nos compagnes, nous la faisons régner en nous, parce que nos épouses sont de l'âme extériorisée, notre pulpe manifestée au-dehors. Mais est-il rien du dehors qui ne soit aussi du dedans ? Le monde est-il autre chose qu'un miroir ?

Ainsi l'embarras que j'observais dans la relation avec M.M. était-il d'abord un gel intérieur, une zone froide et morte, une induration de l'être, une région de la mystérieuse géographie de l'ombre que de terribles condamnations inaugurales avaient comme soustraite à la vie. Et c'était ce Sahel noir qui avait entraîné le dévoiement des forces, le délitage des fleuves, la déviation du désir. C'était ce pays malade, écrasé par une antique malédiction, qui empêchait la sève de monter au feuillage ou la contraignait à se diviser, à se partager et à perdre son élan dans un bras mort.

Il y a dans l'homme des bras morts où se dissipe sa force, où s'engloutit sa jeunesse. Réintégrer au cours central les enfants perdus, les restituer à la verticalité ascendante, ramener la totalité de nous-mêmes dans l'arbre de vie, il n'est point de tâche plus importante aux yeux de nos maîtres invisibles. Aussi, à peine entreprise, cette œuvre, qui est l'éternelle mission de l'homme, est-elle accompagnée de signes si exorbitants qu'à les raconter on renâcle : l'incrédulité ne va-t-elle pas en accueillir le récit ?

Ce n'est pas sûr. Les douteurs ont quitté ce navire de papier qui ne leur était pas destiné, les positivistes se sont écartés du « chemin qui va vers l'intérieur » et d'un orient de l'âme qui les épouvante, si bien que je suis seul avec toi, lecteur appelé, frère ou sœur spirituel sur la même voie engagé, à travers la nuit profonde, immense, magnétique de l'Être, vers la lumière qui brille au tabernacle des ténèbres. Écoute ce que j'ai à dire, ce qui me fut montré, la parole de sagesse qui perça un soir par toutes les embrasures du réel.

J'avais écrit quatre ans plus tôt, sous la neige et dans la brume d'un étrange hiver vénitien, un roman dont je suis convaincu qu'il influença ma vie, me poussant sur un chemin spirituel dont auparavant je n'avais aucune idée. J'habitais alors au Palazzo Polignac où venait d'avoir lieu une découverte macabre : lors des travaux occasionnés par le tremblement de terre qui, l'année précédente, avait agité la Vénétie, le propriétaire — un aristocrate français — avait voulu faire abattre une vieille cloison à cause de la crevasse inesthétique dont elle était balafrée. Comme les ouvriers y portaient le pic et la masse, une porte dissimulée derrière le plâtre tomba, dévoilant et démasquant un réduit où, reposant sur une chaise et revêtu de débris d'atours en brocart, un squelette apparut avec des vieux cheveux qui pendaient. Un instant plus tard, l'air, en se ruant dans l'espace fermé depuis des siècles, mit en pièces et comme en poudre cette Vénitienne assassinée dont l'identité demeura énigme close.

Je n'en avais pas moins été frappé par ce thème de la crevasse et du mur habité. Dans ce vaste palais où avaient jadis vécu, nourris et logés par une duchesse mécène, Fauré et Satie, j'avais loué l'ultime appartement en surplomb au-dessus de la cité des eaux, somptueux belvédère si fort secoué par le séisme qu'une fissure de la largeur d'un pouce courait entre ma chaise et ma table de travail, au point que, pour écrire, je me penchais au-dessus de l'abîme de cette plaie noire qui était à mes pieds, entre mon manuscrit et moi, comme les lèvres mêmes de la nuit.

Mon roman était donc fleur de lézarde. J'avais imaginé, dans une petite ville des Alpes au XIX^e^ siècle, l'altération soudaine et comme la révolte de la matière. Sur les murs des maisons s'ouvraient des failles gluantes d'où jaillissaient — véritables monstres de films d'épouvante — des griffons médiévaux dont les morsures pétrifiaient les humains, les rendant semblables à des statues blanches. Un seul était préservé, celui qui, plutôt que de fuir, osait entrer à l'intérieur des murs, descendant par les crevasses à double entrée et donc à double fonction vers le monde profond, la fontaine souterraine où il se liait à l'un de ces griffons, comprenant qu'il s'agissait du sien et qu'il avait en charge de l'intégrer à sa vie, de l'accepter d'abord pour le dompter ensuite et le métamorphoser enfin.

Chevauchant le griffon ailé comme, dans le Ramayana, le héros voyage sur le dos de Garuda, son personnage assistait à la transformation de sa monture. Celle-ci devenait un grand oiseau aux vives couleurs que je visualisai si fort que j'aurais pu le peindre avant de le dépeindre. Son image m'avait alors semblé ne pas venir de moi comme si elle fût d'un autre monde, d'une autre terre descendue, pareille à une plume tombée d'un nid. Quel ne fut pas mon étonnement quand, consultant un ouvrage sur le soufisme, je butai sur mon oiseau imaginé, revêtu de la même splendeur dont, dans mon roman, j'ornais mon griffon transfiguré !

La légende indiquait la provenance de cette illustration : de *La Langue des oiseaux*, un récit mystique iranien datant du XIIe siècle dont l'auteur se nommait Farid al-Din Attar. L'oiseau représenté dans l'illustration était le mythique Sîmorgh, véritable oiseau du paradis dont la recherche — la chasse — était le sujet du livre. Averti de sa présence par la découverte d'une plume tous les oiseaux se réunissaient en parlement pour décider de partir à sa recherche. Guidée par la huppe l'expédition ailée s'ébranlait, longue quête où beaucoup disparaissaient, anéantis par les périls d'un voyage qui était surtout un pèlerinage intérieur.

A la fin, toujours menés par la huppe, ils arrivaient, déconfits, sur les pentes du mont Kof, symbole iranien de la frontière avec le monde invisible. Ils n'étaient plus que trente et s'apprêtaient, vaincus, à renoncer quand les frappait une intuition soudaine : Sîmorgh voulait dire en vieux persan « trente oiseaux ». Ainsi formaient-ils eux-mêmes le Sîmorgh : ce qu'ils avaient en vain cherché par monts et par vaux n'était rien d'autre qu'eux-mêmes. Le Sîmorgh était donc le symbole du Soi du mystique, le centre diamantin de son être, le but à atteindre après tous les dépouillements : sa nature essentielle.

Pour moi, il n'y eut plus de doute ; l'oiseau de mon livre était bien un Sîmorgh. Ce qu'il y avait de plus hideux dans l'homme, le griffon qui nichait dans son âme inférieure, c'était cela qui, transmuté, donnait le Soi. Ou plutôt le Soi était le processus lui-même, l'élévation de l'ombre à la lumière et la structure préexistante qui pouvait, avec notre lourdeur, composer notre plus haute légèreté.

Au centre de nous-mêmes il y avait donc un ressort pour atteindre l'étage d'en haut et comme un tremplin ouvert à celui-là seul qui osait descendre vers sa boue gluante, au fond de sa honte. Celui qui accepte et transforme le bas conquiert le haut. Mais une chose est d'énoncer le principe — qui est celui de l'alchimie traditionnelle —, une autre de le mettre en pratique. Comme beaucoup de philosophes et d'artistes occidentaux je disais, je montrais dans mon œuvre ce qu'il convenait de faire mais ne songeais pas un seul instant alors à incarner dans ma vie les hautes idées qui, stylo à la main devant mon manuscrit, me soulevaient, me transportaient.

Peu de temps après la parution de mon *Sîmorgh* j'avais lu *La Langue des oiseaux* qui n'avait pas reparu depuis le second Empire et qu'un petit éditeur provençal venait, avec le procédé du fac-similé, de remettre en circulation. Je voyais dans ce livre une aimable fantaisie, une sorte de miniature persane, une œuvre certes esthétiquement belle mais qui n'exigeait rien de moi et que je devais tout juste considérer comme un apport intellectuel éclairant le roman que j'avais écrit.

Sans doute, ce texte oublié devait-il être dans l'air du temps ; comme si la grande Idée platonicienne qui avait inspiré son écriture à nouveau « descendait » sur notre terre, se multiplièrent dans les livres et les journaux les allusions à cette œuvre capitale de l'Iran mystique. Peter Brook, qui venait de réaliser pour le cinéma une très sensible — et magique — adaptation de la *Rencontre avec des hommes remarquables* de Gurdjieff, entreprit de porter sur la scène d'un théâtre parisien cette allégorie du voyage intérieur qui fit salle comble, saluée par une critique officielle qui se garda bien d'accorder la moindre attention au sens pour se cantonner aux seules questions de forme et de technique théâtrale. Remportant du succès, elle resta un long hiver à l'affiche sans que j'eusse pris la moindre initiative pour aller vérifier par moi-même la qualité de sa réalisation, retenu que j'étais par mon emprisonné pied gauche.

Mon *Sîmorgh* à moi n'avait connu — éreinté par une critique matérialiste peu apte à en saisir le message — qu'un retentissement modeste. Aussi mon ombre maladive, mon matelas souillé, ma lie en voulait-elle à Peter Brook — qui s'en moquait comme d'une guigne — d'avoir réussi là où je n'étais parvenu qu'à avancer un pion fragile. En outre, je reprochais à l'illustre metteur en scène de s'être approprié un sujet — celui de l'oiseau de l'âme — qui m'appartenait et sur lequel j'avais droit de préemption, à cause de la courte antériorité de ma prise !

Il y a vraiment en nous, pareille à un fond de bouteille, une lie, un dépôt vénéneux que les mystérieux courants du mental inférieur font remonter à la surface. L'apercevoir, le comprendre et en saisir, dans notre enfance lointaine, l'origine, c'est déjà le dissoudre et recueillir, dans notre âme et notre corps, les forces que ses grumeaux retiennent et la lumière que son opacité obture.

Il y avait au fond de moi de terribles sentiments de rivalité et de haine pour ceux qui, dans le métier de l'art et de la transfiguration créatrice, étaient favorisés par la fortune. Ces lauriers, me semblait-il, n'avaient pu être obtenus que par voie inavouable. Je soupçonnais leurs heureux bénéficiaires de toutes sortes de machinations comme si, pour me devancer à la distribution des hochets, ils avaient été contraints de renoncer à leur pureté, à leur innocence.

Combien ce pli noir, ce ténébreux engrenage qui mettait sans cesse en batterie et en souffrance ma nature inférieure, était redevable à l'enfance malingre, dans la maison que l'amour avait quittée, il n'était pas besoin pour moi d'encombrer de mon corps les divans analysables pour le comprendre. Dans la vie d'un enfant, le père c'est le Nord, la mère le Sud, deux pôles de l'espace qui structurent son développement, comme si notre course, analogue à celle du soleil, consistait à aller d'est en ouest, dans l'équidistance et l'harmonie du double influx.

Le soudain retrait du Sud, la cessation de ses brises chaleureuses nous avaient — mes deux frères et moi — tournés vers un pôle unique, le Nord par sa tâche absorbé et dans sa tristesse enclos. De l'amour qui venait de s'éteindre il n'avait pu nous donner qu'ersatz insuffisant. C'est que nous voulions téter mamelle, recevoir tendresse de mère, ce que le Nord, en dépit de sa bonne volonté, n'était pas capable, par loi de nature, de nous fournir. Et quand l'un de nous réussissait à glaner quelque récompense, quelque rogaton de caresse, de considération ou d'intérêt, alors les deux autres en éprouvaient de l'amertume, de la jalousie et, surtout, un sentiment d'abandon, de distance renouvelée.

Combien cette sensation me fut familière jadis, je m'en convaincs par sa présence encore en moi — cette plaie noire, cette tristesse secrète que souvent l'été, la chaleur rallume. A cette indescriptible émotion intérieure — comme d'une plante dans la saison de sécheresse —, j'ai réagi dans l'enfance par un recours massif à la nourriture de compensation. Puisque, dans l'ordre de l'amour nourricier et des subtiles émanations du cœur, j'étais en manque, je croyais pouvoir me combler par un autre flux ou transit : n'étant point nourri, je me nourrissais, n'étant pas arrosé, je m'arrosais.

Longtemps j'ai eu avec la nourriture une relation anormale comme si elle avait été elle-même le sein qui avait fui. Je la quitte, je m'éloigne, je feins même de ne pas être par elle concerné, puis je reviens au galop pour m'enfourner des quantités énormes qui, de la peau de mon ventre, font baudruche tendue. Tels nous sommes avec la nourriture — dans la distance comme dans la dévoration —, tels nous sommes avec la mère, tels nous nous comportons avec elle. Quand montent en nous les agitations mystérieuses de l'âme inférieure, la vieille turbulence d'ombre et inquiétude d'être, alors les mamans sourient au fond de l'assiette, de la porcelaine laiteuse, proposant à notre bouche qui s'entrouvre l'apaisement automatique du palais peuplé et comme à nouveau fécondé par la vie.

Enfant, j'avais avec l'assiette un rapport amoureux. J'aimais la tenir, la respirer — la porcelaine propre a son parfum — et contempler les motifs dont elle était ornée. Certaines ont plus agi sur moi — en développant l'imaginaire — que les contes de fées, fascination qui me retenait longtemps penché au bord de l'assiette vide comme à la margelle d'un puits de lait.

Dans notre assiette est notre assise, notre giron, notre mère au sein chaud. Ne peut-on en dire de même de la bouteille, tant de fois brandie par les hommes comme un symbole de virilité et qui, peut-être, est tout le contraire, un signe de régression, de remise au berceau magique ? Les hommes croient boire : ils tètent, avalant dans leur corps amour de mère. Les grands ivrognes par moi rencontrés avaient tous problème de mère : mère fêlée ou mère coquette ou mère froide ou mère absente, ils portaient dans le fardeau de l'âme inférieure, dans le nid de vipères qui est l'inconfortable base humaine, souffrance de mère. Et ils proclamaient, dans le whisky bien plus aspiré que bu, la blessure de l'origine, la plaie noire au flanc de l'être, l'éclat de nuit dans leur chair incrusté et que les libations avaient pour tâche d'adoucir et de recouvrir.

Tel était un ami que je voyais souvent à l'époque : Alain R. Avec lui, j'allais m'enivrer dans les bars de Saint-Germain, touchant le fond de l'aube livide au « Temps perdu », un bastringue embrumé de la rue de Seine où se rencontraient, dans les années soixante-dix, les écrivains pochards, les journalistes vachards, les jeunes femmes en rut et les poètes en luth. A boire, à entonner l'écossaise liqueur, j'apportais une certaine modération, ne dépassant jamais les cinq ou six whiskies suffisants non à mon ivresse mais à mon égaiement, tandis que mon ami Alain, lui, avait oublié toute mesure et s'engouffrait des quantités colossales, à renverser un régiment de Highlanders, sans que rien, sur sa jeune physionomie de coureur cycliste — excepté peut-être sa croissante pâleur et l'espèce d'engluement progressif de sa chevelure châtain roux — ne trahît jamais sa dislocation.

Quand je l'allais voir le matin je le trouvais en train de rédiger ses articles avec la bouteille de Johnnie déjà posée sur son sous-main et se versant rasade sur rasade, réussissant cependant à expédier, d'un style quelque peu chaloupé, des articles constamment rieurs dont se délectaient les abonnés d'un grand quotidien. Il avait épousé une jeune journaliste gracieuse, si blonde et mince qu'elle semblait beauté médiévale penchée à sa haute fenêtre et attendant son époux revenant de Terre sainte : il revenait surtout d'un affreux combat avec lui-même, soumis qu'il était à un emportement négatif dont l'origine devait être cherchée dans son enfance.

Je le retrouve dans ma mémoire, tel qu'il était jadis et portant à son flanc, dans sa fragilité adolescente, la noire blessure du coutelas des ténèbres, une plaie originelle et comme structurale que je sais aujourd'hui repérer sur les visages de mes semblables et qui est le baiser des forces de la nuit.

Anne son épouse lui donna un enfant, une petite fille dont l'arrivée bouleversa la situation, inclinant Alain à une reprise en main générale de sa vie. Sommé de livrer son diagnostic un médecin décréta, au vu des analyses, que l'heureux père, s'il continuait dans sa frénésie de libations sans contrôle, n'avait plus que quelques mois à contempler sa fille, laquelle était si chétive qu'on eût dit, dans son berceau, moineau déplumé aux yeux en soucoupes.

Sans doute est-ce à la fois dans la peur de la mort et le regard de son enfant qu'Alain puisa la force d'interrompre du jour au lendemain le fleuve de feu qui le transperçait, se maintenant si ferme à sa décision que nulle rechute ne le courba jamais vers un abîme qui, faut d'être visité, se referma. Désormais, quand je l'allais voir, je le trouvais avec une éternelle bouteille, remplie d'une eau dont, pour composer avec le manque, il buvait des cascades. On l'eût dit assoiffé de purification, désireux d'emporter avec ce flux tous les automatismes noirs, toutes les scories. Y parvint-il ? Je ne sais : la vie nous sépara. De même que, se retirant, la mer découvre des rochers inattendus, de même, une fois la brune liqueur écartée, apparut d'Alain une personnalité autre, hantée par un souci de compétition et de réussite dont, auparavant, il se moquait.

Mais son rejet brutal de l'alcool, sa rupture héroïque avec des habitudes comme indurées par l'incessant usage le nimbèrent, dans ma vie intérieure, d'une gloire étrange. Mes rêves le désignèrent, avec grande constance, comme le hiéroglyphe de la maîtrise de soi, comme le modèle que je devais imiter. Tantôt je le voyais comme un géant, debout sur une butte dominant la route, et donc en surplomb au-dessus de ma voie, tantôt j'étais invité à me rendre à sa dernière exposition de sculpture sur le parvis d'une cathédrale ou l'allée d'un monastère, symbole en tout cas de préalable et d'étape nécessaire avant le déclenchement de l'aventure spirituelle : la sculpture n'était-elle pas associée à une idée de corps à modeler, à remodeler, à réformer ? L'homme n'est-il pas à lui-même une glaise à laquelle il peut donner, par la volonté et l'orientation, visage pur ou face affreuse ?

Mais Alain signifiait encore autre chose pour moi que le simple rejet de l'ivrognerie suicidaire. Si lézardé qu'il avait été par l'alcool son ménage avait tenu par la grâce sans doute d'un amour mieux enraciné que le mien mais aussi parce que, en dépit de toutes les faiblesses qui le mettaient sur le flanc, mon ami avait su demeurer fidèle. Alain — que j'avais par dérision surnommé « le fidèle castré » — avait été, avant son mariage, un coureur attentif à ces proies consentantes dont les nuits de Paris étaient alors le terrain de chasse le plus giboyeux du monde. Sitôt marié et fixé à sa tanière il ne voulut même plus lever, sur les fruits de l'aube, regard de concupiscence, qualité que mon Maître intérieur appréciait si fort qu'il nantit Alain d'une signification positive supplémentaire : le tempérant Alain devint aussi dans mes songes le chaste Alain, le régulier, le conjugal Alain, toutes choses que j'étais invité à intégrer et à exemplifier dans ma vie.

Il est bien étrange que le Guide de l'âme joue ainsi, dans les débuts de l'œuvre intérieure, un véritable rôle de directeur de conscience et de moralisateur de l'existence. Il est vrai que j'étais alors très épais et que, pour m'atteindre et me faire changer de vie, il me fallait de lourds messages répétitifs.

Aujourd'hui, après les années de contact avec la Structure du Sens, les lettres de l'Atman, du moins celles que la nuit porte jusqu'à moi, sont devenues plus subtiles. Quand quelque passion prend de l'importance et que je vois dans ma vie, telle cette eau d'inondation si fréquente dans les rêves, monter les énergies du psychisme inférieur, je suis invité moins à renoncer qu'à négocier et à jeter un os au grossier animal d'en bas dont les vifs appels, si on les contrarie, se muent en angoisse, en fatigue, en atonie. Naguère il m'était demandé de couper court et de censurer avec véhémence tous mes comportements de perdition. J'étais invité à devenir un pénitent, un ascète et, surtout, un mari, un père, vertus contre quoi en moi se rebellait une détermination puissante, issue autant de ma propre histoire que de l'atmosphère d'une époque qui inclinait au laxisme et à l'excès.

Les hommes d'aujourd'hui auront peut-être de la peine à se souvenir de l'idéologie qui se déversait alors par toutes les bouches parlantes et égouts à images : il fallait jouir sans entraves ! N'était-il pas interdit d'interdire ? Désignant le mariage comme une prison les magazines féminins encourageaient leurs lectrices à courir aux lits clandestins, aux amours parallèles. Les grands modèles de caractère offerts par la littérature à la jeunesse lisante appartenaient à l'espèce des agités du bocal et des tremble-seringues : les alcooliques régnaient, à côté des doctes invertis et des sadomasos, dans la société des donneurs de sens.

Aussi les conseils répétés du Maître de l'âme tombaient-ils, si j'ose dire, à plat et comme à contre-courant de l'élan que, par toutes sortes d'idées fausses et de vertiges, j'avais imprimé à ma vie. N'étais-je pas un artiste, un homme de plume et de flamme qui, à ce titre, n'était pas astreint aux régularités communes, aux lois vulgaires, aux pétrifications petites-bourgeoises ?

C'est pourquoi, tout en comprenant les messages, je faisais la sourde oreille. De la spiritualité qui me hélait je ne voulais considérer que le ciel, les hautes images d'un plan subtil qui me fascinait. Quant à incarner sur le sol de ma vie quotidienne, entre mon épouse, mon fils et ma table de travail, ses lois éternelles, c'était une autre histoire.

Il est vrai que le monde de la vision, comme si sur ma tête avaient poussé des antennes, s'ouvrait alors à mon œil intérieur. Le soir, avant de m'endormir, affluaient sur mes paupières closes les somptuosités de l'outre-monde. Quoique à l'état de veille et capable, par exemple, d'enregistrer sur magnétophone la description des pays suprêmes, j'entrais dans le monde d'en haut comme si ma conscience s'en allait habiter dans le jumeau céleste — le corps spirituel — qui vit à un autre étage de la création, tandis que nous trimons dans les vallées humides.

Dans des paysages d'une éclatante beauté où figuraient, à l'état d'archétypes incorruptibles, la plupart des formes que nous voyons ici, jusqu'à nos maisons transfigurées, nos villes rendues glorieuses, je voyais, je rencontrais des êtres avec lesquels, à plusieurs reprises, je pus échanger des paroles. Là-bas me furent montrés des livres de haute connaissance dont l'aspect — de texte encadré d'images — évoquait les *Très Riches Heures* des seigneurs du Moyen Age. A l'exemple de ces visions, les rêves m'entraînèrent aussi dans cette autre dimension dérobée à la vue ordinaire, m'y favorisant parfois d'initiations véritables : j'ai appris à me centrer et à méditer, selon l'enseignement d'un chaman onirique — un Tibétain — qui s'aidait de figures dessinées au tableau noir, m'initiant aux itinéraires du souffle.

Ainsi s'accroissait de plus en plus la scission de mon être : d'un côté j'étais rempli de ciel et gonflé de la divine semence, de l'autre je m'épaississais en suivant les lignes de force d'un charnel qui — à cause de la froideur du lit conjugal — m'obsédait. Chaque nuit, mémorables, inoubliables, marchaient vers moi, comme s'ils eussent été créatures vivantes, les rêves qui me pressaient de me métamorphoser, utilisant tous les registres de la voix, du conseil délicat proféré sur le ton de la douceur à l'admonestation violente.

J'étais parfois sommé de me transformer, ordre véhément qui s'accompagnait de menaces : si je ne consentais point à changer, je serais foudroyé. En dépit de ces mises en garde, dont certaines contenaient des allusions au cancer, je continuais à faire mine de ne pas entendre. Pour moi la spiritualité concernait la partie supérieure de l'individu, son âme aérienne où résidait son œil d'immensité. L'ombre, quant à elle, devait être laissée libre de suivre ses appétits dévorants, de s'abandonner à sa nature même. L'animal qui était en nous il convenait de ne pas s'opposer à ses désirs ; William Blake n'avait-il pas dit que tout désir non suivi d'assouvissement entraînait la pestilence ?

C'était au nom de ces principes aberrants que je courais à l'orgie pour m'y noircir dans les deux sens du terme, ignorant alors que ces dévoiements et déviations étaient des bras morts, le fruit vénéneux d'une prohibition fondamentale et originelle, l'interdit d'amour, le tabou du cœur donné. Aussi, comme les messages du dedans n'étaient point suivis d'effet, le Maître — dont un rêve me dit qu'il était « le président de la destinée » — passa comme d'habitude par l'extérieur pour marteler et enfoncer son enseignement dans la réalité.

Alain me convia à l'accompagner, un soir d'hiver, au théâtre parisien des Bouffes du Nord où Peter Brook donnait sa *Langue des oiseaux*. Il me fallait, sur sa demande, le rejoindre chez lui pour gagner ensuite, par le métro, ce théâtre qui venait alors d'ouvrir, en bordure de la ville arabe de Barbès et de la Goutte d'Or.

Alain habitait près du bois de Vincennes dans un immeuble moderne qu'on eût dit entassement de cageots. Son appartement, de modeste dimension et où il ne pouvait écrire que coincé entre cuisine et salle de bains, était baigné des effluves de la famille fonctionnante : poubelle, soupe, lait et couches, que j'affectais alors de mépriser et où je croyais reconnaître celle de la démission bourgeoise.

L'homme, selon moi, n'était que solitude, aventure, cheminement périlleux. L'idée qu'il pût renoncer à son destin héroïque pour fonder famille et s'attacher comme chèvre au piquet m'était insupportable. C'est dire le peu d'importance que j'accordais à mon propre mariage et à un foyer où je ne voulais voir que département subalterne, forme concédée et — oserai-je le dire ? —

mamelle que je ne pouvais prendre en bouche que pour me nourrir.

Tout le malheur de mon existence a été causé par cette bouche aspirante, cette bouche affamée qui voulait prendre, sans rien donner en retour. Téteur têtu je ne marchais aux femmes que pour les dessaisir, les piller comme si j'eusse avec elles, dans mon âme inférieure, un compte à régler et une dette — un impayé — à récupérer. Aussi, au comble de mon désordre, englouti dans le noir inconscient jusqu'à en être automatisé, ai-je pris plaisir, dans les restaurants, à contraindre la femme à régler la note, ayant soin, en m'emparant sous la table du portefeuille tendu, de ne pas être vu par le maître d'hôtel dont je redoutais le regard.

La plupart des hommes ont été scandalisés par la mamelle sèche et le téton confisqué ; voilà pourquoi, à la saison des amours, quand revient le saint sein, ils s'empressent de le frapper. Ils s'avancent vers la femme, non pour la combler mais pour lui prendre, lui arracher, en lapin saccadé, un plaisir analogue, dans l'émotion égoïste ressentie, aux anciennes tétées qui les affalaient.

Il devait être bien puissant, dans mon automate, ce ressentiment, aggravé qu'il fut, dans le mois même du sevrage, par la mort de la source blanche, par l'extinction du cœur qui me nourrissait de ses fluides. Non seulement j'agissais, à mon insu, pour détruire mon foyer, mais en plus je portais des coups aux foyers amis, sans le savoir, et par la seule expression de ma négativité intérieure. Automatisé par mes ténèbres, je devenais un relais pour celle des autres, un porte-voix pour cet adversaire qui nichait autant chez le voisin que chez moi.

C'est que les automates — ces ordinateurs noirs — communiquent entre eux, inclinant l'un à agir au nom des pentes de l'autre, nous poussant à exprimer à haute voix l'idée sombre, la pensée mutilante qui, telle une chauve-souris, est recroquevillée dans la nuit de l'autre. La vérité c'est que toutes les ombres humaines, toutes les noirceurs épaisses et pesantes sont reliées entre elles, jusqu'à n'en former qu'une seule, un seul corps ténébreux, une seule ombre immense qui retient l'humanité dans les plis du passé, dans le réseau des forces lourdes. Il est le très grand Automate, l'Adversaire universel qui ne laisse venir les révolutions, les idéologies et les religions que pour, bien vite, s'y introduire et, peu à peu, les ankyloser puis les actionner selon ses propres pentes. Combien d'hommes qui s'agenouillent chaque jour dans les dévotions rituelles sont en réalité animés par le grand Néant automatique, par l'Oppresseur engrené, il suffit d'observer le développement du fanatisme dans l'Histoire contemporaine pour s'en convaincre.

Cette chair noire, cette peau de nuit qui est le tapis du monde, elle est notre négativité individuelle, notre ombre, notre âme inférieure, notre monstre douloureux qu'en connaissant et guérissant nous retournons comme un agent ennemi, au service de la divine lumière. En découvrant puis travaillant sur notre nuit, en l'éclairant avec notre conscience, en la pénétrant avec toutes les ressources d'un esprit en éveil, nous participons à une élévation générale, à la mutation du monde épais et au changement de la matière même dont la réalité est constituée.

Car c'est ce corps noir, cette ténèbre collective qui opacifie le monde matériel, qui le rend intraitable, anguleux, blessant. En agissant sur nous-mêmes nous agissons sur le monde, nous l'allégeons, nous creusons dans sa substance les avenues où pourront rouler à nouveau les carrosses d'or du roi de la vie. Les véritables révolutionnaires ne sont pas ceux qui, à grand fracas, font basculer l'État pour lui en substituer un autre, mais les audacieux qui saisissent à bras-le-corps leur nuit noire pour l'élever, la transformer et l'illuminer au soleil des vastitudes. En se changeant eux-mêmes, ils changent le monde. En regardant le monstre qui les automatise depuis les profondeurs d'un oublié passé, en le connaissant et — si peu que ce soit — en l'aimant, ils provoquent une subtile évolution des parois de la vie, ouvrant dans les murs de la réalité des passages, des fissures spirituelles par où s'infiltre une beauté supérieure, un éclat qui signale la présence du sens.

J'avais alors commencé de plonger mon regard dans les repaires de l'ombre, tâchant — et c'était nouveau — de comprendre les motivations secrètes, les mères de mes actes, éveillant ainsi une conscience juchée qui étudiait les lignes menant aux causes retranchées.

C'est ainsi que ce soir-là, comme j'étais dans l'appartement d'Alain, buvant un verre en l'attendant — il terminait un article —, j'expédiai dans sa direction une pensée destructrice : « Tu ne seras vraiment guéri de l'alcool, lui dis-je en brandissant mon whisky, que lorsque, plutôt que d'interdire, tu pourras boire un verre comme tous les gens normaux. » Il sursauta comme si je l'avais touché là où ça brûlait. Cette pensée, déjà en germe en lui et pondue par la poule noire, je l'avais captée et exprimée. A en juger à la réaction d'Anne j'aurais mieux fait de me taire : « Comment peux-tu lui mettre de telles idées dans la tête ? S'il recommençait, ne serait-ce qu'un verre, il tomberait à nouveau. »

Elle avait raison : quand l'ivrognerie avait d'aussi vastes proportions que celle dont Alain avait été l'esclave agonisant, seule une abstinence totale, définitive pouvait le protéger. Pourquoi diable étais-je devenu le tentateur ? Certes, j'avais exprimé à haute voix une pensée déjà présente en lui. Mais l'eussé-je fait si elle n'avait participé d'un courant d'agressivité souterraine que l'odeur du foyer paisible, du foyer uni avait actionné ?

J'avais voulu briser ce que je n'avais pas, cette union majestueuse, cette fusion de deux âmes au-dessus d'un berceau : mon foyer à moi n'avait point cette solidité, menacé qu'il était par ma propre incapacité à aimer et à m'enraciner. N'étais-je pas l'errant, le passant dans une vie où, dès le début, je n'avais pas voulu demeurer ?

Mais il y avait... autre chose, à quoi dans le métro qui nous conduisait au théâtre, je me pris à réfléchir. D'où me venait cette haine du couple, cette facilité avec laquelle, pour le mieux briser, je m'étais parfois logé sans scrupule dans le rôle de l'amant ? Ne m'était-il pas arrivé, au temps où je laissais faire, de profiter d'une mésentente conjugale pour diriger vers mon lit, comme on détourne une rivière, la proie facile d'une femme en conflit qui cherche un nouvel appui ?

Mais ce que mon ombre ne supportait pas, ce qu'elle voulait frapper, c'était le couple où le mari, soumis, laissait l'épouse régenter la maison. C'était cette situation qui allumait mon agressivité et mettait en batterie, tel ce soir-là chez Alain, mes flèches sournoises. Depuis que mon ami avait renoncé à l'alcool et aux virées nocturnes dans les beaux bars, il était la carpette de son épouse régnante, approuvant ce qu'elle décidait, se donnant à son influence et renonçant au personnage qu'il avait été : pour moi l'être noble, le fantassin des nuits d'ivresse, l'inspiré poète du carrefour de Buci que son soudain revirement vers la matrone régulatrice avait découronné. Devenu popote mon ami commençait, dans ses manies, ses tics de langage, dans son aspect physique même, par m'irriter. Qu'était-ce donc que ce pépère ? Avait-on jamais vu pareil brochet ?

La vérité c'est que mon ombre, passant par mes yeux, posait sur lui un schéma automatique, la forme très ancienne d'une situation depuis longtemps oubliée. Après les chocs reçus et les deuils successifs, mon père — ce héros que j'idéalisais et dont l'uniforme de capitaine de vaisseau était accroché, avec l'épée de cérémonie, dans la penderie de la chambre à coucher —, mon père avait lui aussi renoncé à l'Ivresse, à l'Aventure, à l'Épopée pour se soumettre à la femme dévorante, à la femme dangereuse qui châtie le courage des hommes et l'ensevelit, pour ainsi dire, dans le confort d'une vie régulière.

Aussi, enfant, avais-je toujours souhaité incarner le fruit vivant — et comme la présence perpétuée — du couple que la mort avait défait, du couple clair brisé par l'infortune, m'efforçant, par toutes sortes d'attitudes et de sous-entendus, de rappeler au père le passé et de l'inviter à révoquer ce qui était au nom de ce qui fut. Un livre m'avait, avant l'adolescence, bouleversé et magnétisé, avec trop de force pour ne pas révéler un dessein nourri par la nostalgie : *Le Dernier des Mohicans* de Fenimore Cooper qui racontait l'histoire de l'unique survivant d'une tribu indienne anéantie et qui, dans les forêts épaisses du Canada, poursuivait seul, par fidélité à son origine, un projet de vengeance qu'il menait à son terme éclatant.

Sans doute ai-je voulu, pareil à ce solitaire, être le dernier fidèle, l'ultime défenseur de la vertu frappée et qui porte à travers le temps une mission de revanche, une acrimonie à l'égard du présent au nom de l'ordre qui avait été. Usé par son passé, vidé de son idéal, à cause des trahisons de la guerre, ayant eu le cœur refroidi par les longues tristesses sans remède, mon père s'était, pareil à mon ami Alain, comme livré à sa deuxième épouse, au point parfois, devant ses enfants qui le jugeaient, de paraître, sous ses diktats, s'aplatir, se mutiler.

C'était cette ancienne soumission de l'homme admiré — cette trahison à l'endroit de ce qui fut — qui actionnait ma défiance à l'égard du couple constitué où risquait de s'abolir la noble virilité. Mon âme inférieure — mon automate — martelée jadis et programmée par des émotions violentes me restituait ainsi, déclenché par une légère pression du dehors, un schéma de destruction, un projet de mise à mort du mariage castrateur : la mère seconde qui détenait le pouvoir à la maison ne s'était-elle pas approprié le bâton de commandement ?

C'était la raison pour laquelle je faisais tout pour liquider mon couple, préférant la compagnie et la chair de mes maîtresses à celle d'une épouse qui aurait pu, pour peu que je le lui abandonne, se saisir de mon sceptre et le garder pour elle. Bien entendu cette retenue, cette peur de voir englouti le symbole même du pouvoir masculin, de la monarchie virile appartenait à mon côté gauche — à ma gaucherie. Elle m'actionnait cependant à mon insu, elle me poussait, sans que j'en prisse jamais conscience, à me comporter, dans le lien conjugal, avec une goujaterie monstrueuse. A droite, j'aimais ma femme de tout mon être lucide, de toute la lumière de mon cœur : à gauche je projetais sur elle une vieille image, un vieux cadenas de peur, contradiction qui a fini par pousser mon mariage dans le fossé.

Nous sommes dans les broussailles ; croît en nous l'herbe mauvaise, un crin mental qu'il faut arracher par poignées pour découvrir le paysage qui nous entoure. Mais comment s'en dégager si nous prenons ce chiendent pour la réalité ? Comment nous libérer si nous cherchons l'ivresse dans l'ivraie ? Notre passé, avec son foisonnement raide, sa plantation hirsute, obscurcit le présent, voilant de sa fibreuse noirceur la vraie nature des êtres et des choses : comment l'abattre pour voir enfin ce qui est ?

Un rêve répondit. Je voyais la place du village où j'écris ce livre envahie par les boules numérotées d'un billard américain. Elles couraient, elles roulaient en tous sens, au point que marcher sur l'asphalte était chose difficile. Les boules se cognaient, se choquaient l'une l'autre et rejaillissaient dans des directions inattendues, en mouvement incessant qui, certes, référait à l'agitation mentale qui, parfois, est la mienne, avec les pensées roulantes qui s'entre-bousculent et repartent et fusent. Comment s'y prendre pour ramener l'ordre et la paix dans ces automatismes ?

Au centre de la place était le salut : un triangle de rassemblement, tel qu'on en voit dans les académies de billard et qui, posé au milieu de la table, est destiné à maintenir ensemble les boules, à les retenir, à défaut de quoi elles giclent. Ces boules filantes, je savais, à l'intérieur même du rêve, qu'elles étaient les boules du passé, qu'elles étaient nées dans ma vie lointaine et roulaient ainsi depuis l'enfance mystérieuse, encombrant le présent de leur mouvement chaotique et diagonal. Elles étaient le passé, à l'intérieur même du présent : elles étaient la mort qui bougeait dans le sein même de la vie !

Ainsi étais-je invité à m'en saisir et à les ramener l'une après l'autre au triangle essentiel, à la structure trinitaire qui typifiait l'ordre secret du monde et comme sa forme de rassemblement, de recueillement. Je devais arrêter de rebondir dans tous les coins de la réalité, de choquer et m'entrechoquer. Je devais me rallier à la charpente, ramener mes actes à la figure originelle qui me cohérait, besogne facilitée par la présence, sur chaque boule, d'un numéro et donc — sur tout acte de ma vie — d'un chiffre à déchiffrer. En perçant les intentions secrètes de mon comportement, en remontant jusqu'aux causes, jusqu'aux « mères » de mes actes, je rétablissais le lien entre l'intérieur et l'extérieur et replaçais ma vie dans la mouvance de la Structure.

Au fond de l'être comme au fond du monde, engloutie dans une réalité chaotique et molle dont elle est l'ordre dur, cachée par la multiplicité égarante, il y a donc une forme intense, une Structure à quoi les romantiques allemands donnèrent le nom de « Weltseele » ou d' « anima mundi ». Cette structure est vivante : elle est un être vivant dans le sein même d'une matière dont elle est la matrice profonde, elle est, derrière le réel, la Réalité, elle est l'âme secrète, retranchée et comme antérieure de la Terre.

Ainsi, en m'efforçant ce soir-là d'aller vers l'origine d'un pli, en tâchant de comprendre pourquoi j'avais, par réflexion sournoise, essayé de pousser Alain vers ses vieux démons, en m'employant à remonter jusqu'à la cause d'une agressivité anticonjugale qui me poussait à briser, à dévaster de toutes les façons mon propre mariage, j'avais ouvert une enfilade de portes conduisant à la Structure : celle-ci aussitôt me répondit, me favorisant d'une parole totale et d'un réel en tous points signifiant.

Jusqu'à présent les signes ou incrustations de sens étaient une fraction isolée du réel, un message soudain qui n'apparaissait que pour fuir aussitôt, à la façon d'une hirondelle qui passe et trace, de son vol dans le ciel, un hiéroglyphe éphémère, un mot qui se dissipe dans l'instant même où il a été capté. Voici que, ce soir-là, dans le métro, accompagnant mon ami Alain au théâtre, tout ce que je voyais était message durable, sur lequel je pouvais — compte tenu de la longueur du trajet — me tourner et me retourner.

C'est ainsi qu'au fond du wagon j'aperçus un homme que je crus reconnaître. C'était un Oriental à la physionomie noble et remarquable avec, sur ses traits délicats répandue cette clarté qui révèle la pratique de la prière. Vêtu avec magnificence, de ce manteau en cuir et toison de mouton, aux bordures ornées de motifs bigarrés, dont la mode était descendue à Paris des montagnes de l'Asie centrale, il évoquait en moi... une figure connue, reconnue.

Je l'avais vu dans mes rêves ! Quand, à cause des circonstances, j'oubliais la tâche de reliance, de transcendance, le travail d'élévation vers le ciel mystique, alors il apparaissait pour m'encourager à la dévotion quotidienne, à la prière ardente.

Il était, dans mes songes, l'Iranien, ambassadeur d'une Tradition qui avait eu, dans ma vie, une capitale résonance. En 1976, comme je sortais peu à peu du matérialisme jouisseur et obtus qui me servait d'idéologie, la découverte de Sohrawardi dont mon éditeur d'alors publiait, dans une traduction de Henry Corbin, l'énigmatique *Archange empourpré* m'avait incliné à explorer les grands textes visionnaires — vantés par Massignon — d'une théosophie qui parlait avec puissance à mon âme : les odes mystiques de Molana Rûmi, la pensée de Chirazi, la description des mondes parallèles par Kermani et Qazi Saïd Qommi m'avaient enivré. Ils avaient rallumé en moi l'étincelle de la foi, ils m'avaient mis sur la piste du sens, à la recherche de la parole perdue, dans cet appel vers l'Être immense dont nous sommes la fraction aventurée et comme l'avant-poste aux empires de la nuit.

Aussi regardais-je ce soir-là avec une attention particulière, dans le wagon de la ligne souterraine, cette image de la quête, ce symbole personnifié de la recherche du Soi : n'était-il pas une partie de moi-même et comme ma figure de proue ? C'est pourquoi me choqua ce qui advint.

A la station Ménilmontant juste avant que la rame ne sortît pour devenir aérienne et ferrailler au-dessus du boulevard, une escouade de gardiens de la paix pénétra dans le wagon. C'était le temps où, sous les injonctions du ministre de l'Intérieur Poniatowski, la police se livrait à des opérations « coup de poing » dont la stratégie se résumait à cette formule : vite et fort. A peine entrés dans le wagon les flics marchèrent sur l'Oriental, se saisissant de lui, ils l'expulsèrent et le mirent en demeure, sur le quai, de présenter ses papiers.

Je n'eus pas le temps d'en voir davantage, la rame s'ébranlait. J'aperçus encore un instant l'expression étrange de l'Iranien — comme s'il se réveillait d'un rêve —, puis un virage de la ligne me le cacha. Nous sortions, sur une rampe de fer analogue à celle des montagnes russes, à l'air libre, passant du plan souterrain à celui de la surface à travers un seuil qui, toujours, quand je le franchis en métro, provoque en moi — pendant une brève seconde — un état d'émergence, de retour au réel qui me secoue.

Le métro nous lâcha, Alain et moi, sur le quai battu par les vents de Barbès-Rochechouart, au-dessus d'un carrefour sinistre dont le théâtre formait l'un des angles hérissés. Remis depuis peu en activité — par la grâce de l'oiseau Peter Brook qui ne s'y était posé que pour y amener le succès —, il évoquait un cirque délabré entouré de gradins sans apparat, en tubulures inesthétiques, décor révélateur d'une certaine tendance du theâtre moderne à censurer velours et dorure. La pièce se jouait d'ailleurs au centre, sur la piste du cirque fictif qu'entourait, comme sous un vulgaire chapiteau, le peuple des spectateurs. Point de scène surélevée donc mais un simple tapis où, dans une absence de décors remarquables, allaient intervenir les personnages emplumés imaginés par le fécond Attar — « l'ange du Khorassan », comme l'avaient nommé ses contemporains.

Le début du spectacle étant retardé, à cause de circonstances indépendantes de la volonté de la direction, comme l'annonce en fut faite au micro, nous n'avions d'autres loisirs sur ces rangées sommaires que d'observer nos vis-à-vis. Les gradins à cause du succès remporté par la pièce étaient bondés au point que, pressés les uns contre les autres, ne se voyaient que fleurs de visages, têtes penchées sur l'espace magique où bientôt s'ouvrirait la chasse au Sîmorgh. Une lumière particulière éclairait la salle qu'on eût dite lumière d'orangerie, à cause des grands murs décrépis où les projecteurs arrachaient des éclats en vieux plâtre.

Sur ma droite, en me penchant, j'aperçus un ami que je n'avais pas vu depuis longtemps et de qui — chose étrange et méritant réflexion — je ne cherchai pas à être reconnu. Plus jeune que moi de quelques années, Philippe avait suivi le même chemin universitaire au sortir duquel, peu avant 1968, il m'avait demandé de l'aider à former des projets aventureux.

Il voulait partir en Asie — dont je revenais alors tout exalté — et je m'étais plié à sa demande, lui traçant un itinéraire qui mêlait l'intérêt culturel avec celui du corps désirant. A Bangkok et à Phnom Penh je l'avais invité à hanter les mêmes bouges que moi, l'encourageant à une débauche pour laquelle — jeune diplômé de la bourgeoisie juive — il n'avait pas de disposition particulière.

Sur les rives du Mékong, dans la vaste villa de Samdech Pann où j'avais, en 66 et 67, coulé la grande saison charnelle de ma vie, il avait occupé ma chambre, quelques mois après que j'en fusse parti, double et successeur qui n'avait pas tardé à chausser mes sandales et à marcher au plaisir avec une ivresse et un emportement comparables aux miens. De ses aventures extrême-orientales il était revenu, comme jadis les reîtres français des guerres d'Italie, avec le mal vénérien et un énervement sensuel inguérissable qui le porta aussitôt, à peine remis de ses écoulements, à hanter les partouzes du XVIIe arrondissement.

De loin en loin j'apprenais qu'à son insu il suivait mon chemin de dislocation, étant tombé entre les bras d'une aristocrate allemande qui, trois ans plus tôt, avait été aussi l'initiatrice de mes débauches, la capiteuse dont le lit ouvert comme les cuisses jouxtait une fontaine de whisky où j'avais perdu la tête. Aussi, paraphrasant Boni de Castellane, je disais quand on me parlait de Philippe : « Oui, je le connais, nous avons servi dans le même corps. » En réalité il était un corps voisin du mien, il était mon frère en vice et en folie, il était mon double, il était mon ombre.

Qu'il fût juif était aussi pour moi chargé de sens. Dans ce livre où j'ai résolu de dire ma ténèbre pour éclairer celle des autres et servir la divine lumière en action sur le monde, je ne dois pas dissimuler qu'un antisémitisme étrange est posé dans mon âme inférieure comme un corbeau venu de bien plus loin que ma naissance, des générations anciennes qui ont modelé, par voie génétique et imprégnations successives des inconscients — par filiation noire —, mon automate personnel, ma nature d'en bas, mon Quasimodo hirsute et sombre.

Notre fond d'âme — notre lie — est aussi pesanteur de lignée au point que l'explorer, le reconnaître, équivaut à découvrir l'oublié trisaïeul dont les pensées — les cogitations morbides — sont déposées dans le cul de bouteille de notre psychisme lourd. On ne saurait comprendre le racisme si on ne perçoit pas cette âme inférieure, ce matelas souillé et mouillé qui forme la base de l'être humain et que nous avons pour mission de purifier et de tendre à l'haleine de Dieu : le sombre psychisme qui est nôtre et qu'il nous faut ouvrir comme valise pour nommer et accepter son contenu, pour en dresser l'inventaire, à défaut de quoi il pèse, nous oppresse et nous actionne — nous mécanise.

M'étudiant avec la conscience en éveil et en vigie, j'avais souvent remarqué combien les pensées racistes ou antisémites me venaient au mental quand j'étais par moi-même opprimé, quand j'étais en guerre contre une partie de mon comportement, quand, pour m'intégrer à une règle, je voulais censurer ma sauvage et violente nature, comme si les énergies ainsi repoussées se saisissaient de formes étrangères à moi-même et cependant présentes et latentes dans l'âme inférieure en dépôt ancien, en grenier séculaire. A chaque fois que j'échappe à mon programme de réalisation, que je me trompe de genre de vie — quand je n'habite pas mon destin — et que les forces inutilisées tournent en moi comme les djinns au crépuscule du soir, alors monte la lie par le tourbillon ainsi dérangée et agitée, alors surgissent aux balustrades des monstres bizarres qu'une haine abjecte défigure.

Dans le cas de Philippe et dans l'égarement où ma vie perdue m'avait poussé, mon antisémitisme était amplifié par ceci : en dépit de ses plis destructeurs sur la voie desquels je l'avais encouragé il avait rétabli ses équilibres et retrouvé l'harmonie. Un riche mariage lui avait mis dans les bras, avec une jeune femme à château et à boutique de mode, une situation à haut revenu dans une banque d'investissement, si bien que, comparé à moi qui l'avais pourtant précédé sur le chemin de la vie, sa réussite, en dépit de son jeune âge, était complète, rallumant le vieux fond de rivalité et de jalousie que l'enfance froide et conflictuelle avait répandu dans mes ténèbres. Apercevoir ainsi Philippe à la dérobée, c'était capter un hiéroglyphe, déchiffrer un signe qui me rappelait l'existence de mon ombre basse.

Il y avait ce soir-là, comme suspendu en dais au-dessus des spectateurs qui commençaient de s'impatienter, une magique étoffe, une soie luisante qui donnait à toute chose visible un relief particulier. On aurait dit que ce lieu était situé à l'intérieur d'un gigantesque grain de raisin. Mon âme était comme sortie de moi pour embrasser et magnétiser tout ce que je voyais.

Je m'en expliquais la raison par le *Sîmorgh*, ce livre terrible écrit en 77 et qui m'avait précipité sur le chemin du dedans, me confrontant, sans peut-être que je le voulusse, au monstrueux de moi-même, au griffon des bas-fonds, aux sacs de terre noire qui entravaient ma marche en me battant les cuisses comme lourdes besaces. La présence de Philippe et celle d'Alain à mes côtés récapitulaient la nature de mon enfer, les stations du sexe pervers et de l'alcool destructeur qui jalonnaient lignes et plis de mon âme inférieure. N'avais-je pas écrit dans mon *Sîmorgh* que c'était par l'ombre qu'on atteignait Dieu, phrase devenue mon chemin de destinée et ma voie personnelle de réalisation ?

Alors, autour du tapis où était sur le point de s'ouvrir la merveilleuse poursuite imaginée au XII^e siècle par l'astre de Nichapour, mon ombre se penchait, se montrait, se désignait elle-même. Le travail que nous devons accomplir pour nous alléger et spirituellement maigrir apparaît parfois répandu sur le mystérieux établi du réel. Il me fallait me purifier, il me fallait me dégager d'une gangue, d'un gang de forces noires dont Philippe et Alain symbolisaient les contenus : d'une part ma voracité sexuelle et d'autre part le pli d'autodestruction qui m'emportait au lève-coude et au vide-flacon. Et de quoi encore ? Y avait-il une autre porte de nuit à ouvrir pour atteindre d'autres mystères et indurations dans les arrière-salles retranchées ? C'est alors que je la vis.

Elle était là, de l'autre côté de la piste, assise en face de moi et penchée sur la scène où le directeur du théâtre annonçait enfin le lever du rideau fictif. Son visage était encore plus beau qu'à l'accoutumée : face en porcelaine qui évoquait celle des femmes de Modigliani, mystérieuses et vertes prunelles qu'on eût dites en jade, pareilles à ces yeux que j'avais vus sur les dragons-gardiens, à l'entrée des pagodes du Shantung, cheveux châtains tombant en boucles sur le cou gracieux et nu, à la peau qui resplendissait sous les sunlights qu'on venait d'allumer.

Elle était la jeune femme au pull vert, celle que je contemplais si obstinément de ma véranda de La Crau et dont le pubis m'était plus connu, plus familier au regard, que la fourrure de mon chien. La retrouver devant moi, vêtue de ce même pull que, levant son bras, je lui avais vu si souvent retirer pour exhiber ses seins, me mit dans un énervement inexplicable. Quoi ? Est-il possible ? Elle, ici, loin de La Crau ? Je ne rêvais pas : c'était elle. Je reconnaissais ses parures, sa jupe noire qu'elle sortait dans les grandes occasions, le mouvement de ses épaules quand elle redressait sa nuque et faisait saillir ses grenades.

Certes, on pouvait trouver de bonnes raisons pour justifier sa présence : elle était une intellectuelle comme l'attestait je ne sais quelle expression répandue parfois sur sa frimousse jointe à l'apparat d'une bibliothèque poudreuse et grave. Dès lors, comme la réputation de la pièce et de la mise en scène était des plus flatteuses dans les cercles réfléchissants où, en dépit de la spiritualité croissante de ses adaptations, Peter Brook jouissait d'une considération encore au zénith, la retrouver dans l'assistance n'était pas inconcevable.

Oui, mais pourquoi justement ce soir-là où, jaillie de tous les coins et recoins du réel, se montrait mon ombre farouche, mon ombre sale, à la façon d'une serpillière tendue en rideau entre ce monde et l'autre ?

Je n'eus pas le temps de m'interroger. Commençait la pièce d'Attar, s'ouvrait la chasse au fabuleux oiseau de l'Être. Avait été découverte une plume d'une telle beauté que la regarder c'était s'abîmer de nostalgie pour celui qui l'avait lâchée sur la terre. Réunis en petit parlement les oiseaux conféraient, disant leurs avis quant à la Quête, les uns la désapprouvant, les autres s'enivrant, tels des chevaliers du Graal, à la seule idée de s'élancer. Mais qui choisir pour guider la haute troupe ailée ? Alors apparaissait l'oiseau-guide, l'oiseau-maître, le plus audacieux et le plus fervent : la huppe dont l'irruption me fit sursauter.

L'acteur qui l'incarnait était l'Oriental qui, une bonne heure plus tôt, avait été arraché à mon wagon de métro et précipité sur le quai par des policiers en patrouille. C'était lui dont le retard, causé par un bref séjour au commissariat, avait différé si longtemps les trois coups. Et c'était à lui que, dans les scènes finales, sur les pentes du mont Kôf, s'adressait un Sîmorgh qui n'était autre que lui-même : « Il y a longtemps qu'en vérité je suis toi. Tu es moi et nous ne faisons qu'un. Es-tu moi ou moi suis-je toi ? Sommes-nous encore, si peu que ce soit, séparés ? Ou bien je suis toi, ou bien tu es moi. Et puisqu'à jamais tu es moi et que je suis toi, nos deux corps ne sont qu'un même corps : c'est tout. Il n'y a rien d'autre à comprendre. »

Exalté, j'écoutais ces phrases mystérieuses, à peine irrité par les propos ultimes que Peter Brook avait cru devoir ajouter au texte visionnaire d'Attar et à travers lesquels se trahissait le pessimisme mentalien de cet intellectuel du XX<sup>e</sup> siècle : la quête du Simôrgh n'était plus, aujourd'hui, possible, disait-il. Le secret en était perdu, la parole éteinte et la lignée des Maîtres interrompue : le sens ne passait plus.

Tout ce que j'avais vécu dans la soirée était comme l'illustration du contraire. Sous le réel il y avait la réalité qui, tel un objet emballé dans du papier kraft, montrait ses lignes, sa forme, son volume véritable. Chaque homme avait son maître, son guide, son président de destinée : le vrai monde était au-dedans, le chemin était intérieur et, pour peu que nous y posions un pied audacieux, la réalité nous parlait sous le réel, le monde matériel devenait support d'allégories et de symboles, message immense et signifiant. Tout ce qui m'avait été montré ce soir-là m'invitait à aller vers le plus lourd de moi-même, le plus sale, le plus avilissant pour l'éclairer et le comprendre : le purifier par la connaissance. Je ne saurais aller vers Dieu qu'en intégrant mon enfer, en l'ouvrant et en énumérant son contenu, en saisissant les ressorts par lesquels, dans mon comportement, il agit à travers moi, double noir qui se tient derrière mon dos et a enfilé ses bras de nègre dans les manches de mes vêtements.

La présence de la jeune femme au pull vert m'invitait à darder mon regard sur mon œil, à étudier l'origine et la fonction du voyeurisme dont je jouissais et souffrais. Je devais me retourner sur ma vie et oser examiner sans honte ses grandes vallées de sexualité nocturne, ses obsessions mystérieuses.

Je croyais me souvenir que je les avais, dans l'enfance, à jamais bannies de ma mémoire, comme effacées, avec l'idée cependant que je les refoulais pour croître mais que, plus tard, il me faudrait revenir sur elles et les ranimer pour m'en défaire. Je ne pouvais pas grandir, je ne pouvais pas fleurir avec cette laideur présente dans ma tête, avec ces expériences où mon âme avait failli périr, avec cette noirceur marchant à mes côtés. Aussi ces scènes anciennes avaient-elles été si puissamment censurées qu'il n'en demeurait rien et que je devais partir aujourd'hui à leur recherche démuni de tout, aidé cependant par les rêves qui, peu à peu, désignaient, à leur manière indirecte et floue — parce que leur mission est de nous conduire et non de nous dire —, l'âme et le lieu où elles étaient advenues.

Une circonstance de la soirée m'aidait à mieux comprendre pourquoi il était si important de régler ces vieilles affaires et d'abattre les ressorts négatifs, les ressorts d'ombre qu'elles avaient agencés en moi et qui me mécanisaient. Cet événement c'était l'arrestation de la huppe par les forces de police, blocage qui provoquait un considérable retard dans le déclenchement de l'essentielle poursuite, dans le lever du rideau, du voile fondamental. J'étais retenu dans mon évolution, dans ma transformation spirituelle, par l'intervention d'un barrage automatique, par des gardiens de la paix dont la fréquentation dans les rêves m'avait enseigné qu'ils symbolisaient la culpabilité.

Toujours je m'étais senti coupable, indigne, comme marqué à la manière de Milady — une scène qui, dans Alexandre Dumas, m'impressionna — d'une lettre infamante qui avait brûlé ma chair. Au plus profond de ma nature inférieure existait un ressort de honte, déclic qui, aussitôt, retentissait quand s'ouvrait devant moi une avenue de réalisation, une possibilité de grandir, de gravir l'escalier du succès. « Arrête, tu ne vaux rien, tu es maudit », me soufflait la voix d'ombre.

Souvent, dans ma vie, la chance, l'amour me furent offerts, pour ainsi dire, sur un plateau, et je les avais repoussés, j'étais parti comme un vagabond, un bohémien parce que, dans ma noirceur, j'estimais n'y pas avoir droit. Certes la mécanique était délicate à saisir car je trouvais toujours de bonnes raisons pour expliquer mes refus, motifs rationnels pour une décision qui ne l'était pas et s'enracinait dans l'ancienne condamnation que j'avais jadis proférée contre moi.

Ombres de ma vie, ténèbres du passé, dispersez-vous pour laisser enfin mon cœur verdir, pour laisser croître l'arbre de l'amour ! Depuis tant d'années je me sens comme retenu, comme enchaîné à un boulet misérable qui pèse sur mon âme haute et la retient au plancher pourri d'une noire maison inondée !

L'enfant que je fus, l'enfant fragile — ce père de l'homme que je suis — a été blessé par lui-même. Il s'est fait mal, il s'est brisé, il a nié sa beauté, sa pureté immortelle pour se couvrir d'opprobre, pour se mutiler.

Hélas ! écoutant les rumeurs qui parcourent l'espace intérieur, ces soupirs de l'âme analogues aux paroles de poisson que l'on entend au fond des eaux, je perçois, je reçois ce craquement mystérieux qui accompagna la déchirure à moi-même et par moi-même infligée. Une honte est jadis tombée en moi, une telle honte que je me suis retourné avec violence contre mon être, lui portant coup si fort que toute ma vie, ensuite, en a retenti.

Le mot honte que je prononce en cet instant — pareil au cognement d'une gaule dans un buisson de lisière qui met la forêt en rumeur —, ce mot, ce verbe éveille dans les sous-bois une infinité de clichés et d'échos par lesquels je mesure son importance. Honte, honteux ! C'est honteux ! Et surtout c'est terrible ! Je me suis meurtri, je me suis profané !

Ce qu'il y avait de plus pur, de plus noble, longtemps je n'ai pas voulu le vivre, préférant m'enténébrer, m'alourdir, me salir, par mécanisme inexorable et entraînement de l'automate inférieur. Luttant ainsi, à mon insu et par programme ancien — induction automatisée —, contre mon être, contre mon arbre, contre ma croissance ensoleillée, j'ai aussi combattu et violenté celles des autres, j'ai fait mal parfois à la pureté, à la noblesse quand elles s'approchaient, confiantes, de ma vieille bâtisse tourmentée : j'ai été au service de l'Adversaire.

Ainsi les signes qui avaient entouré pour moi — et à mon seul usage — cette représentation de *La Langue des oiseaux* m'indiquaient-ils la Honte comme la mère de mes comportements de perdition, l'origine du retard dans la chasse à la plénitude : une culpabilité invincible empêchait la huppe d'arriver à l'heure juste, au bon moment. Et il est vrai que j'avais toujours éprouvé une difficulté à coïncider avec le temps, à être dans le rythme, dans l'instant, en harmonie avec le déroulement du film. Toujours il m'avait semblé être légèrement biais et décalé du flux de la vie, comme si m'entravait une gêne.

Cette gêne à être dans l'intensité présente, je l'éprouvais aussi dans mes rapports avec les autres, ressentant de la difficulté à être en face d'eux, à les regarder dans les yeux, à plonger mon regard dans le leur. Avais-je donc à rougir de quelque chose qu'ils eussent pu y apercevoir ? Longtemps je n'ai pu supporter que l'on me fixe, détournant aussitôt les yeux ou feignant de m'absorber dans la contemplation d'un objet-alibi.

La honte me saisissait, par exemple, dans l'instant où l'on me présentait à une personne inconnue et que celle-ci, s'emparant de ma main pour la serrer, vrillait son regard dans le mien. Même si la rencontre était futile — oiseuse — je ne pouvais m'empêcher de baisser les yeux ou bien, contrefaisant l'homme pressé, de lâcher la main et de tourner le dos à l'œil qui semblait m'accuser. Si forte était alors la gêne qu'elle m'embrouillait l'esprit, me rendant capable de bourdes caverneuses qui me pétrifiaient sur place, qui me gelaient de honte. De même, en proie à cette agitation, n'ai-je jamais pu, dans ces moments-là, retenir et peut-être écouter le nom de mon vis-à-vis, provoquant souvent, à cause de cet oubli, une gêne supplémentaire quand l'autre, croyant être connu et désormais identifié, se livrait à des sous-entendus incompréhensibles pour celui qui ignorait et son nom et sa fonction.

Mais un autre indice de cette honte dominante est le malaise suscité par la rencontre inattendue d'une personne de connaissance au cours de ces promenades pensives où je suis englouti en moi-même. Parfois, errant dans les rues de mon beau Paris, la conscience comme anéantie, soumise aux pensées filantes qui sont feu d'artifice du mental inférieur — de l'automate — je ne m'éveille que pour apercevoir, marchant à ma rencontre, un ami depuis longtemps perdu de vue. Alors, au lieu de courir lui serrer la main, je change de trottoir et fais mine, tête basse à la manière d'un pénitent, de ne pas l'avoir remarqué dans la foule, le laissant interdit, dépité, s'interrogeant sur le motif que j'avais à le fuir. Et quand l'être que je vais croiser est un ancien professeur, un propriétaire ou quelque notable ayant eu sur moi autorité, patron d'autrefois ou vieux sénateur qui avait conçu à mon sujet les plus vives espérances, alors je m'écarte avec une telle résolution que, pour franchir la rue, je m'élance au risque d'être écrasé.

Je me souviens d'un maître de conférence que j'eus aux Sciences politiques, sévère penseur dont l'identité s'ornait d'un trait d'union à la façon des gloires républicaines — Ledru-Rollin, Chasseloup-Laubat, Bourgès-Maunoury —, professeur appartenant à l'espèce si particulière des notabilités respectables et dont le protestantisme avait comme desséché l'ombre. Il habitait dans la rue de la Chaise, une rue où, machinalement, mes pas souvent me portent, tandis que je déambule en tâchant de structurer mes pensées qui fusent. A chaque fois que j'entre dans cette longue rue solitaire où personne jamais ne passe j'aperçois au coin, venant d'un pas décidé à ma rencontre, cet intellectuel sérieux, avec son *Monde* sous le bras. Impossible de fuir : pareil à un fantassin aventuré, je suis à découvert ! Tout mon corps, pour avancer vers lui, devient lourd, crevassé et blessé : je ne suis plus que masse inerte qui allonge en automate sa jambe de soldat de plomb, je ne suis plus que gêne qui fait sur mon visage fleurir le rictus d'un salut arraché.

Cet embarras, comme tout ce qui est exagéré au regard de la cause dérisoire qui l'engendre, je sais à présent qu'il est parole d'ombre et révélation de la honte en moi nichée comme oiseau déplumé qui frissonne. A travers lui — à travers ce malaise — me parle mon double inférieur, mon enveloppe sombre, mon frère noir qui me mécanise, me retient, me ligote. Témoins du passé, comme ces amis dont je m'écarte, ou maîtres qui m'ont formé et que je fuis, ils sont les relais du père-juge ; devant eux il me semble moins paraître que comparaître, en sursis d'un arrêt dont je redoute la notification et que je rejette en m'absentant, en changeant de trottoir. Ne vont-ils pas, à me regarder, eux qui m'ont jadis connu, saisir, d'un seul coup d'œil sur ma physionomie transparente, la négativité d'une évolution, l'échec vers quoi je roule à la façon d'une pierre à l'abîme entraînée ?

Certes, ce sont là réactions ou angoisses d'en bas, si distinctes de ce qu'est mon être véritable que je peux presque légitimement les considérer comme étrangères à moi-même ; ne sont-elles pas de ma lie, de ma pesanteur, de mon fardeau d'en dessous ? Je retrouve cependant en elles le même souci de l'approbation et de l'image, la même peur du rejet renouvelé, du bannissement, la même tendance à prendre les devants et à fuir pour ne pas être quitté, condamné, repoussé : le même climat de difficulté qui a marqué mes relations avec mon père.

Combien, enfant, j'eusse voulu être de lui approuvé, aimé, rien ne me le dit mieux que le trouble en cet instant ressenti, comme si j'avais touché à un vieux paquet de larmes, à une souffrance fermée comme un poing rouge. Hélas ! l'enfant que nous fûmes, jamais, jamais il ne périt. Il est l'une des puissances du destin que les blocages ou retenues font tourner à l'aigre et qu'il faut connaître et comprendre pour remettre en marche, à défaut de quoi il vieillit mal, à la manière de ces homoncules qui rayonnent dans l'enfance et que l'âge adulte plisse et rancit. Et ce que j'évoque de façon obstinée sous le nom de pied gauche, ombre, âme inférieure ou matelas — le trait incurvé sous le soleil dans le signe de Tanit — est-il autre chose que le petit que nous avons été et qui, au fond de nous, incompris et amer, s'est enténébré ?

C'est ainsi que, dans le rapport avec mon père, quand je le voyais se soumettre sans réserve — lui le Héros, lui l'Homme — à la mère seconde, à la mère d'artifice et de saccharine, quand je le voyais donner raison à celle qui, à la cour du roi, était une étrangère, c'est ainsi que je prenais la fuite, que je changeais de trottoir en une fugue tout intérieure, abandonnant le présent et le réel pour un monde de chimère — de chère mère — qu'un soleil d'amour éclairait de ses rayons. Fugueur immobile et enfant retranché, je le fus à ce point que mes parents, inquiets de mon inertie, de mon insensibilité apparente, envisagèrent de consulter un psychologue.

Presque un demi-siècle plus tard, je retrouve, dans la vie courante, ces fugueuses tendances, ces chevauchées rapides qui m'éloignent à jamais d'un climat ou d'une situation où je recevais pourtant ma becquée. J'y discerne aussi le passage de la honte, cette soudaine inclination de la tête qui, dans les situations de voyeurisme, me fait regarder par en dessous. D'un seul coup l'antique malédiction revient et je lève aussitôt le camp, à la cloche de bois, en démarrage tzigane.

Un rêve m'a permis de comprendre le mécanisme noir. Je me voyais dans un cocktail mondain, dans l'une de ces somptueuses villas de la Côte où, comme au palais du roi Gautama, il semble que le mal et la mort soient à jamais exclus : point de lieu plus riant, plus brillant que ces demeures dressées au milieu d'un gazon, avec des terrasses aux balustrades en marbre, surplombant l'œil chloré des piscines bleues. Le rêve m'y montrait devisant, heureux, avec des amis, éprouvant dans ma chair cette bienveillance physique, cet agrément du corps que l'on ressent le soir en été, quand tout va bien et qu'après la douche on va en chemisette dans les rues de la ville blanche. Mes paroles étaient écoutées avec intérêt. On m'accordait ici toute confiance. Je m'en trouvais encouragé ; disert, je devenais éloquent, inspiré, puis éblouissant. Autour de moi grossissait l'affluence, l'influence. Allais-je être accepté ? Découvrirais-je enfin ma place ?

Alors, d'un seul coup, couinait la fêlure. Dans les lointains de la ville venait de s'élever, comme dans les séries américaines, une sirène de police. Si éloignée qu'elle fût, elle provoquait, par son hurlement insistant, l'altération de mon discours dont les arguments commençaient de s'emberlificoter. A coup sûr, me disais-je, cette misère est pour moi, je vais être arrêté. Ne suis-je pas coupable ? N'ai-je pas commis un crime jadis en franchissant par trois fois la frontière menant à un pays de forêts vallonnées ? Dès lors, refroidi par le souvenir, le dos voûté par son fardeau, je ne parvenais plus, devant mes auditeurs qui se débandaient, qu'à émettre des borborygmes.

La sirène se rapprochait, devenait multiple, innombrable. Alors, tandis que stoppaient devant la propriété les voitures de police en gémissant de tous leurs freins, je m'enfuyais par le parc et les buissons, courant pour échapper aux escouades. Le rêve s'achevait ainsi sur l'image de cette fuite déprimante : tout à l'heure, au milieu des autres, je triomphais ; à présent, solitaire, tête basse comme un voleur, je courais dans la végétation enchevêtrée d'un terrain vague.

Le songe était limpide pour désigner l'origine des ruptures de fusion souvent ressenties dans ma vie : au comble de l'accord avec le monde sonne la dissonance, la blessure, l'accusation portée. Je suis coupable ! J'ai honte ! Je suis indigne de ce que je vis ! Fuyons !

L'énigme cependant résidait dans le crime lui-même. Qu'avais-je fait ? A coup sûr la frontière symbolisait la limite à ne pas franchir, l'interdit, le tabou. Quant à savoir ce qu'était cette forêt vallonnée je n'étais pas encore capable de le préciser. La forêt symbolisait l'âme obscure, le sombre inconscient, la nature, ma nature sauvage, le sanctuaire aux dissimulations, aux bestialités secrètes : le bois de l'illégal amour. Le chiffre trois est associé dans la symbologie onirique traditionnelle — comme dans les titres des films — à la force ascendante, venue des profondeurs ou des égouts, la force périlleuse qui cherche à s'ouvrir un chemin : trois fois siffle le train, troisième est l'homme des bas-fonds à qui Orson Welles prêta une silhouette encore gracieuse.

Ainsi le rêve me disait que j'avais été porté, par irrépressible mouvement de ma nature inférieure, à accomplir une action interdite dont l'indignité, en vertu de la loi du passé toujours présent, se rappelait d'elle-même et jaillissait de l'ombre quand j'étais dans la lumière heureuse. Quand eut lieu cette honte ? Quand furent introduits dans l'ordinateur noir cette folie d'accusation, ce programme de souffrance ?

Plusieurs rêves ont mentionné pour moi la constitution de 1946, précisant que ce texte fondateur de la faible IVᵉ République était un catalogue de lois vagues et flottantes, de règles floues que le traumatisme de la guerre expliquait. Je comprenais que ce nocturne message tombé de la bouche du « daimon » faisait référence, non à l'organisation des pouvoirs d'État, mais à ma propre constitution que le grand choc initial avait rendu incertaine. La constitution de 1946 accoucha d'une République molle dont le trait principal était le régime d'assemblée, avec un pouvoir exécutif écrasé par un législatif versatile qui changeait de gouvernement comme de chemise.

Et tel je fus, pendant une longue période de ma vie et jusqu'à celle — évoquée dans ce livre — où j'entrepris l'œuvre de rénovation, incapable de tenir longtemps le gouvernement de moi-même, soumis à toutes sortes de pressions du parlement intérieur qui renversait bien vite les décisions d'une volonté souveraine. L'avouerai-je ? J'eus longtemps honte de ma faiblesse. Je me voulais héros, aventurier intraitable, guerrier cuirassé et je me découvrais timoré et fuyard, peu prompt à secourir, autrement qu'avec de douces paroles, la veuve et l'orphelin.

M'effondrait cette distance entre ce que je voulais être et ce que j'étais, soumis à toutes sortes de pulsions qui me dominaient l'une après l'autre et que je ne parvenais pas à harmoniser. Eus-je peur d'être mis en pièces ?

Dans les moments difficiles de ma jeunesse — quand je vins étudier à Paris par exemple —, un mot montait de mon ombre pour envahir mon mental, pour s'imposer à lui au point de m'épuiser avec son ressac, le mot : capilotade. Quand, errant dans les rues, j'abandonnais le gouvernail de ma pensée, revenait, comme la vague à la falaise, ce mot d'en dessous qui, comme tous ceux commençant par la sonorité « Ka », est à mettre dans la perspective du double et sous son mystérieux empire.

Tant que l'homme ne comprend pas qu'il est plusieurs, il ne peut s'entendre ni se rassembler, il ne peut saisir le sens de sa marche qui est de forger, avec le feu de l'Être, un alliage indestructible. Dans mon âme inférieure, à cause du deuil inaugural, a longtemps habité la peur d'être mis en pièces par les forces du mal ou par des énergies violentes qui m'auraient dispersé, dissipé. Si fragile était ma constitution qu'elle aurait pu, à tout moment, voler en éclats, se défaire comme une gerbe dont cède soudain le lien unificateur. Aussi le mythe égyptien de l'Osiris déchiqueté m'a-t-il hanté au temps où j'entreprenais l'œuvre de rénovation.

L'esprit du mal n'est pas la force d'en bas, les pulsions de loup, les désirs affamés mais le séparateur, l'adversaire qui veut empêcher l'union du pôle clair avec le pôle noir, l'ennemi qui se tient entre nous et l'autre nous-même.

Le mal n'est pas dans mon ombre, mais dans ce qui la repousse, ce corps d'ankylose et d'habitude, l'automate qui m'interdit d'annexer mes enfers, me condamnant au pluriel alors que je veux triompher au singulier et dans la réunification spirituelle de moi-même.

Entre le « oui » et le « non » de mon être, entre mon endroit et mon enfer, entre l'âme noble à col de cygne et la forêt sauvage qu'elle est venue défricher puis jardiner, se dresse une induration froide, un béton séparateur qui empêche le contact et les épousailles des fluides contraires. Entre notre gauche et notre droite est levée une paroi d'isolation que toute notre vie consiste à abattre pour que s'entremêlent et se marient les vivifiants opposés, pour que passe à travers nous un courant cosmique dont l'électricité, qui fait circuler la force entre le négatif et le positif, est la symbolisation exacte.

Cette plaque d'ankylose, ce cartilage qui raidit et entrave la vie — cet ennemi qui empêche le mariage du ciel et de l'enfer — je sais qu'il est ma honte, le dégoût ancien éprouvé, par l'enfant fragile que je fus, devant les mouvements de sa propre nature, devant les déviations que la catastrophe initiale avait engrenées. Dans ma constitution se trouve ainsi la trace d'une excessive souillure, d'un événement de l'enfance si vicieux et noir qu'il fut impossible à intégrer et à comprendre — et que j'ai préféré le rejeter avec toute la portion d'être qu'il commandait.

Comme c'est étrange ! Dans cet instant même, à la manière d'un amputé encore sensible à sa jambe absente, je reçois l'impression en creux de cette province perdue ! Quelque chose en moi, une population bannie, veut revenir, être ramené et réintroduit dans ma vie ! Pourquoi me suis-je coupé de tout un pan de mon être ? Que s'est-il passé jadis pour que je porte un couteau furieux sur ma nature innocente ?

Rien n'a demeuré dans ma mémoire de ce choc et de cette immolation jusqu'à ce que, peu à peu, par l'entremise du signe et du rêve, viennent au compte-gouttes des informations que ce livre veut s'employer à cohérer, à rassembler. Et d'abord la date de cette scène lointaine que me fournit le rêve sur la constitution de 1946 : sans doute n'y aurait-il pas eu sur elle insistance si elle n'avait comporté autre chose qu'une référence de droit public et si elle n'ouvrait sur un ensemble de correspondances et d'indications éclairantes.

Dans un rêve sont des sens multiples, des couches géologiques de significations, de la plus épaisse et immédiate à la plus subtile. Ses images sont des portes, des sources perpétuelles d'enseignement qui, si on les regarde, ne cessent de couler et d'irriguer l'esprit. Un rêve, si on veut bien l'entendre, est, pareil au mythe, une histoire vivante qui continue d'émettre de longues années après qu'il eut surgi, nous offrant matière à aller de plus en plus profond vers le secret de la vie.

C'est ainsi que cette constitution qui ramena la France dans la forme démocratique ne fut pas acquise sans de graves difficultés initiales : repoussée une première fois par le corps électoral, elle n'obtint, dans sa seconde mouture et présentation, qu'une majorité infime qu'affaiblissait encore un taux d'abstention exorbitant. Dans ma mémoire — j'avais six ans à l'époque — figurent, tracés à la peinture blanche, d'immenses « oui » et « non » sur les longs murs de crépi qui bornaient, sur la route de Sainte-Suzanne, l'usine de machines-outils dont mon père était le directeur.

Ainsi se trouve désignée l'hésitation fondamentale qui a marqué mes grands débuts. Je n'ai approuvé cette vie que du bout des lèvres, gardant par-devers moi une abstention, une absence qui, longtemps, affaiblit ma structure. Les bases sur lesquelles je croissais étaient si incertaines que je fus sans protection, sans huis ni fenêtre, aussitôt vacillant que frappé, sans autre défense que des larmes dont ma mémoire me dit qu'elles furent abondantes. Dans cette constitution fragile, n'importe quelle émotion ou agitation s'amplifiait à l'excès à quoi, quand on tournait mes larmes en dérision, je m'efforçais de réagir par une insensibilité apparente, une froideur convenable.

Quelque chose eut donc lieu, dans cette année 1946 soulignée par le rêve, quelque chose qui m'a rempli de honte, un événement, une scène qu'un autre enfant mieux « constitué » eût accueillie sans dommage mais qui, chez moi, à cause de la fragilité du bâtiment, a pris d'exorbitantes proportions, au point de créer, entre mon pied gauche et mon pied droit, entre l'âme inférieure et l'âme supérieure, un obstacle à la conjonction des contraires, un mur de séparation et de refoulement. J'ai été frappé par la honte, je me suis haï moi-même, je me suis repoussé, je me suis méprisé pour avoir... Quoi donc ? Je ne sais.

Revient une image : je suis devant le mur de l'usine de mon père, où figurent les grands « oui » et les grands « non » du référendum de 1946, et je suis écrasé, dévasté par la honte. Seigneur, qu'ai-je fait ? Une impression passe, celle d'une longue marche épuisante ; le souvenir s'éteint.

Pour le ranimer, je me saisis de l'unique photo de cet âge mythologique. J'ai six ans et, vêtu d'un maillot de bain ridicule — un maillot trop grand pour moi et qui « poche » à l'endroit du sexe —, je suis debout dans le jardin de mon père.

J'aime les photos de famille, les clichés privés où je tâche d'apercevoir les secrètes paroles, les révélations des maîtres du destin. Pour moi une photo est plus qu'une photo, plus qu'un fragment de temps immobilisé, elle est un message dont je m'empare et que je décrypte comme un signe ou comme un rêve, en approfondissant les thèmes qu'elle me présente.

C'est ainsi que cette photo de mon enfance manifeste, outre l'étrangeté de ce maillot trop grand pour mon âge, plusieurs dysharmonies signifiantes dont la plus évidente est la présence monstrueuse, dévorante, de la maison au pied de laquelle, fragile et nu, je suis debout, comme menacé. Ne dirait-on pas qu'elle va s'écrouler sur moi cette vaste demeure caverneuse, image d'un effondrement intérieur dont j'ai pu nourrir, dans mon être encore vague, la crainte imprécise ?

Derrière mon dos s'aperçoivent plusieurs lignes horizontales : les fils de fer avec lesquels mon père voulait constituer une roseraie dont on entrevoit, malingres comme moi, les premiers pieds en croissance. Ces fils croisés évoquaient une structure ténue et comme à vif, tout juste tirée comme un filet aux trop larges mailles et qui pourrait, avec facilité, se rompre.

Mais la constellation de sens, la parole du Maître invisible est dans mon attitude : devant mon père qui prend la photo — il était l'unique photographe de la famille — je me tiens au garde-à-vous, avec les mains et les avant-bras cachés derrière le dos, comme si leur saleté m'interdisait de les montrer, de les mettre en avant. Sur mon visage est un sourire forcé, comme pour faire bonne figure. Tout dans ma physionomie trahit le souci de l'apparence, le désir d'être, sous l'œil du père, conforme à l'idée qu'il veut se faire de moi, l'immense besoin d'être « bien », d'être présentable au regard de l'autorité unique. Mais tout dénonce aussi la gêne, la honte, la culpabilité, tout, jusqu'à ce corps nu, au slip bête, aux genoux cagneux, à l'aspect maladif et douloureux, avec une tête trop grosse et des jambes rachitiques. La honte est là, palpable, ainsi que l'accusation que je croyais voir rayonner de l'œil clignant du père dont la mire de visée altérait l'expression.

Sans doute, à évoquer ainsi ma honte ancienne, dois-je m'approcher du noyau de rétention irradiante, sans doute dois-je désigner avec ma plume exploratrice quelque essentiel élément de la constitution humaine, car le réel à nouveau, comme un orchestre soudain en rumeur dans sa fosse, se met à vibrer de sens, à produire des commentaires qui passent comme des illustrations de la pensée en mouvement. Entre ce que nous pensons au-dedans et ce que nous voyons au-dehors, il nous faut tracer, en lignes de la géométrie de l'âme, des perspectives de signification et de correspondance, amplifications et résonances qui fournissent aux idées leur arrière-pays murmurant, leur profondeur thématique.

Ainsi, peu après avoir rédigé ce passage qui met l'accent sur la dure paroi que la honte dresse entre les deux parties constitutives de nous-mêmes, entre les deux pôles négatif et positif dont elle empêche l'échange vivifiant, ainsi est venu me voir hier un ami peintre dont la visite a été marquée par l'une de ces prises de parole de l'invisible. Outre le talent qui lui fait créer des toiles semblant visions du monde astral, ce qui définit cet ami — qui porte le même prénom que moi — est une certaine raideur dans l'aspect. A le voir toujours droit et maigre, rythmant sa marche avec de longs bras mécaniques, on croirait un sévère pasteur anglican !

Dans la rue Notre-Dame-des-Champs, le raccompagnant à sa voiture, je l'informai de mon sujet de méditation actuelle, cette honte postée au fond des hommes comme un principe séparateur, semblable à ces « caches » sur les anciennes piles Wonder et qui les empêchaient de fonctionner.

« Oui, me dit-il, je ressens cela en moi, ce cartilage qui m'interdit de coïncider avec moi-même. C'est une entrave qui retient mes mouvements et me rend raide comme trique quand il s'agit de gagner la piste pour danser. En peinture aussi je sens que je ne vais pas au bout, au comble, comme si entre mon pinceau et la toile, il y avait ce fameux cache, cet obstacle qui est un barrage intérieur. »

Il avait raison : si somptueuse que fût sa peinture, on y sentait un manque d'intensité. Il n'y flambait que pour éclairer et non pour réchauffer.

« Tu devais être comme moi à l'adolescence, lui dis-je. Dans l'autocar des départs en colonie, tu étais incapable de chanter en chœur avec les autres... Ta gorge se fermait.

— Oui, j'avais honte, et ensuite j'avais honte d'avoir honte. C'était un supplice... Seigneur ! Qu'est-ce donc que cette chose qui est en nous et nous embarrasse et nous refroidit ? »

Son interrogation vibrait encore que la réponse apparaissait, immense et grotesque à la fois comme le sont souvent les signes de l'invisible, lesquels ont dans leur surgissement quelque chose de sauvage qui désarçonne ; mais leur rôle n'est-il pas de choquer pour réveiller ?

Nous étions arrivés devant l'entrée — déserte en ce samedi après-midi — de l'École alsacienne, lieu où il était admis de déchiffrer une allusion à l'enseignement. Là, sur le trottoir, où passent chaque jour des centaines de lycéens, était déployé sur toute sa longueur, bien en évidence comme s'il venait de servir, un préservatif, capote anglaise de couleur sang et que, dans la solitude de cette rue austère, bordée de couvents et d'établissements religieux, il était impossible de ne pas voir.

La plupart des hommes ne perçoivent pas les signes parce qu'ils les veulent grandioses comme dans la Bible. Ils ne savent pas que les guides intérieurs et la structure diamantine qui charpente le réel nous parlent de façon infime, par incrustations ridicules de sens, par messages dérisoires, tel ce préservatif usagé qui baignait dans son jus. Ils ne savent pas que le grand est dans le petit et que, dans une époque où l'homme se pousse du col et se hausse, le divin nous parle à travers les soupiraux de l'ombre et si bas qu'il faut se baisser pour l'entendre.

Mon ami Christian — mon double ankylosé — aurait eu intérêt pour se connaître et se comprendre, pour saisir l'origine d'une opacité qui l'empêchait de se réconcilier avec lui-même, de tracer la ligne entre le dedans et le dehors, entre sa pensée et le hiéroglyphe proposé soudain à sa vue. Mais il ne vit pas le signe ou, du moins, il ne le vit pas en tant que signe. Pour lui l'objet était, si j'ose dire, objectif, déconnecté de son intérieur et de son questionnement, isolé dans un réel où il apparaissait comme un hasard, une pure incongruité de passage. Il sourit un instant puis pensa à autre chose.

Je ne me crus pas autorisé à dévoiler un sens dont il n'avait repéré ni le murmure ni le sperme fécondant. Après l'avoir laissé devant la sévère voiture allemande qu'il venait d'acquérir, je rentrai chez moi en jouant avec ce signe comme un clavier de musique subtile. J'avais, étudiant les rêves — les miens et ceux des autres —, suffisamment défriché leur apparence grotesque pour ne pas prendre très au sérieux ce qui, de prime abord, dégoûtait. Souvent, à travers des rêves de basse sexualité, j'avais vu s'exprimer des idées platoniciennes que l'homme du XXe siècle, abîmé par la techno-science et une rationalité qui a mutilé son esprit d'enfance, a cessé de considérer mais qui n'en continuent pas moins d'agir sur le monde en s'y projetant comme au fond de la célèbre caverne.

Dans les temples indiens, parmi la dévotion d'un peuple

innombrable — la « bhakti » des foules en prière — j'avais vu, sculptées dans la pierre, des scènes érotiques dont la fonction n'était pas de porter à l'excitation mais de rappeler à l'humain l'existence du mariage intérieur.

En nous sont deux forces qui nous dépassent et dont il nous est demandé de célébrer les noces. Pour arriver au contact de l'une avec l'autre, ces énergies cosmiques empruntent notre fissure, la petite guerre d'âme que nous menons pour harmoniser notre volonté avec notre faiblesse : elles nous utilisent comme champ de bataille puis comme lit possible pour s'aimer.

Derrière le conflit d'une femme qui veut retrouver sa ligne et maîtriser ses dévorations, derrière ses efforts pour équilibrer son pied gauche et son pied droit, se meuvent, se haïssent puis s'entre-épousent deux forces que la tradition chinoise a nommées « yin » et « yang » et dont les tourbillons constituent l'étoffe du monde créé.

Il y a en nous une force noire venue de l'abîme des abîmes, qui a traversé les profondeurs du minéral, du végétal et de l'animal, gigantesque spirale qui frappe avec insistance à la porte des âmes humaines pour qu'elles daignent la mener à la rencontre de l'époux bien-aimé qu'elle attend et qui vient d'en haut, des terrasses du ciel où notre ferveur l'invoque. Ainsi sommes-nous des seuils et, une fois dépassé l'affrontement, des chambres d'amour pour ces énergies contraires : tout le bonheur humain, tout le génie vient de leur harmonisation — puis de leur conjonction amoureuse. Si nous réussissons à dominer notre matelas, si nous purifions le pied gauche par la connaissance de ses replis et recoins, alors l'union peut intervenir, dans notre nature soudain renouvelée, et comme rajeunie, entre le Dieu et la Déesse, deux archétypes que la statuaire indienne — l'art érotique des Indes, comme disait le regretté Max-Pol Fouchet — représente embrasés et embrassés pour signifier leur fusion bienheureuse.

Ainsi, répondant aussitôt à la question posée par Christian dans sa déambulation raide et sévère, le Maître invisible utilisait-il le préservatif pour expliquer l'origine de l'ankylose. L'homme veut se préserver de la féminité noire : il a peur du contact direct —

chair à chair — avec son pôle d'en bas, avec son enfer mystérieux. Il a honte de lui-même, craignant que sa noble virilité ne soit mise à mal — à mâle — par la femme secrète qu'il porte dans son sein. Quant à la femme, avide d'entrer, présentable et nette, dans la société active et sous le regard du père-juge, elle craint la souillure des ténèbres, le baiser des sensualités chaotiques, le déferlement des instincts primordiaux.

Il y a donc peur et honte, rétention et retenue, froideur obligée et comme imposée par un automatisme qui fonctionne à la manière d'un thermostat : quand monte la température de l'âme, alors se déclenche l'arrêt mécanique de la diffusion de chaleur. Nous nous renfrognons, nous nous détournons, vivant cette distance et cet ennui — ce désenchantement — qui révèlent la cessation des échanges entre les deux camps de la personnalité : coupés en deux nous éprouvons un sentiment de solitude, d'abandon, pareil à la pauvreté soudaine du nourrisson quitté par sa mère.

Nous portons en nous l'invisible peur d'être contaminés par notre base noire dont la nature féminine nous effraie, tant est profonde chez l'homme ordinaire l'épouvante de l'homosexualité. Le préservatif qui, voulant tenir l'homme à l'écart des corruptions diverses que la femme pourrait transmettre, empêche la fécondation comme le plaisir, thématise et résume une crainte que j'ai souvent aperçue dans les rêves sous l'aspect de la peur du Sida.

Il y a trois ans, sur un plateau de la télévision de Genève — Jeune Ève — à l'occasion d'une émission sur les rêves, j'ai rencontré un acteur célèbre qui en était victime. Peter Ustinov rêvait qu'il se trouvait dans un grand avion effectuant, pour atterrir, ses premières manœuvres d'approche. Il était debout au milieu d'une foule de cardinaux en robe rouge, position inconfortable qui les faisait se cogner l'un l'autre. Il ressentait même dans le rêve une oppression, à cause de son entourage qui l'étouffait. Que faisait-il parmi ces cardinaux rouges, dans cet avion sur le point d'atterrir ? Alors, observant sa tenue — une belle robe blanche — il comprenait : il était le pape en voyage officiel. Il n'avait pas l'air confiant, le saint pontife ! Se penchant vers un cardinal, il chevrotait d'une voix inquiète : « Est-ce qu'on ne risque pas d'attraper le Sida en embrassant les aéroports ? »

Si Peter Ustinov repérait dans cette phrase une allusion au rituel — inauguré par Jean-Paul II — de la papauté en déplacement aérien et qui, au pied des échelles de coupée, pose un instant ses lèvres sur le sol dans une prosternation qu'on croirait musulmane, il était incapable de déchiffrer le reste. Nous le fîmes ensemble, sous l'œil glauque des caméras et sans pouvoir évoquer le fond du fond qu'indiquait pourtant ce rêve riche.

Rempli d'hommes célibataires et vêtus de rouge — couleur symbolique du soufre en alchimie —, l'avion était le hiéroglyphe de l'énergie céleste et fécondante, de la force masculine perçue dans son aspect religieux. Comparé à lui, l'aéroport exprimait, dans son attente inerte et sa béance, cette nature abandonnée qui est celle de la « Shakti » indienne, versant féminin de la divinité et corolle que le principe masculin est appelé à féconder. Y a-t-il rien de plus féminin qu'un port qui se laisse par les vaisseaux pénétrer ou qu'un aéroport qui gémit aussitôt que l'avion le touche ? Qu'est-ce que l'aéroport sans l'avion ? Une morne plaine. Mais qu'est-ce que l'avion sans l'aéroport ? Un volatile sans ressource et sans substance : désincarné !

Ainsi Peter Ustinov était-il invité à opérer en lui l'union des deux forces afin que l'esprit blanc, symbolisé par le pape immaculé, puisse visiter son domaine terrestre, allusion à une haute aventure spirituelle à laquelle ce grand acteur — très intériorisé et secret au rebours des autres paons de la société de spectacle — pouvait prétendre. N'est-ce pas là le sens véritable du mot « religion » dont la racine est latine et signifie « relier » ?

L'âme et la vie de l'homme sont territoires pour l'immense reliance, chambres pour un amour cosmique dont nous méconnaissons les lois et qui, non réalisé, pèse sur nous de son poids d'attente, de son fardeau de mal-être que l'inconfort de la position de Peter Ustinov, debout et comprimé par la foule des cardinaux rouges, évoquait dans son rêve.

Le Maître intérieur désignait avec impudeur à son disciple l'obstacle qui rendait délicate la conjonction : Peter Ustinov avait peur d'embrasser le principe féminin — femme intérieure et femme cosmique — à cause du Sida, c'est-à-dire, par correspondance et analogie, à cause de l'homosexualité dont cette maladie maudite, qui met à bas toutes les défenses, tous les gardiens, est le blason d'infortune. Non que Peter Ustinov fût un pédéraste, mais il avait sécrété dans l'enfance une machine à repousser les désirs illégaux. Loin de se dissiper à l'âge adulte, l'interdit était resté, avec sa formation cartilagineuse, pour empêcher la fusion des forces, pour tenir à distance et fusiller à chaque fois le grand être féminin — la divine Shakti — qui voulait à travers lui, avec son contraire, se conjoindre.

Hommes, derrière notre féminité, notre douceur, notre amour abandonné, derrière notre anima personnelle est cachée la mère du monde, splendeur bleue qui n'est force noire que parce que, sur elle, nous avons répandu notre obscurité, les ténèbres de notre âme inférieure : elle est la Dame de la Nuit, la Reine merveilleuse dont l'invocation en cet instant me magnétise, me donne envie de m'agenouiller.

Sans toi, ma noire princesse, ma dame du Sud qui rayonne sur le sentier mystique, ma vie est sans charme, ma vie est sans saveur et sans cette aimantation qui accorde mes gestes avec le cœur intense du monde. Sans toi la poésie s'éteint, les arts se refroidissent et les hommes, plutôt que de ressentir et de s'émouvoir, ergotent et palabrent, se donnent aux idéologies sinistres, aux systèmes de pensée anguleuse — sans toi le réel est sans couleur.

Cette féminité cosmique aucun pays aujourd'hui ne l'honore plus, à l'exception de l'Inde où les temples dressés pour sa célébration sont innombrables. Sans doute est-ce pour cette raison et aussi parce que sont proches les mots « subcontinent » et « subconscient », avec l'idée supplémentaire du triangle dirigé vers le bas qui est le symbole de l'eau, sans doute est-ce pour cette raison que l'Inde apparaît dans les rêves comme une image de l'ombre spiritualisée et sa femme d'État aujourd'hui défunte — Indira Gandhi — comme le hiéroglyphe de la Mère.

Dans les songes des Occidentaux Indira longtemps symbolisa cette force divine, aussi la tragédie à laquelle assista Peter Ustinov, en octobre 1984, lorsqu'il rencontra la fille de Nehru, devient-elle puissamment signifiante.

Ce jour-là, devant lui remettre un chèque de l'UNICEF, organisation dont il est ambassadeur itinérant, il se rendit, accompagné d'une équipe de télévision, au domicile d'Indira Gandhi à New Delhi. Après les avoir reçus dans le hall et pendant que les techniciens procédaient à l'installation des caméras, le Premier ministre en sari s'était éclipsée dans ses appartements pour repoudrer une physionomie que la moite chaleur défaisait. Peter Ustinov ne devait plus la revoir vivante : quelques instants plus tard comme elle redescendait et marchait dans la galerie extérieure, il entendit plusieurs coups de feu. Voulant venger les leurs tombés au temple d'Or d'Amritsar que l'armée indienne, trois mois plus tôt, avait investi et profané, les Sikhs de la garde personnelle du Premier ministre avaient tourné sur elle des armes censées la protéger, la laissant morte sur la terrasse de marbre.

Il y avait là, derrière cette scène affreuse où le fanatisme moderne agite son vieux turban, une riche étoffe de significations à l'usage de Peter Ustinov qui venait de voir représentée au-dehors une oppression du dedans. Ainsi perçoit-on mieux l'une des fonctions du signe qui est d'extérioriser par symboles incarnés les subtiles réalités de l'âme. Nous marchons dans un théâtre où des acteurs jouent les scènes de notre drame intime, désignant, à l'aide de métaphores et d'images, les points de resserrement et d'obstruction — les goulots d'étranglement — qui contrarient en nous-mêmes le grand passage des fluides.

Les gardiens mis jadis en place par Peter Ustinov, pour se protéger, pour empêcher l'intrusion des forces chaotiques sur le territoire de l'enfance « comme il faut », ces verrous étaient en réalité bien pires que l'ennemi dont ils devaient le préserver. Le préservatif, avec toute la profondeur signifiante qu'on peut accorder à ce mot, est donc la puissance froide, la paroi d'isolation qui empêche, au cœur de l'homme, avec la résolution des conflits, le mariage du Roi et de la Reine, l'union d'anima et d'animus, du soufre et du mercure, du yin et du yang.

Nous mourons de trop nous préserver ; ce sont nos gardiens de la paix qui nous font la guerre, nos hontes qui nous meurtrissent, vérité que j'avais vue tant de fois illustrée dans mes rêves que je ne m'étonne plus de la voir signifiée au-dehors par des mouvements du réel, des situations tantôt tragiques, comme celle vécue à New Delhi par Peter Ustinov, tantôt mystérieuses comme l'arrestation de la huppe dans le métro qui me conduisait aux Bouffes du Nord. Quant à cette honte je n'avais pas besoin de méditer longtemps sur les signes intervenus pendant la représentation de *La Langue des oiseaux* pour définir le domaine où elle s'était chez moi nichée : la présence de la jeune fille au pull vert, celle de Philippe, mon « double » dépravé, désignaient ma sexualité comme l'origine des automatismes de préservation, le prétexte de l'enceinte fortifiée que j'avais voulu dresser contre les forces de la vie tumultueuse.

Oserai-je avouer qu'au voyeurisme et à l'orgie que ces deux présences connotaient — dont elles étaient le hiéroglyphe — il me faut ajouter la pédérastie, à cause d'une gêne intense — d'une honte — ressentie, la présentation terminée, comme nous longions, mon ami Alain et moi, le quartier Barbès, à la recherche d'un restaurant ouvert encore à cette heure tardive ?

En dépit du vent froid qui balayait le boulevard, des bourgeois à tête de rapace patrouillaient en bordure de la ville arabe. Comme nous nous interrogions sur les motifs de leur déambulation lente, qu'on eût dite processionnelle, j'en aperçus la raison : ils adressaient des œillades à des hommes immobiles au coin des rues, travailleurs immigrés aux visages prolétaires qui, le soir venu et tout marbrés encore par le labeur, offraient leur corps deux fois aliéné aux caresses payantes des chercheurs de plaisir. A les regarder ne me répugnait pas seulement la hideur de l'amour tarifé, me choquait qu'ils fussent laids, grossiers, comme abîmés, dépourvus de cette grâce dont les artistes ont orné Ganymède. Imaginer deux chairs d'hommes se toucher et mêler leur pilosité de poitrine, voilà ce qui, par-dessus tout, me scandalisait. Passant sur le trottoir à la hauteur de l'un de ces suborneurs, je me trouvai dans l'exacte ligne du processus de séduction, apercevant, au-dessus de son épaule, la proie prolétaire qui déjà répondait à ses avances et lui retournait un regard qu'on eût dit de teckel. Il y avait dans cet œil en velours veule un tel message d'abjection lasse que, le recevant en même temps que son destinataire, j'en fus écrasé de honte, filant à grands pas comme si j'avais vu le diable.

Nous finîmes par trouver, sur le boulevard Barbès, un restaurant ouvert où partager un couscous que, ému par ce qui venait de se passer, j'arrosai avec le vin lourd des vignes d'Algérie, ce vin sombre qu'on dirait coagulé, bouteille de nuit que ne peuvent percer les rayons d'un vif soleil. Il me poussait à l'un des états les plus négatifs de mon être, pesanteur et inconscience délicieuses où se réveillent en même temps, comme allumés par son feu, toutes mes faces ténébreuses, tous les fragments de ma nature inférieure.

Une est notre lumière haute, notre identité divine ; multiple est notre ombre qu'on dirait formée d'un puzzle fragile que le vin disloque. Le bas moi, notre ego d'abîme, est en mosaïque : un assemblage que l'alcool ou les drogues dissolvantes ramènent au chaos.

Plusieurs rêves ont tenté de m'ouvrir à une vérité scandaleuse : nous sommes plusieurs, le « je » est un « package », un agrégat de psychismes différents, d'ombres négatives que le Soi est chargé dans cette vie d'unifier et de conduire dans le monde spirituel, enfin blanchis et apaisés. N'y a-t-il pas là un éclairage nouveau sur cette réalité, si difficile à admettre en Occident, du Karma ?

Si m'avaient indifféré les théories sur la réincarnation, tant prêtait à sourire le déploiement de vanités qu'elles favorisaient — tout le monde avait été roi ou génial philosophe ou danseuse égyptienne —, j'avais écouté avec attention Jean Borella, exégète de René Guénon qui, par un soir doré de juillet, à la terrasse de « Lamour », place Stanislas à Nancy, m'avait exposé les idées de son Maître sur le sujet. Il n'y avait pas, pensait René Guénon, réincarnation, comme on l'entendait ordinairement, c'est-à-dire voyage de vie en vie et de corps en corps, mais descente unique, à travers les plans d'un Soi divin, lequel, pour franchir les zones basses de l'intermonde entourant la terre, se couvrait et comme s'enveloppait avec les étoffes de psychismes imparfaits dont s'était jadis dissipé le principe de cohésion à l'instant du grand passage.

Ainsi, avant d'atteindre la terre et de s'y montrer, dans son vêtement de peau, entre les cuisses ouvertes de la femme, le Soi attirait-il à lui, comme l'aimant la limaille, toute une matière première psychique, survivances d'êtres lourds qui avaient échoué à l'envol, noire substance à purifier et à convertir pour la ramener, blanchie, au monde d'en haut.

Me plaisait dans cette théorie que l'âme inférieure fût perçue dans sa nature composite, formée de pièces rapportées, d'êtres en mauvais état et comme d'un amphithéâtre de criminels que le Soi était chargé d'absoudre puis d'anoblir. Ainsi s'expliquait l'apparence donnée à la force noire, celle du monstre disparate, d'aspect hétéroclite, combinaison d'une tête de cheval, d'un corps de lion, d'une queue à gueule de serpent et d'ailes de vampire, tels les griffons, dragons, sphinx et autres gouges d'un bestiaire qui fleurissait déjà sous Hammourabi et Goudea. S'expliquaient aussi les différents visages — souvent récurrents — que j'apercevais la nuit en voyageant dans mes rêves, chacun commandant une région de moi-même, tels gouverneurs de province soumis, en théorie, à mon autorité mais qui pouvaient, soudain, se rebeller et tâcher de s'emparer de la totalité du pouvoir.

Il y avait la Polonaise, violente, rousse et vicieuse — sadomasochiste — dont certains rêves me dirent qu'elle vécut au XVIe siècle, forme dont je ne vis jamais nettement le visage mais dont j'aperçus à maintes reprises, dans ma vie nocturne, la silhouette. Il y avait l'évêque, à la fois chef de guerre et d'Église, ayant commis, dans l'Europe du Ve siècle, mille massacres pour effrayer le paganisme et les schismatiques.

Il y avait le pirate anglais — celui que je nommai Thomas — immense et mince, toujours vêtu de noir et éclatant d'une étrange beauté vénéneuse, homme aux yeux sombres et à la chevelure d'encre, à la carnation blanche et délicate et dont la force était monstrueuse : il vécut au XVIIe siècle, entre les Indes occidentales et les côtes anglaises, de crimes et de rapines. Si nombreux sont les détails donnés dans les rêves sur sa vie que je pourrais, avec une certaine facilité, retrouver ses traces historiques — si l'aventure avait pour moi de l'intérêt, ou si j'eusse quelque chose à prouver.

Il y a aussi une vieille nonne au visage fermé comme une cellule, au corps usé par les exercices de fustigation et d'ascétisme, par le meurtre de sa nature animale, religieuse dont je crois respirer au fond de moi la déplaisante odeur de vieux sac sec.

A chacun de ces personnages correspondent, dans ma vie, une ligne de comportements négatifs, une perspective de corruptions et comme un itinéraire de chute : à la Polonaise appartient la perversité que certaines situations érotiques soudain favorisent. A l'évêque, je ne sais quoi de fanatique, une envie de meurtrir l'ennemi spirituel. A la bonne sœur une certaine tendance à lutter contre l'ombre par dévitalisation du corps et ascétisme moralisateur.

Mais l'abîme et le mystère — l'abîme du mystère — c'est Thomas qui, dans ma nature inférieure, l'incarne : il est, de tous mes visages d'enfer, le seul qui m'épouvante et dont je me sois écarté avec tant de résolution que je faillis en perdre l'équilibre, sautant en arrière avec une telle vivacité que j'ai multiplié, dans ma vie, les faux mouvements. De lui — de la région qu'il commande — vient la sensation d'être un maudit, un proscrit, de ne pas avoir ma place dans la société des hommes, de porter sur mes épaules le fardeau d'une condamnation sans recours. De lui — de ce pirate fascinant — viennent cette joie du mal, cette jubilation d'infliger la souffrance que j'ai parfois, dans ma jeunesse, éprouvée, ce désir violent qui — un court instant — fut le mien de jeter toutes mes mises sur le plateau luciférien, de renier mon âme pure, d'étrangler, de saccager mon idéal, de me souiller, de me profaner.

La Polonaise, l'évêque, la bonne sœur, le pirate : ont-ils existé et — selon la théorie de René Guénon — forment-ils mon psychisme composite et comme les pièces de mon âme inférieure, de mon ombre mugissante ? Ou bien sont-ils des symboles de mes noyaux négatifs, identités métaphoriques et déguisements des différentes tendances peuplant la nuit psychique ?

Sans trancher je veux apporter au débat une pièce supplémentaire et, si j'ose dire, très incarnée. Dans les années soixante-dix j'allai plusieurs fois montrer ma jambe gauche aux médecins dermatologues : une ligne d'inflammation y apparaissait, véritable cicatrice qui me traversait le haut de la cuisse et sur le parcours de laquelle des furoncles pointaient. Les médecins n'y comprenaient rien. Quelle était l'origine de cette staphylococcie pointillée ? « C'est inexplicable, me dit l'un d'eux, il n'y a pas de veine ou d'artère sur le parcours, il n'y a donc pas de raison que la ligne en soit si droite. » L'affaire n'étant pas si grave et disparaissant, à l'aide d'une pommade, au bout d'une semaine, je n'insistai pas à l'exception d'une fois ou deux où la « chose » était devenue douloureuse et proche de l'anthrax — mais se résorbant bien vite.

Deux ans après le début de l'œuvre intérieure et les premières paroles du Maître des songes, vinrent des messages concernant une blessure à la cuisse. Me regardant, à l'intérieur même du rêve, dans un miroir, je voyais mon jean déchiré à l'endroit de la cicatrice. Puis on commença à me parler de Thomas, à évoquer son existence, à le montrer en action sur des vaisseaux de guerre.

Une nuit j'assistai à un combat, la mise à sac d'un village au fond d'une baie, lieu où des bestialités déshonorantes furent commises par les assaillants. Thomas était animé par un souci de vengeance. Une femme l'avait repoussé, l'avait fui, en avait préféré un autre : son bras frappait avec une violence redoublée.

Le dernier duel eut lieu à l'intérieur d'une maison, dans une pièce étroite en surplomb de la baie, à la lumière des torches. Les peaux étaient visqueuses, les visages terribles. Thomas avait un adversaire digne de lui, un officier en habit rouge, souple bretteur qui, avant d'être vaincu, parvint à l'atteindre à la cuisse, à l'endroit même où, sur la mienne, apparaissait la ligne mystérieuse.

Mais le plus étrange, le voici : à chaque fois que, dans ma vie, je retrouvais mes comportements de chute, ma sexualité d'assouvissement où les vieilles perversions croassaient, à chaque fois qu'au bordel je menais mon âme pour la meurtrir davantage, enflait à ma cuisse la vieille blessure, le paraphe d'infamie, antique noirceur que ma conduite ravivait. Une nuit, au milieu d'un cauchemar obscène, je me réveillai avec la cuisse en feu. J'y portai la main ; la plaie était vivante, crevassée, douloureuse, inflammation allumée par le rêve et que le matin chassa comme si elle n'avait pas existé.

Thomas, mon visage d'infortune, ai-je donc si peur de toi et si honte d'elle que je taise ici ton homosexualité ? Non que tu le fusses totalement parce que tu aimais aussi les femmes dont tu te plaisais à t'entourer et que tu mêlais volontiers à tes orgies, mais ton inclination de chevalier de Sodome ne laisse dans les rêves qui te concernent, et où tu figures, planer aucun doute.

Souvent, quand je m'éloigne inexplicablement d'un ami qui m'était pourtant cher et que, du jour au lendemain, j'élude au téléphone ses demandes répétées de rencontre, le tenant à distance après lui avoir donné mille preuves d'affection, comme si j'avais tout à craindre de sa proximité, tu apparais, Thomas, dans mes rêves, te dressant soudain entre lui et moi, soit que tu deviennes lui et t'avances pour m'infliger des caresses prohibées, soit que tu maintiennes porte close devant ses prières véhémentes. A chaque fois le sens est le même : j'ai eu peur de toi, de ton retour, de la manifestation de tes hideux désirs, de l'envoûtement que tu peux faire subir à ma vie. A cause de ta présence dans mon matelas j'ai été contraint de renoncer à des relations dont je tirais pourtant de la douceur.

Certes le rêve m'indique ici la cause originelle d'un comportement que j'attribuais dans ma conscience claire à d'autres raisons, à d'autres motifs superficiels comme la réaction à une attitude jugée inamicale — ou à la manifestation d'un orgueil d'autant plus inadmissible chez les autres qu'il est toléré chez moi. Comme aux passages à niveau un train peut toujours en cacher un autre, la vie intérieure est le plus souvent, si on ne la visite pas chaque jour, une forteresse d'opacité où les motifs mis en avant par la conscience sont comme dans les pays totalitaires pure propagande qui cache la vraie raison mystérieuse et refoulée.

Ainsi tout un étage de l'âme visqueuse est-il occupé par les œufs des morts, matière que je visualise comme tapioca ou comme caviar agglutiné et que nous sommes priés de convertir, de ramener dans l'empire du centre. Il y a en nous une coalition criarde d'hommes déchus, d'âmes fanées et soupirantes qu'il nous est demandé, dans tous les sens du terme, de blanchir, œuvre au blanc dont l'alchimie traditionnelle a fait la seconde marche de l'Ars Magna.

Notre voie est pareille à un travail de blanchisserie, à la descente au lavoir d'en bas d'une lavandière éblouissante qui porte au bassin le panier de linge sale qui lui fut confié, vieilles chemises jadis abandonnées à l'huissier des faillites et dont notre âme noble, pour s'affiner encore, s'est chargée. Cette « materia prima » souillée et maudite, cette substance psychique à laver pour la hisser au plan de l'Esprit, de grands créateurs, tel Gogol, en ont eu la Vision : ce sont bien en effet des âmes mortes confiées à nous par l'administrateur du ciel, sombres biens de nos propriétés invisibles qu'il nous faut, oui, éclairer, fixer, dénombrer !

Le téléphone est venu, ce matin, avant que je me misse au travail, retentir pour apporter des informations supplémentaires et comme une volée de flèches signifiantes. Au bout du fil parlait Fabrice, un homme étrange et qui parfois m'appelle pour que je l'aide à résoudre les énigmes spirituelles que ses songes lui proposent. Pompier dans une ville de la périphérie parisienne, ayant à peine dépassé les trente ans, il est depuis son adolescence en proie à une ferveur qui le fait, sans maître ni enseignement, avancer vite sur la voie, dévotion extrême qui l'isole aussi de ses semblables, soldats du feu qui vivent dans sa proximité et ne comprennent plus cet homme qui s'éloigne quand roulent les plaisanteries du corps de garde, les vulgarités de chambrée.

Blond aux yeux bleus, de taille moyenne mais doté d'une musculature impressionnante, il évoque, par son être et ses vibrations pures, ces chevaliers d'autrefois qui mêlaient à l'art de la guerre celui de l'œuvre intérieure. Et sans doute, à interpréter ses rêves, me suis-je senti comme ces prud'hommes qui apparaissaient devant le quêteur du Graal, dans la forêt bretonne, à la croisée symbolique des chemins, pour lui expliquer le message contenu dans les visions de la nuit, interprète qui était surtout un inter-prêtre, un médiateur entre l'ici et le là-bas.

Au téléphone, Fabrice me disait combien le rêve qu'il venait de faire avait laissé en lui un sillon ineffaçable. Il avait eu la sensation de vivre réellement les situations présentées par le scénario nocturne : il s'était vu dans une cathédrale, parmi un groupe d'hommes en longue robe auxquels l'unissait une affiliation mystérieuse. Il était de la même loge, partageait la même croyance ; ils étaient ses aides sur cette terre de difficulté et d'oubli où il avait été par eux envoyé en mission particulière. De leur groupe se détachait un vieillard à la chevelure immaculée qui le guidait au-dehors jusqu'à une basse colline qu'ils gravissaient ensemble. Au sommet le vieux sage lui montrait un endroit où creuser la terre. Dans la fosse, Fabrice découvrait un amas de diamants. Si nombreux et brillants qu'ils fussent, ils avaient tous le même défaut : leur eau était légèrement trouble, comme teinte par une rouille impalpable.

Ensuite, il se retrouvait dans la cathédrale à l'instant où y entrait un cortège glorieux, celui d'un Roi et d'une Reine aux armures d'argent qui rayonnaient. Derrière eux s'avançait une suite nombreuse formée d'hommes à l'armure noire. Arrivés devant Fabrice le Roi et la Reine mirent ensemble, devant lui, genou à terre, en un signe d'allégeance qui le choqua. N'était-ce pas plutôt à lui de s'incliner devant les monarques ? A la suite du couple royal, les armures noires vinrent à leur tour, par rangées successives, s'agenouiller avec respect devant le jeune pompier puis sortirent, le laissant étonné et, bientôt, réveillé dans son lit, s'interrogeant sur la signification de ces images intenses.

Il y a des rêves qui sont plus que des rêves : des aventures de l'âme authentifiées par la marque d'une réalité plus réelle que le réel. J'avais lu en Inde les commentaires du Vedânta sur l'état de rêve. L'un d'eux m'avait frappé : « Ce que tu vis en rêve, tu le vis vraiment. Chaque nuit, à l'instant où tu plonges dans le sommeil, ton âme s'arrache à sa prison corporelle pour partir dans un monde différent où tout ce qu'elle vit est transmis à ta conscience sous l'aspect du rêve. »

Il m'était arrivé à moi aussi, pareil à un captif qui reçoit une permission de sortie, de m'échapper du corps qui repose pour gagner à tire-d'aile le monde supérieur et y vivre des événements majestueux : il s'agissait de scènes symboliques sur le sens de mon destin et qui, toutes, ouvraient sur une initiation à la structure du cosmos invisible. Mais l'image inaugurale pour ces hautes aventures de l'âme était souvent la rencontre avec le groupe initiatique, avec la loge à laquelle sans le savoir, dans la dimension dérobée aux sens ordinaires, nous sommes affiliés.

C'est que nous appartenons tous à une zone très particulière du monde céleste, habitants d'un village d'en haut dont il nous arrive parfois de rencontrer sur cette terre des représentants en mission. Avec quelle sympathie marchons-nous aussitôt sur eux, comme si nous les reconnaissions, êtres qui sont dans notre mouvance et notre émouvance et dont le premier contact s'accompagne d'une tension mystérieuse, comme si tout alentour s'effaçait et que n'existassent plus que les deux mains qui se joignent, les deux regards qui s'entre-plongent.

Ainsi, par le sommet retentissant de notre âme, sommes-nous membres d'une société secrète, d'une maçonnerie en surplomb au-dessus de nos têtes et qui, des balcons du ciel, veille sur nos destinées. Les rêves où l'association apparaît sont donc toujours un rappel de mission, le nouvel énoncé de la tâche immuable à accomplir et que notre âme jadis, à l'instant où elle a fondu sur cette terre, a choisi et dont elle s'est chargée.

Aussi le songe de Fabrice met-il l'accent sur sa démarche personnelle, approuvant cette haute religiosité, cet élan fervent dont, parfois, il eut honte et que la cathédrale, dans son ivresse d'envol, symbolise. Mais la vérité ardente du rêve, son point focal d'où tout découle, c'est la colline qui l'exprime, c'est le ressaut de terrain, cette croupe basse où je veux voir une certaine région de l'invisible, ce plan de la purgation et de la culpabilité où sont retenues les âmes supérieures qui jadis n'ont pas réussi à passer, monde de l'intervalle qui forme le ciel le plus proche de notre terre et où les spirites vont capter leurs insatisfaisantes réponses.

Les pierres précieuses obscurcies et dont laisse à désirer l'eau voilée et comme rouillée, ce sont les âmes mortes demeurées, si j'ose dire, en rade et comme en attente de leur croissance décisive. A les découvrir, c'est-à-dire à en prendre conscience, à les saisir, Fabrice est invité, promis qu'il est, s'il y consent, à un accomplissement fastueux évoqué dans les dernières images du rêve, avec le cortège qui, devant lui, ploie les genoux, en signe d'allégeance.

Fréquents dans les rêves des quêteurs d'absolu, le Roi et la Reine sont les images de la dualité en voie de résorption et de fusion sacralisée. Quand nous réussissons à joindre les deux bouts de notre être, à opérer ce mariage du ciel et de l'enfer jadis célébré par William Blake, alors se montre dans les visions de la nuit le couple royal qui symbolise l'union des contraires, la conjonction du principe réceptif avec la force active, la grande fécondation intérieure qui va nous faire monter dans le plan de l'esprit.

Mais plus que le Roi et la Reine souvent aperçus dans les vignettes alchimiques, ce sont les cavaliers noirs qui allument mon intérêt. Ils sont ce que Jung nommait d'un terme disgracieux des « instances », noyaux psychiques négatifs qui sont les fardeaux noirs, les forces obscures correspondant à chacune des âmes mortes bloquées dans leur ascension par leur échec : ils sont les lambeaux jadis abandonnés, les tendances inférieures déconnectées, comme nacelles coupées, de leurs montgolfières, les adversaires intérieurs que l'œuvre spirituelle va permettre d'inclure dans le cortège sacré.

Certes le rêve de Fabrice mériterait de plus longs développements, exigeant aussi d'être mis dans la perspective de sa Djihad personnelle. Du combat qu'il doit mener contre son complexe d'infériorité, et contre la honte d'être lui-même à quoi répondent justement les mille génuflexions du royal cortège. Mais le sens dont je veux ici m'emparer est celui des âmes mortes à régénérer, à purifier, à blanchir et à revitaliser, à remettre en mouvement par l'œuvre que nous poursuivons.

C'est qu'en nous unifiant, nous les unifions, messager rédempteur en ce plan de difficulté et d'infortune dont elles attendent, immobiles, le retour victorieux. Dans mes rêves et mes visions — dans les songes des autres —, il m'est arrivé d'entrer dans cette région de l'invisible que le rêve de Fabrice symbolisait sous l'aspect de la basse colline. J'en connais l'atmosphère brumeuse, le ciel voilé où le soleil est comme un feu caché par la fumée. Les âmes mortes — ou plutôt « retenues » — sont rassemblées en cercle de pénitents, dans ces grandes robes sombres à capuchon dont certains ordres monastiques se sont revêtus. Ils sont des cercles de contrition, de culpabilité et de honte, formant ainsi, par leur présence meurtrissante, leur obsession de la faute, un orchestre de plaintes au fond de nous-mêmes, un vaste rabat-joie qui, dès qu'apparaît le plaisir, tombe pour l'étrangler.

Mais elles sont aussi, ces âmes tenues, un rassemblement de forces précieuses et un compte en banque céleste à l'intérieur duquel, par la pensée, nous pouvons aller puiser, mouvement auquel, dans le rêve qui le préoccupait, Fabrice était invité à se plier. Peut-être ne nous donnent-elles que si nous leur donnons, peut-être sont-elles en effet nos mandants, nos affiliés, êtres dont nous sommes l'âme-guide et, sur cette terre, l'ambassadeur aux pleins pouvoirs, le libérateur qui, derechef, les affranchira.

Dès que nous parvenons à nettoyer et à intégrer l'un de leurs lambeaux inférieurs, forces obscures qu'elles n'ont jadis pas réussi à maîtriser et — surtout — à transmuter, dès que nous réussissons à faire entrer dans le cortège royal un chevalier noir et ainsi à soumettre l'une de ces tendances qu'elles n'ont pas su, autrefois, digérer, alors nous recevons l'équivalence claire et légère du chargement d'ombre enfin blanchie.

Par notre propre travail sur nous-mêmes, nous travaillons sur le cosmos invisible, provoquant toutes sortes de mutations et d'allégements, métamorphoses qui échappent à notre regard mais dont nous ressentons, au fond de nous, les bienfaits : il y a parfois, dans les circonstances très ordinaires de la vie, jaillissement de joie dont nous ne soupçonnons par l'origine. Une infime avancée intérieure a provoqué, dans l'autre monde, l'affranchissement d'une âme, la libération d'une montgolfière et, grâce à nous, son départ en seconde mort vers le « Paradis », mot dont on sait qu'il vient du sabéen « paradesha » qui signifie « haute région ».

La vérité, c'est que nous sommes reliés à un peuple d'âmes

amies qui attendent en veillant sur nous que nous tranchions les mauvais liens qui nous enchaînent au passé. Par nos progrès sur la voie, nous aidons à la fois les affiliés qui nous surplombent — notre loge — et les vivants et les morts qui sont de notre maison terrestre, de notre famille.

Dans de nombreux rêves proposés, tel celui de Fabrice, à ma sagacité, j'ai vu cette attention portée par les âmes des défunts à l'évolution de leurs parents et enfants restés sur terre. De ces présences soucieuses, des phrases qui, souvent, leur échappent, des détails symboliques de leur parure, j'ai tiré cette idée qu'elles attendaient de nous quelque chose et que, par notre chemin vers la connaissance, nous pouvons beaucoup pour leur évolution dans le monde d'en haut. C'est que la mort n'est pas une fin mais un départ vers des régions subtiles à l'entrée desquelles, frissonnantes et hésitantes comme l'oisillon au bord de son nid, elles ont besoin d'être encouragées et, surtout, éclairées.

Souvent, posées dans l'entre-deux, sur des pensées anciennes qui leur servent de perchoir, ces âmes regrettent l'ignorance dans laquelle, à cause du souci matériel, elles ont vécu sur la terre, attendant de nous que, par nos efforts vers la lumière, nous suppléions à leur manque, à leur démission de l'essentiel chemin. Mais l'attention qu'elles nous portent et que, certaines nuits, nous pouvons ressentir à même notre peau dans le glissement des souffles mystérieux, n'est pas explicable par le seul attachement affectif qui perdure : elles sont autour de nous comme des oiseaux en éveil parce que — à cause du lien de parenté — notre âme inférieure est en correspondance avec la leur et que de notre travail sur elle dépend aussi leur allégement, leur purification. Ainsi nous libérant d'une opacité ténébreuse qui conduisait notre vie toujours à la même embûche, nous agissons sur la noirceur générale de la famille, sur la pesanteur névrotique de l'âme-groupe.

C'est dire que la notion de correspondance, de lien métaphorique, est l'une des idées centrales de la vie subtile : nous avons pouvoir sur ceux qui nous ressemblent et nous correspondent pour la bonne raison que la correspondance est aussi une ligne de transfert de forces, un acheminement de pensées et d'énergies.

A observer ma famille, à étudier les tendances secrètes qui l'actionnent, je vois dans leurs plis négatifs mon âme inférieure. Mes frères, mes oncles, mes parents expriment, dans leur ombre, un versant particulier — une facette noire — de ma personne d'en bas. L'un agit en amour de façon scandaleuse, l'autre mange comme un gouffre, le troisième boit à s'en trouer la tête, le quatrième se sent coupable et s'irrite d'un rien.

Mais les plus étranges à étudier, ce sont les parrains et les marraines : souvent ils manifestent avec une certaine amplification les forces négatives en action chez leur filleul. Ils sont, dans leurs souterrains inavouables mais perceptibles, les reflets de notre ombre comme si leur choix rituel avait été d'essence magique et incluait l'occulte ressemblance, la communication par en dessous et la passation des ténèbres.

Chez tous les êtres qui reflètent ma nature inférieure, comme dans toutes les parcelles arrachées aux âmes en retenue, je repère une difficulté avec la nourriture, une certaine façon de se jeter sur elle, de s'empiffrer ou bien de la repousser par décision hautaine et fanatique : nourriture cuisinée ou trésor charnel à saisir sur le lit qui s'offre, la voracité est la même qui jette avec force l'homme vers son assouvissement. Dans mon matelas deux puissances déclenchent des comportements associés : la honte et la faim, dont de nombreux rêves m'ont indiqué qu'elles avaient crû sur le froid terreau du manque d'amour.

Quand l'amour est absent, quand l'enfance en est insuffisamment irriguée, alors sortent de l'âme inférieure des monstres compensateurs que l'adulte, des décennies plus tard, va retrouver devant lui, avec obligation de les maîtriser en les transformant, à défaut de quoi il est par eux saisi et dévasté : automatisé puis disloqué. Si j'avais, grâce aux multiples signes entourant pour moi la représentation de *La Langue des oiseaux,* bien aperçu le dragon de la Honte, me manquait encore de reconnaître celui de la Faim et d'en bien comprendre les effets dans ma vie.

Un rêve de cette époque-là — époque où je m'efforçais d'entrer en moi-même pour me rectifier — s'en chargea. J'y voyais surgir un petit monstre horrible qui sautillait en tous sens comme s'il bondissait sur un trampoline, bizarre entité caoutchouteuse dont l'aspect comme la substance évoquaient le préservatif ou le viscère et dont la promptitude était telle que je ne parvenais pas à le saisir. Hors de portée il se jetait sur des victuailles et les dévorait en un clin d'œil. C'est alors que, le regardant avec attention, je m'avisais de sa structure : il s'agissait d'une bouche d'enfant prolongée d'un tube digestif et d'un estomac, monstre doté d'un appétit vertigineux et dont la célérité dans l'action était remarquable, vitesse qui le rendait insaisissable et constituait son principal danger.

Ce rêve m'éclaira qui mettait en évidence mes voracités soudaines, vifs mouvements qui me faisaient partir comme coup de fusil, me jetant à l'assiette ou à la bouteille sans que, sur son déclenchement, je puisse avoir contrôle. A présent, grâce à d'autres rêves qui m'ont informé des itinéraires du démon glouton et soulevé le voile sur son origine, je suis parvenu, non à la totale maîtrise, mais à une suffisante vigilance qui prévoit l'instant où le monstre pourrait se manifester.

Parfois, cependant, en dépit de l'œuvre intérieure, je suis pris, emporté, comme par un torrent inattendu — toujours dans les mêmes circonstances et pour la même raison : une situation de rejet, de froideur soudaine, une interruption de fusion. Quand, allant chez un ami et me réjouissant à l'avance de la conversation que nous allons avoir, je trouve porte close ou bien l'ami occupé et ne pouvant me recevoir, quand, dans un dîner quelconque, les convives ne peuvent entre eux communiquer et que s'instaure ce silence et cette froideur dont on dit, pour meubler, qu'est passé un ange, quand j'essuie, de la part d'une personne admirée, une rebuffade, alors je le sais, je le sens, un automatisme inexorable se déclenche qui, si je ne l'ai pas désarmé par un travail mental préalable, me jette à la bouffe et au plaisir avec obligation de m'y noircir, de m'y enténébrer.

Ce monstre affamé, je sais que, comme me l'indiquait le rêve, il est né dans mon enfance, du gel soudain que fut dans ma vie à peine éclose le sevrage par la mort qui m'a précipité de la chaleur à l'hiver de l'abandon. La faim, cette terrible faim du nourrisson qui jaillit en allumant dans sa gorge un brasier de cris, est demeurée en moi, s'est éternisée dans la poche noire d'un manque, au creux même d'un appel figé auquel rien jamais n'a répondu. Toute séparation, toute déconnection d'amour, toute froideur soudain assenée la ravivent à quoi, longtemps, je n'ai su réagir que par la gloutonnerie, comme si obscurément l'absorption de nourriture me reliait à nouveau à la source perdue, au corps de chaleur que la mort injuste m'avait dérobé.

Manger me fut réponse aux angoisses de la privation, manœuvre compensatrice pour survivre dans le froid du Nord à la disparition du Sud, passage pour une énergie d'appel, de besoin, d'aspiration acharnée qui, restant inassouvie, m'aurait consumé. C'est qu'il y a dans tout homme des chemins de traverse par où se jette en se dégradant la Force insatisfaite, le besoin d'amour et de fusion — ce creux terrible que nous portons tous à l'âme et qui s'abreuve de succédanés ou s'empare de rogatons comme en désespoir de cause : il faut bien faire une faim !

Le monde matériel où nous vivons avec ses tables de banquet, ses lits craquants d'étreinte, ses hochets agités avec complaisance par les directeurs du réel, n'est qu'un amas de produits de substitution destinés à assouvir en l'égarant — à détourner sur des objets subalternes — une faim essentielle qui aspire à la divine pensée, à l'oiseau d'or, à cette joie qui descend du ciel en écumant et qui est l'époux de lumière de la Dame de la Nuit. Mais à l'époque j'ignorais tout de cela. Je ne savais pas que l'âme inférieure tourmentée était le masque hideux et enténébré de la Reine sublime. J'ignorais que dans ma boue était un trésor qui attendait la main de l'audacieux pour s'offrir à lui et le transmuter en l'emportant dans son ascension soudaine.

Je ne voyais même pas le signe contenu dans la représentation de la pièce de Farid al-Din Attar et qui désignait avec véhémence ma voracité compensatrice, signe à ce point évident que, comme la « lettre volée » d'Edgar Poe, il échappait à mon regard et que, rédigeant ces pages, je viens juste de m'en aviser. Une pièce nommée *La Langue des oiseaux* et qui s'achève sur un calembour célèbre en Orient est à l'évidence une invitation au sens caché des mots.

C'est qu'elles sont plus qu'elles ne paraissent, ces particules sonores que nous jetons et écrivons : elles sont des organes vivants, des mamelles, des sphères de fécondation où repose une secrète semence, toute une profondeur que l'éveil de l'âme peut restituer au regard du chercheur.

Le jeu de mots est un feu de mots, un jeu d'émaux qui ouvre sur une parole divine, telle par exemple « métamorphose » qui indique au quêteur la marche à suivre pour se transformer : met-amorphe-ose ! Ose te briser pour renaître ! Et telle aussi cette « apparence » qui avoue crûment sa nature de leurre pourri, de piège détestable : l'appât rance !

Ainsi la langue des oiseaux par laquelle la tradition universelle a désigné cet art de l'écoute subtile est-elle un passage — un pas sage — obligé pour l'homme noble qui chemine vers son centre, vers le joyau ultime dans le milieu de son être caché. La huppe arrêtée par les forces de police, la présence de mon double débauché, celle de la jeune femme au pull vert, la correspondance entre la pièce et mon roman écrit à Venise où je m'étais marié, tous les signes avaient convergé pour faire de la représentation une mise en scène de mes ténèbres à transmuter, de la « materia prima » sur quoi je devais œuvrer pour atteindre le Sîmorgh de moi-même.

Ce que j'avais vu dans les gradins faisait référence à mes gredins, à la pesanteur vulgaire de l'âme visqueuse : il y manquait encore le thème de la faim dévorante, de cette aspiration violente de mon psychisme inférieur vers ce qui pouvait la remplir, la combler.

Il était désigné avec force dans le nom même du théâtre : les Bouffes du Nord. Passant au-dessus de l'acception culturelle du mot bouffe — qui dérive de l'italienne bouffonnerie ou « buffa » — le Maître éclairait, tout en la désignant, l'origine de mes dévorations. Parce que je n'avais pu m'asseoir en convive aimé aux banquets du Sud, je m'étais rabattu sur les Bouffes du Nord et une sensualité d'épaisseur où se dissipaient, à l'horizontale, des forces que j'aurais pu redresser en verticalité ascendante.

Ainsi l'Atman m'invitait-il, par tous ces signes rassemblés, à retourner mes ennemis intérieurs, à les reconnaître puis à les transformer, à les élever pour les faire entrer, tels des chevaliers noirs, dans le cortège sacré.

Huissier du secret, je veux raconter ici mes saisies d'ombre, comment j'ai pénétré dans l'enclos d'infortune pour y lâcher les chiens — comment je suis tombé, victime de vices étranges et de pensées obsédantes. Mais je veux raconter aussi comment ma vie a retrouvé charpente et structure, comment s'est opérée cette remise en ordre qui, pas à pas et graduellement, a fait de moi un homme différent, un nouvel être qui n'a plus peur, plus honte, plus faim. Je veux raconter comment le monde invisible s'est déployé, les splendeurs que j'y ai aperçues en visions rapides et comme à la dérobée.

Avant de répandre ces pierreries, il me faut évoquer la boue de la sexualité affreuse, la longue obsession dont j'ai souffert : l'ange n'est-il pas dans la fange ? Et notre nature parfaite en notre dégoût ensevelie, à la façon d'une pierre jadis tombée qui demande à être ramassée et reconduite aux balcons du ciel d'où elle a chu ?

# III

# Séparation

REVIENT dans ma mémoire l'étoffe de ce temps lointain. Les années d'épreuve, une fois franchi leur fleuve sauvage et quand nous les considérons d'un belvédère raffermi, sont moins sinistres qu'on le redoutait. Y coule même un vent vif qui est celui, après une longue stagnation, de la mise en mouvement. S'y ajoute je ne sais quoi de frais, comme une peinture que notre souffrance aviva : douloureuses, déchirantes, elles sont aussi des années neuves où, des profondeurs de l'être, montait une liqueur inconnue, à goût de silex.

Mais n'est-ce pas toujours la règle quand roulent dans nos vies les grands drames caverneux ? Dans cet emportement où nous ne maîtrisons rien, nous recouvrons un abandon juvénile, une naïveté qui désépaissit notre regard, le rendant apte à saisir le langage des choses cachées.

Le couple que je formais avec M.M. courait, d'une foulée échappant au contrôle, vers sa dissolution, perspective aggravée par la naissance de mon enfant, son état de nourrisson dans le berceau près duquel tâchaient de se rapprocher les parents. Dans notre appartement de La Crau, la chambre hurlait son vide, son manque, le désastre d'une impossible conjonction : je crois bien que s'y tenait l'ennemi qui m'empêchait d'aimer. A chaque fois que je tentais de me rapprocher de M.M. et de tendre vers son beau corps les mains huileuses d'une caresse plus actionnée par le mental volontariste que par la fleur rouge du désir, j'étais aussitôt noué, entravé par un gel immédiat qui m'empêchait de poursuivre.

Avec les autres femmes le désir était prompt à se dresser et mes mains à agir, pour ainsi dire, d'elles-mêmes. Mon épouse était la seule à diriger sur mes appétits ce souffle de chambre froide, ce découragement d'aimer qui en un clin d'œil désossait l'arme de l'amour. J'étais comme écrasé par cette impossibilité étrange, par cette « prison d'air » pour moi inexplicable et qui m'interdisait d'être un homme pour la seule femme qui comptât dans ma vie.

M.M. était devenue ma compagne à Lanzarote, une petite île des Canaries où, peu après notre rencontre sur la Côte d'Azur, je l'avais conduite pour une vie en commun qui devait être brève — l'espace de courtes vacances — et qui, tout compte fait, dura dix années, à cause d'un regard que j'eus soudain sur elle et qui me fit désirer l'épouser. Le fils richissime d'un peintre fameux dont j'avais été, quelques années plus tôt, le secrétaire, m'avait prêté une petite maison de pêcheur, toute blanche au bord d'une mer qui, à cause des vents et des courants violents, semblait ne point venir à la côte mais s'en éloigner.

L'île tout entière était étrange, si trouée de volcans, si percée de tunnels à lave, si réchauffée aussi par les forgerons infernaux qu'elle en était édifice plutonien où les metteurs en scène d'Hollywood venaient tourner les aventures du capitaine Nemo ou le *Voyage au centre de la Terre.* Exceptés quelques jardins d'Éden rangés en oasis irriguées, le sol était sec et la terre en poudre que le vent soulevait par écharpes spiralées. Mais quand, avec le soir, il s'apaisait et que le soleil, dans un ciel sans nuages, lançait ses roses aux frontons des montagnes cassées, alors nous étions comme étreints par le mystère de ce lieu dont on disait qu'il était un éclat perdu d'Atlantis.

Sans doute, à cause du tellurisme ardent qui secouait les profondeurs de l'île, devions-nous être, M.M. et moi, remués car nous fûmes la proie de phénomènes analogues à des éruptions d'ombre. Pendant que je travaillais à mon livre — il s'agissait de *Mayapura* — ma compagne se retirait à l'extrémité d'une petite pointe voisine qui s'avançait dans la mer où elle se livrait, sur mes conseils, à une introspection sauvage, rédigeant pour ses parents des lettres chaotiques dont le ton les inquiéta. Pour ce qui me concerne l'ébranlement eut lieu — comme c'était la règle invariable dans ma vie — sur le terrain de la sexualité et d'une façon que je veux ici conter, non par exhibitionnisme veule, mais parce que l'aventure est en elle-même déjà le hiéroglyphe de notre destinée, annonçant à l'avance — et comme si la fin était dans le commencement — l'obstacle pervers dont notre couple allait périr.

Nous allions nous baigner chaque jour sur une petite plage déserte où nous pouvions — loin de la « guardia civil » qui pourchassait les nudistes — offrir au soleil notre anatomie complète. Souvent, cette exultation du corps nous portait à des exercices qui, en ce temps où agonisait le vieux Franco, nous auraient valu, si nous avions été surpris par l'autorité à bicorne, sinon tout à fait le garrot, au moins la geôle.

Nous dûmes bientôt les interrompre : venait de tomber du ciel, sur cette plage isolée dans l'Atlantique, une équipe du magazine *Lui*, alors en pleine expansion. Dénudées, criblées par l'œil acharné des photographes, les cover-girls roulaient de tous leurs appas dans une mer qui s'en pourléchait, hissant au-dessus de la vague des hanches pareilles à des amphores et selon un art que Lucien Clergue venait, la décennie précédente, de populariser. Elles restèrent, ces femmes fouaillées, assez longtemps pour qu'à les approcher nous prissions conscience de la magie noire de la photographie.

C'est que — amplification de l'œil du voyeur — l'appareil photo est bouche de vampire qui aspire l'énergie de la femme saisie. A les regarder de près on percevait leur étrange décoloration comme si s'était retirée d'elles la substance et que, pareilles à la poupée gonflable, elles ne fussent plus que formes et volumes, abstraites figures sur le seul papier glacé se réchauffant. Sucés par les objectifs, leurs corps avaient cessé de vibrer, à la façon de ces monuments trop photographiés et devenus gris, comme nourris aux hormones de culture.

De ces présences que — encore marqués par les idées de 1968 — nous discréditions, comme friture d'illusion au festin triste des images, nous avions fini par prendre ombrage jusqu'à nous réjouir de les voir lever le camp vers des vagues plus écumeuses où tremper leur beauté en caoutchouc, restituant la plage au silence et à la paix. A la paix vraiment ? Comme s'étaient retirés photographes et modèles, en tenue militaire ainsi que l'exigeait la mode, leur mer verte avait découvert sur le sable en s'en allant un roc de couleur marron.

C'était un couple d'Allemands si bronzés par le soleil qu'ils en semblaient panifiés : gros pain pour l'un qu'un certain enbompoint enflait, pain d'épice pour l'autre, sa compagne, dont les formes annonçaient la vigueur et la féminité extrême. Sur la plage désormais déserte ne tarda pas à crépiter, entre les deux couples éloignés d'une centaine de mètres, un orage érotique qui faisait l'un s'embraser et l'autre répondre de semblable manière comme si le spectacle du premier excitait le second qui aventurait en retour posture encore plus audacieuse, geste encore plus ardent.

Bientôt, dans cette grande crique bordée de falaises rouges où mon regard parfois inquiet cherchait la silhouette d'un garde civil, nous fîmes l'amour sans vergogne. Ou plutôt nous fîmes, ma compagne et moi, l'amour tandis que l'autre couple n'y parvenait pas comme si le désir viril, à l'instant de passer la porte, à chaque fois s'affaissait. Quels que fussent les efforts de la tigresse pour rallumer le feu elle échouait. Et il en fut de même le lendemain et le surlendemain où nous allâmes, sur cette plage, porter nos corps délictueux. Déployant tous ses charmes et toutes les ressources des caresses répertoriées, la femme s'efforçait de redresser la tige d'une plante avachie.

M'étonne aujourd'hui la précision de ces hiéroglyphes de barrière, de ces oracles du seuil, signaux annonciateurs qui, posés sur le tissu du temps au moment même où j'entrais dans une nouvelle saison de ma vie, m'en indiquaient les dominantes et d'abord celle-ci que le feu souterrain désignait : la réactivation plutonienne de mes profondeurs, la remise en mouvement des grands souffles embrasés. Les lieux décisifs où nos destinées s'élancent sont peut-être des constructions signifiantes, des symboles déchiffrables de toutes les façons et où, fussions-nous en éveil, nous pourrions voir les crémaillères qui, désormais, nous entraînent. Le futur est déjà écrit — noté, incrusté — dans le présent : manque l'œil prompt à la lecture pour traduire les idéogrammes.

L'histoire de Lanzarote m'en fournissait un d'une limpidité extrême. L'île devait son nom au geste de son conquistador qui, devant la douceur de ses habitants, était descendu de son cheval de guerre et avait, sur son genou, brisé sa lance : elle était l'île de « la lance brisée » et d'un principe viril par la suavité désarmé et comme rompu, allégorie transparente de ce que je vivais avec M.M. et qu'un certain regard avait déclenché.

Au début, quand nous avions débarqué dans l'île, mon ombre s'était emparée d'elle comme d'une proie pour la soumettre à ses violents désirs, à ses dévoiements mystérieux. Ma future compagne était alors ma maîtresse avec tout le charnel que ce mot, particulièrement vibrant, déploie en chevelure, en toison. Puis, inopinément, avait surgi ce « certain regard » qui, entre nous, avait modifié le climat, la substance de l'air qui, de l'un à l'autre, circulait.

De l'endroit où j'écrivais — une table poussée contre un mur blanchi à la chaux — j'avais, en me tournant sur ma gauche, vue directe sur la cuisine et les opérations qui s'y déroulaient. M.M. cuisinait sur un réchaud relié à une grosse bouteille de gaz butane rangée sous l'évier. Était-ce à cause de la brise marine, de l'humidité salée ou de la rouille ? Le gaz arrivait par bouffées comme sanglots dans la bouche du brûleur, phénomènes qui compliquaient à l'extrême l'allumage des feux de cuisson.

M.M. était ce jour-là, vers midi, en train d'y procéder quand mon regard la saisit et projeta si fort sur elle une image intérieure que j'en fus comme soulevé de tendresse. Penchée devant le réchaud où cuisait du poulpe aux herbes et aux tomates elle surveillait, sous la panse de la marmite, la bonne tenue de la flamme qu'elle avait réussi à allumer. Son visage exprimait, avec la satisfaction d'être parvenue à ses fins, la rayonnante douceur d'une divinité nourricière, d'une image maternelle qui veille sur le feu et la préparation des aliments indispensables. De cet instant-là fut prise en moi la décision de joindre mon destin à celui de cette féminité protectrice : n'était-elle pas celle qui chauffe et verse et donne ? N'était-elle pas le sein ?

De ce regard date aussi le déclin de mon désir. Au début, dressé par les armuriers du gouffre, il semblait ne pouvoir être que par le le seul assouvissement diminué. A partir de ce jour-là je commençai de le désengager, de le porter ailleurs, sur différents autres « objets » qui pouvaient s'offrir à ma vue.

De cette projection étrange, comme tirée soudain par le pistolet de l'ombre, date une froideur charnelle d'autant plus mystérieuse qu'elle jurait avec une affectivité et un amour grandissants. L'attention que j'avais détachée du corps de ma compagne et qui me faisait, devant sa nudité, détourner les yeux avec ennui, je la reportai sur son être, sur son abstraite beauté que je parais dans mon esprit de toutes les perfections et que ma culpabilité rendait pathétique.

C'est qu'il y a au fond de l'homme des ressorts de teinture qui, sur l'épouse, lui font jeter couleur de mère et blancheur de lait. En a-t-il conscience qu'il peut s'y opposer en empêchant le vernis de se solidifier sur le corps de la cible, en le brisant par des caresses multipliées en réaction. Quand on sait, quand on voit, le démon de l'anti-amour, pris la main dans le sac, tombe, se disloque et s'efface. Mais je ne savais, ni ne voyais, emporté par une ignorance, par une inconscience que, six ans après le regard de Lanzarote, mon réveil tunisien enfin contrecarra.

Mais il était trop tard. La projection avait pris ses aises. Ma compagne était, à mes côtés, présence maternelle vers laquelle je ne me tournais que pour me nourrir et me rassurer, bien rarement pour m'unir à elle. Dès lors, malgré des efforts réitérés pour briser une glace que six années d'indifférence avaient comme métallisée, mes mouvements pour joindre le cœur au sexe ne firent que m'exposer davantage aux agressions du monstre.

Quand je relis aujourd'hui les textes médiévaux sur l'itinéraire du chevalier et son combat à la caverne avec un dragon cracheur de feu, ce n'est plus fantasmagorie légendaire mais terrifiante réalité, épreuve vécue dans le trouble et une division d'âme où j'ai failli me disloquer à jamais. Les chapiteaux des églises romanes — particulièrement celles du Brionnais — racontent, avec des précisions inouïes, cette guerre intime. Nos ancêtres savaient que toute avancée vers le Divin — tout voyage vers le centre — impliquait cette bataille avec l'autre nous-même, mise en évidence du deuxième versant de la personnalité qui rend la lutte inévitable.

Ce combat avec l'antre bestial, si honteux soit-il, si inavouable, est une nécessité dans la réalisation de soi-même : en guerroyant contre le double noir, on le désigne, on le reconnaît et, pour finir, on le connaît, étape obligatoire avant de l'intégrer pour le dépasser. Oserais-je dire ici que m'aida la proximité de ces sculptures romanes, comme si, de me placer devant elles — dans leur rayonnement — me mettait aussi dans leur champ de cohérence et dans leur perspective signifiante ?

Les églises anciennes sont des batteries d'énergie, des centres d'action intérieure où ceux qui affrontent leur dragon doivent aller se tremper, comme on trempe une épée. En recevant, dans ces années terribles, le plein choc du monstre, je me suis du même coup réconcilié avec une religiosité qui avait disparu de ma vie depuis l'adolescence.

C'est l'Adversaire qui m'a ramené à Dieu : c'est Satan qui me remit dans l'axe du Christ. Ne serait-il intervenu dans ma vie avec ses pensées obsédantes, sa partition de dualité, sa fièvre qui automatise le corps, que je n'aurais sans doute pas touché au ressaut du monde invisible, à ce surplomb où je pris appui pour résister au plomb des pesanteurs négatives. Je me souviens avec précision du lieu et du moment où je renouai ainsi avec mon enfance fervente, avec l'appel retenu au fond de moi : dans le bureau de La Crau, derrière les vitres d'où je plongeais de tout mon œil exorbité dans l'appartement de la jeune fille au pull vert.

C'était au franchissement de la décennie, au détour des années quatre-vingt, pendant des fêtes de Noël si fortement arrosées que pendant une semaine ma tête resta en bois, état qui, désormais, m'enchaînait, par déclenchement automatique, aux obsessions, aux images, au passé charnel. Par la mémoire je ramenais dans mon présent des scènes anciennes, tout un Éros depuis longtemps périmé et dont les actrices s'étaient dispersées, figures presque indistinctes que je convoquais à des orgies imaginaires. Plus que cela : je n'avais pas à intervenir. Les images affluaient d'elles-mêmes, s'organisaient comme si elles émanaient d'un metteur en scène situé dans la profondeur et qui projetait sur l'écran d'un mental abandonné son œuvre dépravée.

Comme l'ont bien vu Baudelaire et Yeats, l'homme contient deux pôles, l'un d'une essentielle légèreté et lumière qu'on peut, avec la tradition, nommer l'Ange — et l'autre d'une excessive pesanteur et densité qui est l'Adversaire, le moi antithétique dont le but est la rupture de tous les liens et ligatures, la dissolution de tous les composants de la personnalité : son éclatement.

Cet adversaire n'est pas l'âme inférieure, il n'est pas ce matelas dont la mise en verticalité est la grande affaire spirituelle de notre vie mais il est posté derrière et utilise, pour sa tâche de défiguration et de destruction, tous les plis et tendances dont l'âme inférieure — l'âme d'ombre — est creusée et boursouflée. Il est l'animateur de nos fantômes, le revitaliseur du passé, le prince des nostalgies et des bonheurs perdus, le promoteur des rivalités et des rancunes : l'ego exacerbé, le moi de poitrail et d'orgueil.

Et surtout il est, au fond de nous-mêmes, une conscience active qui, derrière ses remblais, examine le réel et repère, comme un joueur d'échecs, les stratégies de perdition. Pour ce qui me concerne il fut, dans ces années décisives, fileur d'images, régisseur d'un théâtre érotique dont les postures remémorées me poussaient au vil comme au veule et à la mise en batterie des regards de l'obsession écarquillée.

Ainsi, dans les vapeurs de cette fin d'année-là, avais-je, mû par l'adversaire intérieur et une voracité sexuelle que les libations excitaient, à nouveau donné du front sur les vitres du voyeurisme honteux. De mon bureau je scrutais la ville que les festivités le soir allumaient dans toutes ses baies vitrées tel un gigantesque arbre de Noël. Le ciel en bleu sombre où les étoiles brillaient comme les étincelles captées d'un ancien feu d'artifice était d'une limpidité de nuit persane. Parmi toutes ces fenêtres en effervescence, il en était trois qui restaient noires : celles de la jeune fille au pull vert qui n'avait point reparu chez elle depuis le début des vacances et dont le départ aux sports d'hiver m'avait attristé comme une trahison. Je n'avais, pour armer les concupiscences, point d'autre spectacle que celui de la ville devant moi étendue en pointillé scintillant.

Mon beau-père, sans imaginer que ce cadeau allait me clouer comme un forcené à mon bureau en surplomb, m'avait offert de puissantes jumelles, du type de celles utilisées par les officiers artilleurs ou les capitaines de navire. Au milieu de la nuit, à l'heure où se défont les fêtes et où, une fois partis les derniers convives, la vaisselle lavée est mise à égoutter, je braquais sur les fenêtres des chambres mes lorgnettes à lorgner, saisissant çà et là, dans l'intervalle d'un rideau mal tiré, l'éclair d'une cuisse, la courbure d'un flanc, le velouté d'un sein dont la vision furtive me mettait dans un état d'autant plus surprenant que, pour me délecter des nudités, je n'avais qu'à descendre et tourner le premier coin de rue où une boîte de nuit frissonnait de tous ses néons.

Mais il y avait pis et dont la réflexion suscitait en moi des sentiments d'amertume et de honte : pour jouir d'une femme, pour la regarder nue sur un lit je n'avais qu'à regagner ma chambre où reposait, lisant quelque magazine, une compagne que j'aimais et qui volontiers eût répondu à mes désirs et se fût offerte à moi. Ainsi mon regard, plutôt que de se repaître de ce qui était et se donnait, s'en allait dénicher ce qui n'était pas, ou qui n'était que fort peu et si loin que la vision en demeurait fragmentée et incertaine. Je me répétais bien cela mais restais incapable de modifier mon comportement, prisonnier d'automatismes qui m'actionnaient contre ma volonté.

Certaines nuits je parvenais à m'arracher à la fascination de ces nudités insaisissables et lointaines, réussissant à rejoindre mon lit et à m'y fixer, à m'y ligoter à la façon d'Ulysse au grand mât sous le chant des sirènes. Mais cela ne durait pas : le lendemain ou pire, la nuit même, je courais à mon belvédère globuleux, tendu vers un spectacle que l'obscurité ouvrait et qui me mettait aussitôt dans ma ténèbre.

J'en éprouvai bientôt un tel sentiment de noirceur et de vice, une telle indignité que j'en fus écrasé. Quand le matin, lavé par une nuit de sommeil, je prenais mon petit déjeuner dans mon bureau et que, à mon corps défendant, je jetais sur les fenêtres mon premier regard de dévoration, je ressentais un assombrissement immédiat et une souffrance ineffable, comme si je blessais en moi-même une féminité pure, une image céleste, comme si je faisais mal à mon âme.

La sensation éprouvée était celle de la chute dans un vaste nid d'araignées. L'enfer n'est ni en fer ni en feu, il est un grenier obscur, plein de poussière où vont et viennent les insectes, où murmure l'absence, où les cœurs sont secs comme poches de cuir, où les yeux ressemblent à des cigares éteints.

Parole du Maître d'âme un rêve alors m'indiqua la voie de la purification : j'étais avec mon épouse — symbole de la partie féminine de mon être — devant une usine depuis longtemps désaffectée et qui fabriquait jadis les pots et bols nécessaires au petit déjeuner du matin. Cette usine, qui appartenait à un Iranien nommé Priyer, allait rouvrir sous la pression du peuple qui cherchait l'embauche et l'insistance d'une clientèle qui ne trouvait plus la vaisselle indispensable à son breakfast. Je voyais M.M. s'établir sous un arbre, contre un arbre qui verdoyait, haut et fort, devant l'usine, tandis que j'éloignais du geste et de la voix un garçon à cheveux noirs qui lui lançait des pierres.

Je comprenais que l'usine désaffectée faisait allusion à une activité que j'avais eue jadis et que, depuis des lustres, j'avais cessé de pratiquer. Cette fonction disparue — ou refoulée — était associée à une idée de petit déjeuner, c'est-à-dire de nourriture de l'éveil ou du réveil, et à une forme, celle de la coupe — que les pots et bols symbolisaient. Ainsi me fallait-il, pour m'éveiller à la lumière naissante du jour, rouvrir un département oublié de moi-même et comme remettre en marche des machines assoupies.

En un temps où je me délectais de littérature persane et où les ayatollahs n'avaient pas encore trempé dans le sang des massacres leurs turbans immaculés, l'Iranien symbolisait pour moi la pure et haute sagesse, le contact avec le Malakut, terre des âmes et des anges où le rêve, à mon avis, prenait naissance. Ainsi, se nommant

Priyer et possédant un atelier de fabrication de formes, l'Iranien symbolisait-il la prière, désignée comme moyen de me structurer, de m'ouvrir vers le haut pour recevoir l'infusion d'éveil. Quant à l'arbre où ma compagne s'adossait il était l'arbre de vie, l'arbre psycho-cosmique reliant de son axe vertical tous les étages de la création : il était la prière elle-même, la verdoyante prière qui se nourrissait de notre nuit souterraine pour ruisseler en feuillage, en frondaisons où le vent murmurait.

Le garçon aux cheveux noirs pris en flagrant délit de lapidation — acte qui rappelait le supplice réservé traditionnellement à la femme adultère — exprimait, avec la culpabilité liée à mes perversions, la cause de la fermeture ancienne de l'oratoire intérieur, la raison de la désaffection et du lock-out de l'usine de Priyer. Enfant, à l'âge du garçon lanceur de pierres, je m'étais senti si indigne et déshonoré que je m'étais haï moi-même, couvert de boue et de honte. J'en avais voulu à ma douceur, à ma féminité que l'épouse dans le rêve symbolisait : je m'étais, dans mon ombre torturante, inculpé, jugé et condamné, je m'étais lapidé et banni.

Sur les raisons qui nourrissaient un tel sursaut de rejet et de haine, je reviendrai lorsque ce livre inclinera vers sa fin. Je veux seulement noter à nouveau, au détour de ce rêve qui dit mes obstacles intérieurs, les conséquences spirituelles de la honte par moi ressentie, de l'indignité éprouvée et que l'ombre amplificatrice transforma en condamnation forcenée. A cause de l'opprobre endossé, je ne suis plus retourné à l'oratoire, je me suis débranché du plan supérieur dont j'avais pourtant — en raison des graves épreuves initiales — intensément besoin.

Je me souviens que, dans mon enfance fabuleuse — celle qui précéda le crime mystérieux que ce livre peu à peu désigne et dont il commence, à pas lents, de faire le tour —, je me souviens que prier était pour moi, dans les régions de la froideur, un moyen de regagner le haut pays de l'amour perdu. Sans doute était-ce aussi un moyen de me relier à l'âme de ma mère que je sentais parfois répandue au-dessus de moi en nuage magnétique : pareil au lien conjugal qui persiste dans l'invisible, celui qui relie une mère à son enfant triomphe de la mort, à condition que la prière, la dévotion fervente lui ait ouvert la voie et comme consolidé le passage...

Dans la vieille maison silencieuse où j'écris ce livre et où, les volets tirés contre un été qui les transperce avec ses javelots de poussière, j'avance, entouré de cette ombre odorante où le passé chuchote, un vacarme a soudain, dans la pièce voisine, éclaté. Là, dans le living, au pied de la cheminée, un vieux poêle à charbon, aux yeux de mica, retentit des mouvements désordonnés d'une bête qui s'y est faufilée.

Qu'est-ce ? Mais qu'est-ce donc ? Souris ou crapaud ou oiseau ? Ou bien — horreur qui me glace — chauve-souris ?

J'ouvre avec précaution la trappe — la bouche à charbon — du poêle éteint depuis plusieurs mois et qui me lâche à la figure sa vieille haleine cendreuse. En bas, sur la rocaille de boulets à demi consumés, bouge une aile en plume, tressaille un petit corps : je pousse, rassuré, le battant du poêle.

Une hirondelle jaillit, tourne autour de la pièce, touche ma main levée et s'élance au-dehors par une fenêtre libre dont flottent aux brises les rideaux. J'en ressens une joie inexprimable et je comprends...

Je comprends que ce rare événement d'une hirondelle captive d'une salamandre est un signe Yug, un signe de connivence à mettre dans l'exacte perspective, en ponctuation divine, du passage que je viens de rédiger avec émotion et où, en effet, il me semble avoir libéré, du sombre inconscient où il souffrait, un principe ailé, un jaillissement d'âme, une fragilité céleste et retenue.

L'hirondelle, attentive dans ses voyages à la lumière et aux saisons, est fille du soleil, aimée du cœur cosmique dont elle exprime peut-être, par son flux et son reflux au-dessus des mers, les mouvements : son départ est signe de l'hiver qui vient, son retour celui du réchauffement de l'air et de la croissance végétale. Ainsi est-elle, dans les rêves comme dans les signes, le hiéroglyphe de la chaleur affective, de l'amour ensoleillé, de l'être qui vibre et se donne et vole haut dans le ciel de l'adoration.

Quant au poêle — deuxième élément constitutif de ce signe Yug — il est caractérisé à la fois par son intense couleur noire — un noir de jais —, par sa matière épaisse et lourde et par son extinction. Point de feu pour l'épanouir, le faire murmurer et craquer : il est un symbole, tout simple, de l'absence de feu, de l'absence d'amour, une image de la noirceur inconsciente et de la pesanteur, de la froideur et de l'abandon.

Mais ce qui, tout à l'heure, au bruit de l'oiseau cognant à sa prison de fonte, m'était insupportable — au point d'éveiller en moi, à chaque choc, souffrance analogue et compassion — était la distance ontologique, l'impossible conjonction entre le poêle épais, sale et froid, et le principe ailé tombé d'un espace supérieur.

Alors je comprends dans cet instant même que le signe qui vient de m'advenir, avec la chute de l'hirondelle dans un espace étroit qui lui est contraire, qui lui est douleur, n'est pas de simple connivence à la façon d'un clin d'œil du Maître invisible, mais qu'il constitue une initiation où tout symbolise et signifie, jusqu'à la crainte éprouvée par moi d'aller « regarder à l'intérieur » de peur d'y trouver un crapaud ou une chauve-souris, de peur donc d'être dégoûté par le contenu de ma prison noire.

Ainsi l'homme est-il bien la conjonction étrange, baroque et parfois invivable, de deux opposés : une hirondelle gracieuse et une ombre lourde, inerte, poussiéreuse, éteinte, cendres de vies anciennes qui ont brûlé jadis et sont retombées en arrière, âmes mortes que toute notre vie consiste à rallumer pour qu'elles dégagent la chaleur de l'amour et participent aux mystérieuses combustions de la verticalité.

Le poêle éteint, couleur de nuit, est donc notre âme inférieure, le dur et froid psychisme qui nous encercle et nous enferme dans ses circuits de comportement réitérés. L'hirondelle, le principe ailé, la divine et fragile légèreté est notre âme supérieure, notre identité d'en haut, notre moi céleste : le léger, le subtil est prisonnier du lourd. Il souffre du lourd, il se cogne et se meurtrit à son épaisseur insensible, il se mutile et se tue contre sa masse indifférente.

Il en périrait si n'advenait ce que le signe thématisa sous l'aspect de l'ouverture du poêle et qui — en référence au passage que j'écrivais quand il intervint — est la prière qui permet à l'hirondelle de sortir de prison et de jaillir vers le ciel pour y trouver sa nourriture.

C'est que le signe doit toujours être mis en perspective avec la pensée que nous avons dans l'instant où il se manifeste : quand il est, tout à l'heure, chez moi descendu, j'avais la tête remplie avec l'idée de la prière et du contact — de la reliance — avec un plan supérieur où persistent les âmes de ceux que nous avons perdus.

Ouverture soudaine d'une porte de geôle, la prière est bien un acte viril. C'est pourquoi, dans le rêve qui me vint à La Crau tandis que je succombais au voyeurisme et que les obsessions tournaient dans ma tête comme guêpes, elle est virilisée dans l'identité d'un homme, un Iranien nommé Priyer, dont on a encore accentué la masculinité en lui ôtant le E muet qui, ordinairement, l'achève dans un soupir.

C'est qu'il faut, dans les rêves, prendre au sérieux les modifications typographiques ou orthographiques dont certains mots sont frappés et qui, comme le retrait d'une lettre, sont riches en significations. Tout dans un rêve est chargé de sens, y compris, dans un nom de famille, le rajout d'un Y que rien, en apparence, ne justifie, mais qui, s'il fut opéré par le Maître d'âme, est lourd d'enseignement.

La lettre Y est le hiéroglyphe même de la coupe, de l'orientation vers le haut, de l'ouverture à l'énergie céleste qui descend pour purifier. Ce sens n'est-il pas redoublé dans le rêve par la fonction de l'Iranien, un fabricant de coupes, de bols, de pots : de réceptacles pour la boisson d'éveil ?

En outre, vingt-cinquième lettre de l'alphabet, elle renvoie à tout ce que ce chiffre a pu signifier dans ma vie et d'abord le lieu de l'enfance et l'enfance elle-même dans un département — le Doubs — qui a le vingt-cinquième rang dans l'immatriculation administrative. Ainsi étais-je invité, par ces correspondances multiples, à retrouver la coupe de mes ferveurs enfantines, de mes élans vers un ciel où j'appelais l'être et le sein perdus.

Il me fallait, par la transcendance active, ouvrir la porte à l'hirondelle enclose dans mes noires obsessions : ce que je ressentais le matin quand je lançais sur les fenêtres voisines mes premiers regards pervers était bien la souffrance de l'oiseau pur sous les coups dont, avec ma sexualité déviante, j'agressais son petit corps de douceur et de fragilité, la pulpe de moi-même !

Puis ces premières sensations s'effaçaient sous l'irruption en cataracte d'un fleuve de désirs forcenés : demeurait cependant un malaise, comme une souillure, qui donnait aux assouvissements que je glanais ensuite à la fois amertume et incomplétude, comme si une grande part de mon être s'attristait de mes pratiques et refusait, avec obstination, de prendre part au banquet.

Cette souffrance intérieure, ce malaise vague, cette insatisfaction profonde, ajoutés au rêve que je fis et qui m'encourageait à la prière, voilà ce qui me ramena vers une dévotion dont je n'avais plus respiré l'encens depuis l'adolescence. Un matin, comme j'étais à nouveau en proie aux images filantes, aux images tournantes qui m'obsédaient, je me mis à genoux, m'efforçant de dire à haute voix les prières anciennes que j'avais oubliées, retrouvant les vieilles trajectoires de mots, les vibrations millénaires, les verbes usés comme galets par les vagues de l'âme océane : j'en ressentis un bien immédiat et comme un baume sur les blessures que mes obsessions avaient infligées à ma chair subtile.

Si, grâce à mes voyages en Orient, je m'étais réconcilié avec la croyance au point d'en tirer, quand j'entrais dans l'œuvre des théosophes visionnaires, de grandes satisfactions intellectuelles, il me manquait encore ce toucher de Dieu, ce charnel, ce sensuel de l'esprit à quoi dispose justement la prière quand sa manne descend sur une âme fervente. Pour bien l'éprouver il me fallait fermer les yeux et descendre en grand silence jusqu'au fond de mon puits et comme à l'extrémité de ma nuit inférieure : là où le subtil de l'âme touche le corps épais. Alors, bien enracinée dans ma terre noire pouvait jaillir ma prière, laquelle, aussitôt émise, ouvrait au-dessus de ma tête des lucarnes mystérieuses par où coulait une lumière qui me nettoyait, qui me purifiait.

Certains jours où j'étais agressé par l'obsession lourde il me semblait recevoir, à la façon d'une douche étrange, un torrent de substance fluidique. On aurait dit que l'excès de l'une déclenchait, par la seule opération de la prière, la réponse simultanée de l'autre, comme si les deux fussent liées dans la même tâche d'accomplissement cosmique, comme si le bien et le mal eussent collaboré à la même perspective de réalisation, à la même voie céleste.

On va te faire comprendre, me dit-on une nuit dans un rêve, ce qu'est la vie. Et je voyais aussitôt cette bascule qui enfiévrait les aires de jeux de mon enfance, simple planche posée en équilibre sur un rond pivot central et aux extrémités de laquelle les deux protagonistes s'entre-balançaient, l'un s'élevant dans les airs, tandis que l'autre descendait jusqu'au sol où, pliant comme grenouille ses jambes en ressort, il prenait appui pour rejaillir, abaissant du même coup jusqu'à terre celui qui, un instant auparavant, se prélassait au plus haut.

L'un était gros, épais, avec une chevelure en touffe noire sur la tête, une dégaine de camionneur en charcuterie. L'autre était blond et noble, droit et lumineux, avec un visage intense et volontaire, une figure d'aviateur des années trente.

Au début leurs mouvements étaient secs, furieux, comme s'ils cherchaient à se désarçonner, à prendre le meilleur sur l'autre, à le vaincre. Puis, peu à peu, placés en vis-à-vis, ils commençaient à se regarder, à s'accepter, à découvrir, non un équilibre immobile, mais une harmonie dansante, accordée à je ne savais quelle musique dans l'invisible, une symphonie des sphères qui embrassait la totalité du cosmos. Leurs expressions et leurs attitudes, les mouvements de leurs bras et de leurs jambes étaient mystérieusement rythmés et évoquaient pour moi ces gestes et cambrures des danseurs de Ramayana que j'avais observés au Cambodge, puis à Java et à Bali, sur une scène qui racontait toujours le même affrontement entre le bien et le mal, entre le prince Rama et les Asuras démoniaques.

Les deux temps de l'œuvre intérieure — combat puis conciliation et danse —, je ne les aurais pas vécus si la prière, la pratique spirituelle quotidienne ne les eût déclenchés en marche inexorable. Auparavant, entraîné par un comportement dont je ne saisissais pas les fils directeurs, je vivais un temps de chaos où tout était brumeux, complexe à l'extrême. Aussitôt que j'eus entrepris le dialogue avec le Maître invisible et que je me fus remis à prier, dressant chaque jour au-dessus de ma tête les antennes de trolleybus dont tout être dispose, je parvins nettement à voir ce qui appartenait à l'homme vulgaire : je parvins à distinguer, à sentir l'hirondelle légère comme à toucher le poêle lourd, à les désigner, à les séparer l'un de l'autre, à délimiter leur mutuel empire.

Du même coup, je les dressais dans un combat qui m'a secoué plusieurs années et où j'ai failli me défaire, me dissoudre, balançant tour à tour entre des attitudes opposées, l'une de volontarisme puritain et d'ascétisme fanatique, l'autre de laisser-aller complet qui faisait de moi un automate actionné par ses passions, emporté sans contrôle dans une déchéance que le vice et l'ivrognerie accéléraient. En revitalisant avec force, comme si un souffle divin fût sur elle tombé, mon âme haute, la prière m'a réarmé et précipité dans une guerre sainte dont les opérations, les coups de main de cavalerie, se déroulent encore aujourd'hui — quoique avec moins de souffrance, de rigueur et plus de souplesse comme si le double noir — l'homme antithétique — m'était devenu bien plus compagnon de jeux que contre-destin.

Mais dans un premier temps, quand j'osai devant lui me dresser et que je résolus de modifier mon comportement — buvant à longs traits chaque matin le lait sacré que la prière faisait descendre sur moi —, alors je ne cessai de tomber à terre, d'être comme ridiculisé par la puissance intérieure que j'aspirais à réduire. La guerre avait deux fronts, celui du sexe et celui de l'alcool, tous deux liés par des passages souterrains qui ne me faisaient vaincre sur l'un que pour être défoncé sur l'autre.

Si nombreuses furent, au début, mes défaites que je me mis à songer, avec le plus grand sérieux, à abandonner le combat, à cesser l'œuvre intérieure et à regagner le chaos mental originel : à me débrancher. Mais cela même était impossible. Quiconque a mis le pied sur la voie ne peut plus revenir en arrière. Toute tentative de régression entraîne un tel malaise, par submersion dans le flot noir, qu'on se hâte de se remettre au travail d'élucidation. Une fois saisi le fil du dialogue qui nous relie au Maître de l'âme, il est interdit d'abandonner parce que de mystérieuses pompes ont été amorcées dont ne s'interrompt jamais le flux désormais fatal et comme inexorable.

C'est que, derrière notre ombre qui demande à être connue, explorée et transformée, pousse une force cosmique inouïe que nos premiers travaux d'éclaircissement ont ébranlée et fixée sur nous : la Dame de la Nuit, la Vierge noire, cette « materia prima » qui semble se ruer dans la brèche ouverte par notre attention intérieure. Quiconque se penche sur son ombre pour en extraire le divin trésor qu'elle contient — la soumettant à la quotidienne pensée d'analyse dont son jaillissement a besoin pour se purifier — doit savoir qu'il s'engage sur une voie chevaleresque dont il ne pourra, à moins de périr, se déprendre.

Le grand risque, quand on interrompt l'œuvre de creusement, le travail sur le noir du noir où sont les grands secrets ophidiens de l'enfance, est la folie, la dislocation spirituelle, l'éclatement que le supplice d'Osiris thématise. Il est vrai qu'à l'instant même où l'on commence à essayer de joindre, à l'intérieur de soi, les deux bouts de la création, le ciel et l'enfer, il est vrai que s'étend sur nous une divine protection et comme l'approbation des puissances invisibles. Non, il ne peut faillir, il ne risque rien celui qui, chaque jour, va dans l'oratoire pour se relier au plan divin et qui, chaque jour aussi, arrache, si minuscule soit-il, un maudit secret à l'ombre inconsciente !

J'avais, dès le début du dialogue tunisien, ouvert un cahier de rêves qui me fut bien vite autel où je célébrai, Bic à la main, un rituel de lumière. Je marchais dans mon ubac, j'étais entré, avec la conscience en éveil, dans mon âme visqueuse, dans le marécage plaintif, invité que j'étais, par de multiples rêves, à regagner la maison de la honte, la demeure d'un crime par moi, autrefois, accompli.

Cette maison n'était point celle où mon enfance rêveuse s'était écoulée, à la lisière des forêts du Jura dont j'observais, de la fenêtre de ma chambre, le moutonnement somptueux, mais une autre, plus étroite, plus sombre, comme contractée où rôdaient, me disaient les rêves, les fantômes d'un passé qui m'angoissait. Il y avait eu dans mon enfance une tragédie, un effondrement de l'âme causé par une souillure, par une expérience sexuelle démesurée au regard de mon âge encore tendre — expérience qui m'avait perverti, me laissant blessure de honte, salissure éternelle. Toute la beauté qui avait ensuite marché vers moi, hélas ! je n'avais pas voulu la vivre parce que je me croyais maudit, parce que je m'étais défini comme indigne, comme condamné à jamais.

Alors, pour me libérer, les rêves me ramenaient, au petit pas de la connaissance évolutive, vers cette maison lointaine, cette maison ensorcelée dont ne restait dans ma mémoire aucune trace sinon peut-être — étrange lambeau de souvenir — le tic-tac d'un monstrueux réveil. Qu'était-ce donc que cette maison ?

Le Maître intérieur, pour orienter mes recherches, me parla une nuit, à mots couverts, d'un lieu où, enfant, j'avais été placé en garde. L'autre détail qu'il me confiait était la présence d'un chat, couché, immobile, sur la rampe, animal dont la vision même à l'intérieur du rêve engendrait un malaise que le réveil n'effaçait pas. De ces événements oubliés était née la corruption dont je souffrais et qui, parce que je me penchais sur elle pour saisir son origine, se mit, comme un dragon attaqué dans sa caverne, à réagir avec une telle violence que j'en fus comme assommé.

Axe du comportement dévié, le voyeurisme, au début perversité mignonne, piment dont je saupoudrais mes liaisons, devint brusquement passion dévorante. Actionné par lui, l'œil toujours tendu comme catapulte, je hantais les jardins publics ainsi que les bois qui entourent les villes en anneaux de verdure, m'obstinant à saisir du regard — à immobiliser et donc à tuer — les éclats laiteux d'une chair prohibée, visions arrachées à un corps féminin qui, seul, m'intéressait.

Quand d'aventure, derrière l'un de ces bosquets où les couples vont dissimuler leurs étreintes rapides, je surprenais un homme et une femme en action, j'eusse voulu pouvoir éloigner le mâle — le déboîter de sa proie — pour me repaître du seul spectacle de la femme ouverte, donnée, livrée.

Dès les premiers beaux jours, quand commençait de se réchauffer une mer du Sud dont, depuis des années, je parcourais, de la Grèce aux Baléares, les rivages, j'étais aimanté par ces plages où, pour s'offrir à l'œil d'or du soleil, les femmes se dépouillaient de tout écran textile, jonchant le sable avec les grappes d'une chair que l'huile à bronzage lustrait comme du muscat humide. Je déambulais ainsi à la frontière festonnante des vagues, tâchant, par vif coup d'œil, de surprendre — de fouiller — jusqu'à son intimité extrême la femme étendue : il y avait là une obsession suffisamment étrange pour mériter d'être comprise. Qu'est-ce qui m'attirait tant dans la perception de ce mystère velu que le Maître intérieur, qui ne s'embarrasse pas de pudeur, a nommé dans un rêve : la fourche ? Et qu'avais-je — mais qu'avais-je donc ? — à m'exténuer en marches et contre-marches, dans le sable brûlant où le pied s'enfonçait, pour ramener un gibier décevant dont la distance aggravait l'abstraction ?

Un ami, qui avait la même perversion, m'avait orienté sur une terrasse de café du bois de Boulogne, établissement aujourd'hui disparu, situé à côté du Pré-Catelan et où de rares femmes exhibitionnistes, le pied sur la chaise, prenaient la pose, offrant à une foule de consommateurs immobiles le spectacle de leurs divins dessous. Ce qui était frappant, surprenant et où le secret de la nature humaine agitait son vieux grelot, n'était pas tant ces cuisses blanches ouvertes aux regards qui les écartaient que l'immobilité de la foule regardante, le silence mortuaire qui régnait. Assis, comme au coude à coude, à la façon de coureurs prêts à s'élancer, les voyeurs — parmi lesquels j'étais, quoique ayant honte et faisant mine de lire mon journal —, les voyeurs étaient si figés qu'on eût dit en effet statues d'un impossible désir, à la fois mobilisés et retenus par un interdit qui les bridait.

Et quel est le corps dont la possession est à l'enfant l'objet des voracités les plus vives et du tabou le plus sacré, force et contre-force qui s'égalisent et s'annulent en ligotage et pétrification ? Quel est le corps immense, le corps perdu qui, une fois le sevrage accompli, n'est plus visible, n'est plus palpable, n'est plus donné, recouvert qu'il est d'un vêtement qui jamais plus, sur un sein de lumière, ne s'entrebâille ? Et quel est le grand être fondateur que l'on voudrait explorer, jusqu'au seuil d'où nous venons, pour s'y ensevelir à nouveau, retrouver le bonheur amniotique et l'aquarium délicieux où, poissons, nous étions portés et comme transportés ?

Il suffisait de regarder ces hommes, penchés avec des yeux terribles sur la fente qui les fendait, pour comprendre que leur obsession n'avait — chose étrange — rien de sexuel, qu'elle était l'effet d'une inclination à vouloir s'emparer de la source, retrouver le sein ancien, le bonheur et la paix des origines : qu'elle était une fixation de nostalgie roide sur l'embrasure de la vie, sur l'échancrure du monde.

Les pulsions et reflux de l'enfant que nous fûmes — ses pensées mystérieuses — sont entrés en programme dans l'âme inférieure, dans la cire subtile d'un corps d'ombre qu'il m'a été donné parfois, autour de la silhouette humaine, d'apercevoir, grande coque négative qui dicte nos comportements et impose à l'adulte les lointains projets de jadis. Le voyeurisme est ainsi le produit de l'ancienne et véhémente pulsion vers un corps maternel désormais interdit et que le vif regard, le coup de main de l'œil, peut furtivement reconquérir : à la dérobée et comme en passant, comme en longeant la mer.

L'enfant que nous fûmes, il est notre gouverneur occulte : il est surtout le législateur de nos lois noires, le fantôme persistant qui continue, si nous n'y prenons garde, à inspirer — et à déclencher — nos déviations. Car le voyeur qui, tête basse et serrant son journal, parcourt les jardins et les parcs pour s'immobiliser, se pétrifier sur un banc et regarder par en dessous, de l'autre côté de la pelouse, à une distance parfois considérable, une femme aux genoux qui s'entrebâillent, est actionné par un lointain passé automatisé. Il est mû, comme un ordinateur, par un programme jadis entré en lui, il perpétue le regard ancien sur la géante inaccessible au sein désormais fermé et dont les jambes nues — immenses colonnes d'un temple dont la frise frisée est le sanctuaire

— sont la seule partie encore tétable par un œil qui, en désespoir de cause, a pris, si j'ose dire, la relève de la bouche.

Le voyeurisme est ainsi la conséquence d'un sevrage manqué et de la vieille mise en batterie d'une succion de remplacement. L'œil s'empare, comme s'il volait à l'étalage, d'une chair nue à laquelle l'enfant n'a plus droit et dont il est exilé.

Chair blanche, peau de lait, corps dénudé : j'avais remarqué que la pulsion voyeuse surgissait souvent après de trop bons repas, comme un prolongement à l'absorption massive de nourriture, un gavage supplémentaire après l'assiette qui ne nous a pas rassasiés. Bouffes du Nord et festins de compensation, nous marchons dans les circuits pervers par mal d'amour : nous portons tous, dans notre âme sombre, un cœur brisé qui donna sa forme à l'enfer humain. N'était-elle pas déjà présente, cette blessure, avant même que nous surgissions à ce monde ? Et ce pli de désenchantement, d'insatisfaction vague n'est-il pas la structure même du champ de terre noire où peut lever la moisson future ?

Il nous semble avoir été bannis, avoir perdu un bonheur ancien, un paradis d'amour dont la quête est désormais la grande affaire de notre vie. Nous avons faim d'une nourriture mystérieuse que nous recherchons dans tous les buffets, sur toutes les tables que la vie nous présente. Certes, cette faim est inconsciente : elle est logée, en pulsion dévorante, en bouche qui bée, dans le corps ténébreux. Le sexe, le sucre, l'alcool mais aussi le pouvoir avec ses vanités d'aspiration proposent leur assouvissement de papier à cet appel immense de l'être, à cet abîme d'incomplétude qui voudrait, comme bête affamée, recevoir pitance. Aussi les plaisirs de compensation — proies jetées au dragon qui réclame — ne le satisfont-ils que passagèrement et de façon précaire : il faut doubler la mise, aller encore plus loin dans la perversité et la dévoration pour obtenir, du monstre intérieur, quiétude relative et apaisement provisoire.

Pendant longtemps, pour ce qui me concerne, a suffi à le satisfaire la jeune fille au pull vert, d'autant plus désirable qu'elle était distante et que je ne songeais pas un instant à l'aborder pour incarner mes regards. Avec quelle précipitation, quand nous rentrions avec M.M. d'un dîner, courais-je à mon bureau pour m'y enfermer et la lorgner, me remplir de son image blanche ! Dans la cour où je garais ma voiture, je levais la tête pour voir si ses fenêtres étaient allumées — si elles l'étaient je me ruais, le cœur battant, dans les escaliers, en proie à un désir que je n'éprouvais pas en montant chez ma maîtresse.

Puis la jeune fille au pull vert commença de se lasser d'un manège dont s'étaient, pour elle, fanés les premiers agréments et une excitation dont j'avais vu souvent rosir son visage. D'ailleurs un homme était entré dans sa vie, intellectuel mince aux traits aristocratiques, nanti d'une souplesse qui trahissait le loup des steppes, l'aventurier solitaire qui a parcouru le globe. Il ne tarda pas à s'installer chez elle, nouveau couple aux débuts orageux, à en juger aux querelles que j'entendis parfois éclater : la jeune fille au pull vert était femme d'ombre, ténébreuse femelle comme en témoignait parfois une expression méchante répandue sur sa physionomie quand elle ne se savait pas observée. Bientôt des rideaux apparurent aux fenêtres : le spectacle était terminé, il me fallait porter ailleurs mes regards.

Mes activités me rappelaient à Paris où mon journal avait besoin de ma présence pour m'expédier à travers le monde. Entre deux reportages, l'esprit vaguant et vacant, j'errais, en proie à ce remuement de nuit où je reconnaissais le malaise entretenu par le dragon qui sans femme s'affame. Pour être plus indépendant et dans le but proclamé d'écrire mon prochain livre dont, comme à l'accoutumée, tardait le démarrage, j'avais loué, pour un loyer modeste, un studio misérable qu'on aurait dit réduit à balais.

C'était dans le quartier du Sentier et dans une rue — celle des Jeûneurs — qui m'invitait à me purifier, à pratiquer une ascèse dont je n'avais encore aucune idée. J'ai souvent remarqué combien les adresses des êtres en recherche — de ceux qui sont sur le sentier — sont signifiantes, contenant à la fois l'appel et le conseil. Pour nous héler et nous instruire le Maître intérieur frappe de tous côtés et inclut le message dans le réel où nous vivons. C'est qu'il n'y a pas de hasard : nous marchons dans un monde membré par le sens, soit qu'il reflète les paysages du dedans, soit qu'il manifeste, sous forme de hiéroglyphes symboliques, la parole de notre Ami d'en haut.

J'habitais au numéro 16, chiffre qui, à cause du roi Louis — qui en perdit la tête — et de l'arcane XVI du Tarot où est décapitée une tour orgueilleuse, est le symbole de la mise à mort de l'ego, de la chute nécessaire d'un piédestal où nous nous desséchions. L'ego était mon égout, mon dégoût : à cause des pratiques scélérates de la vie littéraire parisienne, à cause du manque de considération dont avait été entourée une enfance abandonnée à elle-même, j'avais développé un moi de moitrinaire, un moi de succion qui tétait la vie sans rien lui donner en échange, hormis quelques beaux livres dont cependant l'ontologique imperfection aujourd'hui m'accable.

Derrière mes panonceaux d'orgueil, mes encorbellements de suffisance, derrière mes dévorations exténuées je repère à présent le vieux démon à qui j'ai donné la chasse : la honte incrustée dans mon âme et qui agissait alors sur ma vie, me poussant aux festins de l'apparence et du mensonge effervescent parce qu'elle me jugeait indigne de communier avec l'amour.

J'étais, comme alouette au miroir, attiré par les succédanés — les succès damnés — parce que je m'étais interdit de réussir dans la simple, infime plénitude, parce que je m'étais maudit moi-même et détourné de l'essence de la vie. Hélas ! je me mettais sans cesse en avant, je m'appréciais si fort, je revendiquais avec tant de véhémence la faveur populaire parce que je ne m'aimais pas : je voulais être connu parce que je ne me connaissais pas.

C'est dire qu'il y a, entre l'orgueil et l'indignité, entre la haine de soi-même et la volonté de puissance une irrigation qui dessèche les hommes de pouvoir et de spectacle que la société de l'image aujourd'hui favorise : derrière celui qui sourit devant caméra et réclame laurier, il y a la honte, la culpabilité et de très anciens traumatismes que certaines attitudes — un dos voûté par exemple — révèlent.

Combien sont lourds parfois les invisibles fardeaux sur les

gandins spectaculaires dont les maquilleuses ont momifié le sourire ! Sans le fond de teint qui structure les visages, leur donnant charpente et colombages, crouleraient les physionomies de ces papillons de sunlight. C'est que le paraître est un pare-être, un pare-feu qui empêche l'essentielle incandescence de se manifester. Aussi, comme l'avait remarqué René Guénon à propos d'un monde moderne déconnecté du ciel supérieur, l'homme est-il abandonné aux assauts de sa nature basse, laquelle n'étant plus équilibrée et contrecarrée par l'influx d'en haut, lâche ses monstres en liberté, pareils à ces Morlocks dont le génial H.G. Wells avait entrevu, dans sa « time-machine », le règne irrémédiable.

Ces hommes du spectacle, enfants jadis mal-aimés et qui poursuivaient sur les plateaux de l'approbation populaire une vieille œuvre de séduction compensatrice, ils me ressemblaient comme des frères. En dépit de mon contact, de mon dialogue même, avec la Réalité, j'avais vu monter, comme excités par mes dévotions, des monstres infernaux qui n'étaient peut-être que les expressions terribles d'un amour que je n'avais pas vécu.

Mais dans l'instant même où j'écris cette phrase, il m'est dit que je fus protégé tout au long de mes combats et de mes déroutes, que des substances lumineuses, des entités pures étaient présentes à mes côtés et que je n'ai jamais affronté plus que je ne pouvais supporter. Une puissante énergie spirituelle me cuirassait pour m'aider à lutter avec des griffons qui n'étaient que les aspects refoulés de moi-même, les tendances et plis que mon moi superbe, pour déjouer les pièges de l'enfance, avait précipités aux enfers.

Sans doute devais-je, comme une nourriture nécessaire à ma survie, en éprouver chaque jour le besoin car, pendant toutes ces années d'intraitable combat avec moi-même, j'allais à la prière comme on va à la table, pour se restaurer, se raffermir. Grâce à des rêves initiatiques, j'avais aussi découvert la méditation, cette reliance douce et silencieuse avec l'invisible ciel des causes. Je m'asseyais à même le sol, fermais les yeux en appuyant mon dos sur le rebord de mon lit et, dans la position du tailleur, avec les mains nouées l'une à l'autre et reposant sur mes genoux, j'entrais en communication avec l'indicible.

Le plus dur était d'opérer le silence, d'arrêter le flux perturbant des pensées engrenées. A peine étais-je assis qu'elles jaillissaient, m'imposant leur défilé stupide et leur bavardage. Me revenait le souci d'une facture d'électricité impayée, puis celui d'une vieille dette, d'un vieux contrat d'édition que je n'avais pas honoré, à la suite de quoi bondissaient toutes sortes de cogitations dévastatrices et d'inculpations : tu ne vaux rien, tu es incapable d'assumer le quotidien, tu n'auras jamais de véritable situation, tu es faible, faible, faible ! Nourri par l'adversaire intérieur, le mental se remplissait alors de pensées en tumulte dont j'avais toutes les peines du monde à m'extirper.

Je m'en sortais grâce à la respiration et à des exercices de visualisation : j'imaginais, sous mes paupières closes, un losange doré que l'inspiration profonde, qui passait par mes narines et coulait verticalement à la base de ma colonne, aplatissait jusqu'à ne plus être qu'une ligne horizontale dont je voyais nettement la longue baguette d'or. Puis, marquant un léger temps d'arrêt entre inspiration et expiration, je faisais remonter l'air — ou ce que j'imaginais être l'air — jusqu'au sommet de ma tête, comme s'il y eût là-haut, à l'endroit de la fontanelle, une petite bouche expirante, un sas entre le subtil et l'épais.

Dans le même temps l'horizontale ligne d'or s'étirait en haut et en bas et redevenait losange, lequel, s'aplatissant à nouveau comme sous l'effet de l'air ascendant, se muait en une autre ligne d'or, verticale cette fois-ci et qui semblait poteau de cocagne dressé ou axe du monde. Alors, au bout de l'expiration, quand il n'y avait plus la moindre bulle d'air dans les poumons, donc au bout, à l'extrémité où le souffle meurt, alors, sur le grand silence de l'âme, pouvait descendre la nourriture, une manne qui venait autour de moi comme un ondoiement nacré, une jouvence délicieuse qui me rendait en un éclair mes forces perdues.

Si puissantes furent parfois, dans la paix poussiéreuse de mon placard à balais de la rue des Jeûneurs, les sensations éprouvées que tout mon corps parfois en frissonnait, en tremblait, en vibrait, comme dans les « latihan » des mystiques javanais, effets dus assurément plus à ma virginité spirituelle qu'à de quelconques charismes dont j'aurais pu être gratifié. Tout compte fait, j'eus dans ces années-là — années de guerre avec moi-même — l'impression d'un supplément de vie, d'un supplément de corps comme si une autre chair peu à peu s'animait, ou qu'elle eût toujours été là et que mes exercices m'eussent rendu sensible à sa présence.

Ma vision du réel changea : si beau que fût le monde de matière, il était une réduction cristallisée, banalisée et durcie d'une terre plus vaste et subtile et somptueuse où une autre partie de moi-même était à l'œuvre et s'enrichissait là-bas des expériences que j'accumulais ici. Dans tout ce qui m'advint par la suite — souffrance et corruption — je n'ai jamais perdu cette idée de la médiation et du contact avec un plan de délivrance où tous les conflits étaient abolis, jamais perdu non plus l'idée du dialogue avec un être d'en haut qui s'accroissait et comme s'embellissait de notre cheminement vers la connaissance.

M'y aidèrent des rêves baignés d'une étrange lumière et coloration, telles qu'on en voit sur les tableaux du quattrocento et qui me parlaient de la structure secrète du cosmos. Ce monde, me disait-on, est le souterrain de l'autre, idée à laquelle on ajoutait celle-ci : l'esprit s'incarne dans les souterrains. De la naissance à la mort notre vie était une descente de l'esprit dans la matière, la tentative prodigieuse d'une épée de feu de se loger dans le cœur même du roc pour le transformer.

Cela ne se faisait pas sans mal : si éloignés l'un de l'autre étaient les deux principes — si contraires — qu'ils ne pouvaient pas même s'effleurer sans que tout explose. Alors un troisième élément, l'ombre psychique symbolisée par l'eau, jaillissait pour être un « entre-deux », une substance mitoyenne et médiane entre les deux opposés. Aussi, plus l'esprit entrait dans les souterrains et plus les eaux du psychisme noir se répandaient de telle sorte que les moments où l'esprit divin s'avançait étaient également ceux où nous souffrions le plus, où un flot de désirs accablants nous emportaient dans des galeries que le rêve présentait — mystérieusement — sous l'aspect d'une mine abandonnée, comme si nous eussions à reprendre une vieille tâche jadis laissée et à extraire de la matière les trésors qu'elle contenait.

C'est pourquoi dans un premier temps — et dans un premier temps seulement — plus je m'offrais à l'esprit, et plus la partie de mon être située en dessous de la ceinture était comme agitée d'une houle désirante que je ne parvenais pas à maîtriser : je me donnais à l'ange et c'était la bête qui m'emportait, la bête hideuse, au regard torve et aux pattes préhensiles.

Dans le quartier où, pour fuir un logis conjugal empoisonné par la culpabilité, j'avais établi mon bureau provisoire, s'ouvrait un lieu étrange où mes obsessions allaient se nourrir et se mettre à vif, lieu qui a joué un tel rôle dans l'explosion d'ombre dont je souffris — dans le jaillissement des eaux souterraines — qu'il n'est pas possible de le passer sous silence.

C'était une salle de gymnastique nommée le Body Center et où, pour l'agrément, le délassement de sa clientèle, un sauna avait été aménagé ainsi qu'une petite piscine et deux pièces de relaxation où l'usage et les mœurs libérales de son patron — un joueur de poker — avaient imposé la nudité. Dans la salle de culture physique où s'exténuaient, pour garder le ventre plat, les jeunes vendeuses d'un grand magasin du voisinage, sans compter les secrétaires et dessinatrices d'une agence de publicité du coin de la rue, le justaucorps et le short étaient obligatoires. Mais une fois passé les vestiaires, de l'autre côté, là où les douches faisaient crépiter sur des peaux soyeuses des jets qui sans doute déjà les échauffaient, commençait une abbaye de Thélème où les êtres allaient nus, vaquant de çà de là, entre eau fraîche, chambre brûlante et couchettes où, alanguis, ouverts, s'abandonnaient des corps qu'on eût dit parfois prêts à l'amour.

La sudation — d'ailleurs employée en purification initiatique par les Indiens d'Amérique du Nord — jouait son rôle habituel de dissolvant, levant les tabous et les interdits qui crispent et raidissent, faisant du haut fonctionnaire revêche à la nuque coincée camembert coulant dont le visage évoquait celui des mannequins de cire dans les films d'horreur quand l'incendie les lèche et les défait : les dénoue. Pris dans une inconscience de vache, hommes et femmes, assis ou couchés sur les caillebotis à étages du sauna, coïncidaient en rêvassant avec leur corps d'obsession : Éros aux joues brûlantes, à la chair fricassée, était ici nonchalant et furtif. Jamais les couples n'allaient à leur conjonction, à leur entremêlement, tolérant à peine, parfois, sous la douche, les vives et promptes caresses qui délivrent les orgues d'Érasme : les orgasmes.

Le regard d'entre les paupières était, pour ces hommes et ces femmes qui ne se connaissaient pas mais finissaient par se connaître, le médiateur de la séduction, le lécheur de peau avec ses lèvres en cils et sa langue en prunelle, le voleur introduit par en dessous dans les locaux de la suavité. Point de capitulation ni d'étreintes effervescentes : juste l'approche et les travaux de tonnelle, les douceurs de balcon.

Si délicieux que fût cet endroit — qui s'est renfrogné par la suite avec l'arrivée du Sida —, il n'en constituait pas moins un gouffre de ténèbres que le Maître intérieur, à travers les rêves qu'il m'expédiait, discréditait avec cette véhémence particulière qui prend la forme du cauchemar. On connaît l'étymologie de ce mot qui vient du hollandais et du picard — « cauche » veut dire caché tandis que « mar » est, en flamand et en plattdeutsch, la rumeur —, désignant ainsi ces ombres irritées comme étant le non-dit secret, la calomnie occulte. Il n'est pour moi qu'un rêve de pied gauche exagéré, une décharge de l'âme psychique qui brait et lâche son horreur. Si l'on ne perd pas de vue qu'il est une caricature, une amplification déraisonnable, alors en effet se peut saisir son sens pur, la signification limpide que ses outrances dissimulent.

Ainsi me voyais-je souvent en rêve conduisant au sauna une femme belle et blonde et de haute extraction. A peine y était-elle entrée que je la soumettais à toutes sortes de violences, de tortures de boucherie où l'analité jouait un certain rôle, contorsions immondes dont la répétition était lassante et hideuse. Le cauchemar mettait ainsi l'accent sur le projet contenu — à mon insu — dans mes dépravations : celui de meurtrir mon âme, de lui faire mal, de défigurer, de souiller sa haute noblesse.

Il y avait en moi une obscure et terrible volonté de chute, culpabilité si affreuse qu'elle me poussait parfois, comme un chien, à me rouler dans la boue. Venait-elle de ma propre vie ou bien était-elle, cette détermination ténébreuse, le soupir empoisonné des âmes mortes que j'avais accueillies dans mon sein ?

Un signe vint répondre, d'extraordinaire manière, à cette question. Un jour, dans ces années de guerre avec moi-même, je revenais en train de Bretagne où j'avais prononcé une conférence sur la voie intérieure et où les auditeurs, allumés par mes descriptions du château de l'âme, m'avaient pressé de questions — et même de confidences — sur la réincarnation. Dans l'ignorance où j'étais alors de la vérité, cette réponse de la Tradition que René Guénon a transmise dans son *Erreur spirite*, je n'avais été capable que de vagues approximations dont se détachait l'idée sanscrite de Karma.

Sur ce point je crois que j'avais raison et que je prononcerai encore aujourd'hui les mots que je disais alors : nous avons tous dans cette vie une difficulté fondamentale, un boulet — toujours le même — qu'il nous faut réduire et dont nous devons nous détacher pour échapper au cycle lourd, à cette terre de pesanteur. Ainsi, dans le wagon corail de ce train qui me ramenait de Bretagne, mon cahier de rêves ouvert sur la tablette rabattue, je me demandais, me parlant à moi-même : « Voyons, voyons ! Quel est mon obstacle fondamental, quelle est la difficulté que je trimbale et transporte de vie en vie et que je dois régler dans l'actuelle existence pour naître enfin à l'Esprit ? »

Alors, tout à coup, là sur ma gauche, vivante, acharnée, prompte comme la flèche tirée par l'archer du ciel, la réponse !

Après avoir traversé une forêt, le train, lancé à toute allure, longeait une route nationale où, dans l'instant où je m'interrogeais, un poids lourd de couleur blanche venait d'apparaître dont la masse s'encadra dans la vitre comme sur un écran. En lettres capitales une inscription unique barrait son flanc : « TRANSMASO ».

La vision — fantastique comme celle d'un vaisseau fantôme — avait à peine duré le temps nécessaire à son accueil : déjà le camion — sans doute quelque maraîcher du Sud-Ouest — s'éloignait pour disparaître au loin dans la plaine, me laissant anéanti, comme cloué sur mon siège, à la fois écrasé par la précision de la réponse et égayé par son humour.

Il est vrai que j'avais souvent remarqué, dans le tissu évanescent du signe, un principe de drôlerie et comme un pied de nez qui évoquait la nature dansante du messager des dieux. Vue d'en haut, la vie est un jeu divin, une caracole sur un parquet verni. Ce qui nous retient ici, ce qui nous ligote, ce qui nous tourmente est perçu comme dérisoire par nos guides et investi du seul poids et importance que notre mental — canon à pesanteur — s'emploie à lui donner. Notre ennemi est ce qui nous rigidifie, nous caparaçonne, nous automatise : notre ami ce qui nous assouplit, nous met en mouvement, nous invite à danser.

Les anges qu'il me fut donné d'observer en rêve et en vision avaient pour la plupart un égayé sourire aux lèvres et, parfois, une expression ineffable, un pli mystérieux de la bouche qui leur donnait l'aspect d'un bateleur divin. Le mot ange, on le sait, vient du grec « angelos » qui veut dire « messager », signification que l'on retrouve aussi dans l'arabe « Malakuti » et qui implique — si l'on s'en réfère à Mercure au pied ailé — un principe de légèreté et de joie vagabonde, un rayonnement nonchalant et une ironie que le signe souvent manifeste ou dont il est porteur, au point que le voir c'est se réjouir et même s'enjoyer.

Si, comme le perçut Rilke, l'ange peut être terrible et lever haut l'épée qui tranche le fil de nos jours, il est le plus souvent un grand être penché sur nous qui rit et s'apitoie — se moque de notre difficulté à marcher et de nos défauts ridicules. C'est ainsi qu'une nuit, après un certain dîner mondain où mon ego, pareil à un paon, s'était pavané, j'ai reçu l'objection définitive qui, à présent, me ferme la bouche quand on m'interroge en société sur mes « aventures ».

C'est que — dans un but confus de faire-valoir — j'ai fixé beaucoup d'orgueil sur mon errance asiatique et les divers métiers par moi exercés sur les rivages de la mer de Chine. Avoir été conseiller auprès du gouvernement de Sihanouk, correspondant de guerre au Viêt-nam, barman à Tokyo, être passé des Sulu à Bornéo sur des bateaux de contrebandiers, me gonfle, dans les dîners, le poitrail, me met dans une suffisance qui masque mon excessive sensibilité, mon échine frissonnante. Volontiers j'ai fait — je fais ? — étalage de mes séjours dans la morte cité d'Angkor, de mon exploration des jungles conduisant aux Dangreks ceinturés de nuages.

C'est pourquoi, à cause de cette inclination névrotique dont j'avais à peine conscience, un mot du messager vint une nuit en rêve me fissurer de honte. Après ce dîner de masques où j'avais contrefait Conrad ou Monfreid le Maître me reprocha d'être un « aventareux », expression qui résumait, avec une brièveté foudroyante, le vice, la « tare », dont je souffrais : celui d'être à la fois un « aventureux » et un « avantageux ».

Mais il y avait aussi — et telle est bien parole d'ange — de multiples significations suspendues à ce mot lancé à travers ma nuit par un messager inventif : il fallait distinguer dans la corbeille de naissance les avantages des « avantares », mot où j'entends « tare d'avant », et où je repère une allusion à la vantardise.

Il y a en nous des défauts innés, des « tares d'avant », le legs négatif des âmes mortes qui composent nos propriétés psychiques, nos « domaines » à ensemencer avec la foi fervente. L'orgueil, la volonté d'arracher à l'entourage — l'entoure-âge — une approbation admirative à laquelle mon ego estime avoir droit, fut longtemps — l'est-il encore ? — un vice qui, déçu ou contrarié, pouvait me porter à toutes sortes de violences contre moi-même, telles que beuveries ou profanations diverses.

Certes mon histoire personnelle, mon enfance privée d'amour où mon père contemplait son deuil en me tournant le dos explique aussi cet « aventare » qui trahit un vif besoin d'être regardé. La vanité est un coq qui, parce qu'il ne fut pas aimé, chante pour attirer sur lui l'attention et les louanges compensatoires, les tendresses de substitution.

Mais ce vantard aventare n'était-il pas là auparavant ? En un mot notre jeunesse, pareille à ces résumés qui précèdent le nouvel épisode d'un feuilleton, n'est-elle pas le rappel des formations négatives à désintégrer pour renaître à la vraie vie et à l'expansion illimitée du Soi, notre essence, notre milieu ?

Je nomme ainsi « formations » ces noyaux ensevelis, ressorts de comportement tombés dans notre âme d'ombre et que, tels des minerais dans la terre noire, il nous faut aller rechercher en leur soutirant les forces qu'ils retiennent. Au fond de la bouteille, dans notre lie, sont des psychismes de récupération, les germes des morts agglutinés en lactance ténébreuse, en principes actifs que l'enfance très tôt manifeste et qui aggravent à l'extrême des traumatismes initiaux que, sans eux, elle aurait traversés aussi sans dommages.

C'est que le matelas — notre âme inférieure composite — forme la caisse de résonance et comme les grandes orgues de l'âme : c'est lui qui donne à notre vie son mystérieux retentissement. Ce n'est point tant les événements qui nous modèlent et nous sculptent que la manière dont ils furent accueillis par le coffrage où ils vibrent. Pareille au chœur du théâtre antique, frémit et palpite sur notre scène une assemblée d'âmes déchues dont les émotions lourdes, les emportements caverneux donnent aux grands artistes cette profondeur symphonique, cette voix basse et enrouée avec quoi ils composent — cheval blanc qui court dans la tempête — leur concerto pour esprit et enfer où se mesure leur cristallisation intérieure.

Ce chœur maudit, ce sinistre cabinet d'influence, cette houle noire, plusieurs rêves sont venus m'en expliquer la nature dont, à l'usage des chercheurs d'or, je veux extraire quelques idées.

La première, c'est que nous avons choisi cet ampithéâtre de coquins et de catins, de fanatiques et de désespérés qui forment le contrepoint de négativité indispensable à notre élan spirituel. Cette ombre qui nous tourmente, nous l'avons voulue : elle est notre matière première, le minerai psychique à retrouver et à transformer pour accéder à notre plus haute mesure, à notre image parfaite.

La seconde, c'est qu'ils sont tous liés les uns aux autres et qu'amener l'un à l'action — porter une tendance noire à l'acte — c'est les impliquer successivement et comme à la chaîne, dans une enfilade de situations engrenées. Sous le séducteur apparaît l'ivrogne, sous l'ivrogne le désespéré, sous le désespéré l'obsédé, le pervers au regard qui pétrifie.

La troisième c'est que le Soi — notre moi total, notre moi futur, notre véritable moi — est un sarcophage, c'est-à-dire, étymologiquement en grec, un « mangeur de chair ». C'est lui qui, pour les unifier en une seule personne, est chargé de dévorer l'une après l'autre, en les digérant de l'intérieur, ces enveloppes psychiques, ces formes successives emboîtées les unes dans les autres. Le Soi se nourrit ainsi des œufs des morts, des gouffres d'ombre, des noires concrétions invisibles. Avec leur sauvagerie, leur plainte chaotique, il fait de l'or. Avec la mort il crée la vie, avec le fracas le silence, avec la chair triste un corps glorieux qui sera le véhicule de notre résurrection.

Vu de notre présence à ce monde, le Soi est le point final de nous-mêmes, notre centre mystérieux, l'étincelle divine qui, comme un soleil des ténèbres, brille derrière les murailles de la nuit, derrière le psychisme criard qui est notre pesanteur, notre prison. Mais vu de l'autre monde, cosmos à l'endroit à l'égard duquel nous sommes inversés, il est l'enveloppe extérieure du sarcophage, il est notre réalité céleste, il est le divin dessous devenu le divin dessus. Ainsi l'œuvre intérieure consiste-t-elle à entrer avec lui en contact, à nous relier à son amour, à sa forme parfaite pour collaborer à la tâche de digestion des taches.

Là où est notre honte, notre gêne, notre abîme, là est aussi notre Soi : avec ma boue, dit le poète inspiré, je ferai de l'or !

Une quatrième idée, puissante, retentissante, venait jusqu'à moi sur les ailes empressées du rêve : de cette digestion des haillons négatifs dépendait l'accession au plan de l'Esprit d'une grande Force montée de l'abîme des abîmes, fleuve vertical qui voulait, dans l'étage supérieur, trouver son estuaire. A travers l'homme deux immenses dragons cosmiques tentaient de se rejoindre, Léviathans invisibles dont notre époque — cette fin de siècle troublée — avait été désignée pour assurer l'harmonisation.

Déjà dans le passé et dans toutes les civilisations une telle tentative avait été amorcée : c'était entre le IX^e et le XIII^e siècle. La fécondation avait alors échoué, la conjonction gigantesque n'avait pas eu lieu et les deux forces s'étaient rétractées, abandonnant peu à peu leur lit conjugal — cette terre — au mental qui ratiocine et aux plis des négativités redoublantes.

Aujourd'hui cependant, par le bas et le haut, par-dessous et par-dessus, les deux forces cosmiques, depuis 1980, revenaient à l'assaut, brisant ce qui résistait, crevant les plafonds et les planchers, jaillissant de tous côtés pour emporter les structures de stagnation, les barrages à la jouvence de l'Esprit. A l'intérieur de tous les hommes, depuis le début de la décennie, les psychismes s'envenimaient, s'ouvraient comme des fleurs noires, des fleurs maladives qui crachaient leur venin de malaise et de désenchantement.

Ce que nous avons ne nous satisfait plus, ce que nous voulions, nous ne le voulons plus : nous sommes affamés d'un bien immatériel que le réel n'est pas capable de nous fournir. Une haute contrée, une architecture subtile, une structure impalpable descend vers nous avec sa force d'amour qu'il va nous falloir, en dépit de toutes nos colères, accepter. Les cœurs se brisent. Devant le malheur humain et les profanations infligées à l'âme noble, devant les souillures endurées par la terre, les larmes coulent.

La Dame de la Nuit et le Roi de Lumière entrent au fond de nous en contact : ils se cherchent, ils se trouvent et, sous le choc, les êtres figés, les hommes crispés perdent la raison. Nous vivons un temps étrange de redistribution des forces comme si une main avait saisi sur la table les dés immobiles pour les relancer, les remettre dans les courants de la vie fondatrice. Tout ce que nous avons — et qui nous rassure — va disparaître, toutes les puissances matérielles vont être renversées : seul survivra l'Être, charpente de la future maison divine, contact avec la Structure accordé à ceux-là seuls qui auront entrepris leur travail d'ombre et commencé, dans la caravelle de la honte, à traverser un océan inconnu.

Parlant tout à l'heure du Body Center, j'ai celé une partie de la vérité et laissé croire au lecteur que ce lieu était celui d'une sensualité enivrante, étalage somptueux où l'œil butinait. En quelques rares moments cela fut ainsi, atteignant ce frémissement des chairs soyeuses, ce bonheur des corps brillants que le désir tend et allume.

Mais en temps ordinaire — en temps bas — le local était sordide, engrisaillé par des obsessions qui, ne trouvant pas leur assouvissement, battaient de leurs ailes flasques un air humide où stagnait l'odeur des corps énervés et insatisfaits. C'est qu'il y avait des jours où les femmes n'apparaissaient pas et où les hommes attendaient en piétinant autour de la piscine, la serviette éponge nouée autour des reins comme un pagne, que daigne entrer quelque créature sur laquelle ils braquaient aussitôt, avec une tension avivée par l'attente, leurs regards-canons.

Si la malheureuse avait la déplorable idée de se dénuder et d'entrer dans le sauna, alors se ruait dans la même cabine brûlante la foule hérissée, occupant bientôt, autour de la pauvre femme, tout l'espace disponible, semblant, avec leurs corps qui s'étageaient, assemblée de vautours aux yeux caverneux, aux yeux lourds qui éjaculaient une humeur vitreuse.

Chose étrange, moins les femmes se montraient et plus, insatisfait, je revenais à l'assaut, me rendant jusqu'à trois fois par semaine dans ce bain public de luxe dont l'entrée n'était certes pas gratuite. Mais le plus surprenant le voici : quand, inassouvi, la tête branlante de toutes les obsessions maudites qui me perçaient, je rentrais chez moi et que j'y retrouvais M.M. faisant sa toilette du soir ou se préparant pour un dîner que nous avions au-dehors, alors je ne pouvais même pas porter mon regard sur son corps : j'évitais avec rage toute vision de sa nudité. J'aurais voulu jeter sur ses épaules un voile, une couverture, panique atteignant son comble quand je la voyais aller et venir, toute nue, dans une pièce dont les rideaux n'étaient pas tirés. Avec quelle fureur faisais-je alors devant la fenêtre obstacle avec mon torse, avec quelle précipitation fermais-je les volets !

J'avais mal au corps de ma femme que je voyais d'année en année, parce qu'il n'était pas caressé, parce que nulle main ne le faisait reluire, se restreindre, s'étriquer et perdre le bel éclat initial qui m'avait attiré. Elle m'aimait, elle m'adorait, nous avions eu ensemble un enfant et cependant je ne pouvais rien lui donner d'autre en échange qu'un amour désincarné.

A cause de l'œuvre intérieure, du travail de purification entrepris en Tunisie, mon cœur avait commencé un peu de s'ouvrir : certains soirs, auprès d'elle, je ruisselais de tendresse. Mais l'obstacle demeurait, le panneau de froideur qui m'empêchait de me donner à elle, de lui dire les mots qui m'eussent peut-être soulagé.

Pour retrouver mon épouse j'interrogeais mes rêves. Le Maître intérieur y donnait la solution : le cri d'amour ! Il fallait que je crie d'amour, que je fasse sortir toute la lave emmurée dans ma poitrine, toutes les émotions retenues dans la forteresse de fer. A la faveur de cette ouverture torrentielle le contact charnel pouvait, entre nous, reprendre. Certains soirs je m'y efforçais mais avec tant de maladresse que le remède ne faisait que souligner, en la rendant encore plus évidente, la glaciation qui mettait nos rapports sous sa chape impénétrable.

Je me mis à tromper M.M. sur une vaste échelle et, non content de lui être infidèle, de profiter de ses absences pour amener dans le foyer conjugal les proies que mon violent désir savait traquer. Or ceci est définitif : quiconque s'y risque tue à jamais le couple dont le lieu ainsi profané était le sanctuaire, c'est-à-dire le point de jonction spirituelle.

J'avais renoué — comme c'est la règle quand défaillent les mariages — avec une ancienne maîtresse du temps de ma jeunesse. Après avoir épousé un écrivain américain sans le sou elle s'était, après douze ans de mariage et deux enfantements, séparée de lui pour le voir soudain, comme si son départ en avait été la cause, voler de succès en succès et atteindre une consécration mondiale pour un roman policier de médiocre envergure. Cette circonstance, jointe au suicide d'un frère qu'elle chérissait, l'avait si fort ébranlée qu'elle avait conçu le projet de remettre, comme le dit un obstiné cliché journalistique, les compteurs à zéro et de revenir dans sa jeunesse pour y retrouver l'amant initial et la croisée des chemins où elle croyait s'être ensuite égarée.

Blonde, mince, de petite taille avec un visage à la Greuze où quelques rides délicatements entrelacées témoignaient de la pose précoce des filets par les pêcheurs du crépuscule, elle avait vieilli par un seul bout, comme si toute la vigueur juvénile de son corps se fût bornée à descendre d'un cran et à se réfugier — à s'épanouir — sous la ceinture.

En haut elle fumait des Gauloises en balançant un index négligent vers les brindilles de tabac collées à sa lèvre gercée, en bas elle tenait serrée sous sa jupe noire des trésors adorables d'une telle beauté et ampleur qu'elle aurait pu être prêtresse dans ces temples que la Grèce dévote élevait à Vénus callipyge.

C'était donc un fait avéré, une vérité d'évidence que mon comportement proclamait : de Nicole je n'aimais, en dessous de la ligne de flottaison, que la coque de coquine, la chère chair et son saillant sillon. Avec le haut, avec le cœur sans expansion et la tête écervelée, je n'avais qu'un commerce distrait que je n'eusse jamais voulu accroître.

De ma femme en revanche, de M.M. la paisible, j'aimais la noblesse, la droiture et la simplicité : j'aimais sa présence et le pas qui marchait à mes côtés. J'aimais sa tête et sa chevelure ; j'aimais ses traits, j'aimais son sein.

En revanche, sous le décolleté commençait un pays qui, pour des raisons névrotiques, n'avait pas d'existence pour moi. J'avais épousé ma mère, la femme enveloppante et sereine qui apportait nourriture à celui qui avait faim et sécurité à celui qui avait peur, chaleur aussi à celui qui avait froid. Mais l'amour qu'elle répandait dans ma vie, il m'était impossible de le lui rendre, par peur, dans mon ombre souterraine, d'un retour de fatalité, d'une nouvelle amputation du sein nourricier.

La mort de ma mère, je l'avais ressentie comme un abandon et m'étais imposé la réclusion du cœur pour me prémunir contre toute récidive. Par crainte de l'abandon, je m'interdisais le don. Pour ne pas avoir à en souffrir, je prohibais l'amour et, pour m'en écarter à jamais, j'avais choisi de me noircir, de me visser dans le vice.

Je ne voulais pas aimer ! C'était un programme de malédiction que je m'étais infligé dans l'enfance avec le cri immense de mon être bouleversé : je m'étais recroquevillé dans la nuit froide !

Grâce aux rêves et à la compréhension des signes, au contact que j'avais avec une intelligence surplombante qui m'éclairait, je commençais peu à peu à saisir l'origine de l'emprisonnement bien que me manquât encore un élément essentiel que j'ai mis longtemps à découvrir. Il me fallait prendre ma vie en main et commencer de l'ordonner, au lieu de subir en victime résignée les injonctions d'une ombre perverse qui me baladait où elle voulait.

Dans mes rêves je voyais apparaître, à l'intérieur de l'autobus — le 83 — qui reliait mon domicile à celui de ma voluptueuse maîtresse, un contrôleur, tel qu'il en existait jadis sur cette ligne et dont le retour avait un sens bien précis : j'étais invité à « contrôler » ma liaison, à en vérifier le bien-fondé, à mesurer ses répercussions dans ma vie.

Le Maître intérieur, je l'ai déjà dit, est immoral : seule est considérée par lui la répercussion des actes sur la chambre sensible qui est notre âme inférieure. Grâce à ma pratique spirituelle, à cet élan de mon être vers un point d'unité sublime situé dans le cosmos invisible par-delà les forteresses de la nuit, ma partie sauvage, mon chargement, ma Mauritanie commençait à recevoir charpente, à se cohérer, à se retourner : à se convertir.

Quand j'abandonnais mon corps aux sollicitations d'une sensualité qui m'inclinait aussitôt aux souillures, alors naissait au plus profond de moi-même une tempête de culpabilité qui mettait à bas en un clin d'œil tout l'édifice en train de se construire.

Des songes me venaient, à travers une nuit bruissante de paroles, qui montraient une femme noble se jeter par la fenêtre du dernier étage d'un immeuble ou bien un merveilleux enfant précipité par mes soins dans une décharge à ordures. Je me voyais dans l'un de ces hôtels agréables, à terrasses et larges baies vitrées, tel qu'il en existe sur les côtes heureuses de la Méditerranée occidentale, lorgnant quelque femme accroupie dont s'entrebâillaient les dessous. Alors montaient aussitôt de la plage voisine des eaux en fureur, des eaux noires chargées d'immondices et où toute la population locale semblait avoir déversé ses poubelles, inondation ténébreuse qui entrait dans l'auberge claire et emportait les fleurs ornant ses vestibules.

Bientôt, les significations présentes dans mes rêves se mirent, comme je ne tirais aucune conclusion de leur message, aucune intention de réformer mon comportement, à envahir le réel lui-même et à se montrer à moi avec une telle insistance qu'il me semblait être, par elles, encerclé. Ainsi, sur ces plages baignées de soleil où l'été amoncelait des seins et des hanches, à peine désormais osais-je les regarder avec une certaine fixité que des phénomènes survenaient, circonstances bizarres comme si une intelligence mystérieuse eût voulu à la fois m'empêcher d'en poursuivre l'observation et m'expliquer pourquoi l'interdit était nécessaire.

Ainsi, dans l'instant même où mon œil s'emparait au loin, pour les dévorer, de ces cuisses blanches que l'Allemagne répand sur les rivages grecs, sortait d'en dessous les galets l'un de ces scorpions jaunes qui sont l'effroi des plages de l'Hellade. Ou encore — en corps — comme je venais, dans une crique déserte, de commencer à scruter une femme dénudée, s'approchait à grande vitesse un bateau qui débarquait ses passagers. Du groupes des intrus se détachait une petite fille au visage gris qui venait vomir sur mes pieds l'omelette mangée au déjeuner.

Un signe de ce temps-là me fit si forte impression que je fus amené à réagir. Pour gagner le domicile de ma maîtresse j'utilisais parfois ma voiture, bien que m'impatiente ordinairement la circulation parisienne. Dans les embouteillages, j'avais pourtant trouvé l'activité idéale : je priais, usant de mon véhicule comme d'un oratoire ou d'une chambre de méditation. Il est vrai que la voiture, comme la baignoire, est un lieu de contact avec l'invisible : le volant que nous tenons entre les mains est un mandala, une structure d'élévation dont on sait le rôle qu'elle joue dans les pratiques tibétaines.

C'est dire le désordre dans lequel je vivais : venant de quitter mon épouse belle comme le marbre je me rendais à mes jouissances et ne voyais nulle contradiction à prier pendant le trajet. C'est que j'éprouvais alors, à cause de mon laisser-aller, un malaise, une angoisse insaisissable, la peur d'un nouveau « fatum » du destin ; n'aurait-on pas dit que je craignais que le ciel ne me tombât sur la tête pour l'implorer ainsi avec insistance, comme si j'eusse tambouriné à sa porte ?

A un feu rouge, dans la rue de Miromesnil, non loin du domicile de Nicole, j'élevai à nouveau ce jour-là ma pensée vers Celui qui était revenu dans ma vie : « Mon Dieu, mon Dieu, dis-je à haute voix, viens à mon aide, je t'en supplie ! » Machinalement, par la vitre baissée de la portière, je regardais vers la droite.

Il y avait là une pharmacie qui faisait le coin d'une rue transversale. Nous étions au début de l'été et le pharmacien avait choisi d'orner sa vitrine avec de la publicité pour une crème de bronzage destinée aux peaux fragiles. L'affiche qui occupait une partie de la devanture représentait deux jeunes femmes en maillot de bain, assises au bord d'une piscine et dont on ne voyait que les dos criblés par le soleil. L'une d'elles exhalait une plainte. L'autre lui objectait, phrase écrite en lettres capitales : « MAIS QUE FAIS-TU POUR T'AIDER TOI-MÊME ? »

Outre l'immensité des significations attachées dans la Tradition aux symboles du dos et du rayonnement solaire, j'observe, dans cette parole foudroyante, les marques de son origine surréelle. Et d'abord sa conformité au critère d'étrangeté : cette publicité avait quelque chose d'invraisemblable et je doute qu'elle ait jamais poussé quiconque à acheter la crème dermique dont elle prétendait vanter les vertus.

Il y a dans tout signe une « atmosphère » qui le retranche du réel environnant, le plaçant dans un invisible enclos où se déploie une vibration d'air qui semble ne pas appartenir à ce monde. Le signe est une floraison du divin dessous et, à ce titre, il porte avec lui à la fois l'énergie et la substance du plan parallèle qui s'étend sous le réel comme nappe phréatique.

Son second critère d'authenticité est celui de la pertinence impertinente : la parole du Maître d'âme répond avec une intensité et une justesse terribles à la pensée que nous venions tout juste de concevoir. Le troisième critère est celui de la profondeur : le signe s'ouvre sur une succession et comme une enfilade de sens alignés, du plus immédiat au plus incroyablement subtil ou évanescent.

Pour ce qui concerne celui de la rue de Miromesnil, je me borne à remarquer la présence des éléments : au feu solaire qui brûle la chair correspond l'eau où les pieds — les racines — des deux protagonistes étaient immergés, définition en tout cas d'une tension — d'une inversion — entre le haut et le bas qui renvoie aux plus étincelantes méditations de la pensée chinoise : « Quand l'eau se mêle au feu, écrit Lu Tsou, c'est alors que la fleur d'or apparaît. »

Le quatrième critère attestant de la validité du signe est celui de la simultanéité incongrue. Je prononce une phrase puissante, aux implications exigeantes et voici que tombent dans le même instant le commentaire et l'objection, le conseil aussi que le profond La Fontaine avait déjà proclamé avec grâce.

C'est ce court-circuitage du temps terrestre qui, plus que tout, définit le signe, la parole du Maître invisible. Dans le sein même de la succession temporelle et normale des événements une cassure intervient par où se montre le temps céleste qui est celui de l'immédiateté foudroyante. Le temps terrestre est linéaire, évolutif, successif. Le temps céleste est un approfondissement inouï de l'instant, devenu instant profus et instant profond, présent éternel.

Dans tous les moments décisifs de ma vie, quand une grenade a été lancée à côté de moi qui — bizarrement — n'a pas explosé ou quand, après mon divorce, j'ai à nouveau rencontré l'amour sous les traits de ma seconde femme, j'ai été frappé par la sensation de l'immobilité du temps : le fleuve s'était arrêté qui coulait au delta de la mort, un instant sans bornes s'étendait où j'eusse, peut-être, pu introduire ma pensée pour entrer dans l'autre monde. Dans cet instant de nacre, de sacre, il y avait une porte que, prévenu, j'aurais pu ouvrir pour toucher à la lumière de gloire.

C'est que la voie spirituelle consiste à faire peu à peu entrer le temps céleste à l'intérieur même du temps terrestre, à poser l'éternel sur le sempiternel, à loger le feu dans l'eau. Chaque instant peut ainsi être conquis sur les puissances de la nuit, devenir germe, ressort, élan vers l'autre instant.

Les vies ne sont pas encore en mouvement. Les hommes sont morts qui ne savent pas encore habiter l'instant avec la plénitude divine prête à y entrer, à s'y poser.

Le but, c'est la conquête du temps d'ici par l'Esprit d'en haut, c'est l'entrée de l'infini dans le fini. Aider à ce combat cosmique, c'est agir sur l'instant par la veille, la surveille. Ainsi vient la grande magie : car l'instant est la Porte. L'instant est un lieu, un monde, un noyau d'intensité ; il faut conquérir le temps.

Ébranlé par le signe et les avertissements nombreux que les rêves m'apportaient à travers l'écran de la nuit, je me résolus à mettre de l'ordre dans ma vie et d'abord à m'éloigner de Nicole, à supprimer ce pôle charnel qui m'empêchait — croyais-je — de me conjoindre à M.M. Une fois la décision prise et notifiée à l'intéressée une grande joie m'envahit comme si concevoir ce programme était déjà le réussir. Le soir quand je me retrouvais avec M.M. devant la télévision, sur le divan unificateur, il me semblait être submergé d'amour. Que l'intendance désirante ne suive pas ne m'affectait guère ; demain serait meilleur, je confiais à l'avenir le soin de régler ce petit problème de lit qui subsistait entre mon épouse aimée et moi.

J'ignorais que les projections — surtout celle de l'image maternelle — ne se retirent pas si aisément et qu'elles forment, autour des êtres-cibles, corsets en chitine résistante. Les êtres qui nous sont proches nous ne les voyons pas car nous les aspergeons avec des pensées venues de l'inconnu de nous-mêmes et qui les masquent, les enveloppent, les dérobent à nos regards.

Je me demande même si les images que nous formons et, sans le savoir, par la poire d'éjection située sous la ceinture, expédions sur nos proches, ne finissent pas par agir sur eux, par les modeler et opprimer leur véritable nature. C'est que les pensées souterraines — celles qui viennent du matelas maudit — ont une action sur le réel ; elles ont une matérialité qui, dans certains moments, peut se laisser palper ou entrevoir. Ce que nous pensons des autres, ce que nous fixons sur les autres, cette nuit qui nous appartient et dont nous les enrobons, ils en sont restreints, détournés ou figés.

Aujourd'hui qu'à cause des rêves et de l'initiation qu'ils transmettent, mes sens subtils se sont affinés, il m'est parfois difficile de supporter, en face de certaines personnes, les rouleaux de vagues noires qui déferlent de leur âme inférieure et d'un psychisme semblable à un océan tourmenté. Certes, ils peuvent sourire, prononcer de douces paroles : de leur enfer souterrain sortent des énergies négatives dont les ténèbres, comme d'un poulpe qui crache son encre, me troublent.

Et je dois convenir que tel je fus aussi, en ces temps de combat avec moi-même. Quand j'entrais dans une pièce où conversaient des amis, je provoquais, par ma seule irruption, la gêne, puis le silence. Émanaient de moi alors, pareilles à ces hérissons avec quoi les ramoneurs nettoient les cheminées, des boules noires et blessantes, une négativité dont, sans dire un mot et par ma seule présence, j'étais pourtant la source.

C'est qu'au lieu de transformer l'âme inférieure dans un processus de création par exemple ou dans des activités qui, telle la sculpture, auraient permis à ces forces noires de s'extravaser dans l'argile, je luttais avec violence contre une sexualité que j'avais à jamais définie comme démoniaque. Après avoir rompu avec Nicole, je m'étais barré toutes les portes — y compris celles du Body Center — où l'âme visqueuse trouvait à se répandre, veillant sur mes yeux et mes regards comme sur des bandits à tenir en respect.

Dans mes rêves apparaissaient des images inquiétantes, soit que des chevaux fous bondissent sur moi, soit que des chiens affamés me montrent les dents et grondent. Je continuais à accorder grande importance aux messages nocturnes et à tenir mon cahier de rêves à la façon d'un livre saint où s'inscrivaient des sourates divines : comprenant de mieux en mieux, par l'usage quotidien et la méditation qu'elle entraînait, des songes dont les images ne sont après tout que des hiéroglyphes récurrents, j'étais informé, comme par les actualités télévisées, de l'évolution du conflit.

Repoussé sur le terrain — celui de la sexualité — où, pendant longtemps, il avait fait ce qu'il voulait, le dragon attaquait dans une direction où je ne l'attendais pas et avec une violence qui faillit m'emporter.

J'avais toujours bu un peu plus que de raison. Sans être un ivrogne, j'avais une certaine tendance, quand les soirées amicales se prolongeaient, à vider les bouteilles placées devant moi.

Je me mis soudain à en ouvrir d'autres et à rechercher les soirées que je savais bien arrosées, à courir les dîners et à m'y enivrer comme un soudard. Pis, j'achetais chez moi le vin par tonneaux et faisais couler dans des carafes un nectar que, parce qu'il était « du terroir », je croyais de peu de conséquence sur l'organisme. La vérité est qu'avec ces vins lourds que j'absorbais tous les soirs et dont la quantité avoisinait la bouteille, je me fusillais, je me terrassais, suscitant dans mon être le climat de nervosité et d'irritation vague qui exténue le mental de l'alcoolique. Non que je le fusse complètement : il y avait toujours en moi une ultime protection qui se levait aussitôt que j'étais sur le point de dépasser la limite, comme si une main mystérieuse, au bord du gouffre, m'eût retenu.

Dans mes rêves, on aurait dit que se taisait le Maître intérieur. Si je continuais à être abondamment informé des opérations en cours et de la façon dont le dragon psychique m'attaquait, le Maître ne me disait plus, comme avant, ce qu'il convenait de faire, la manière dont je devais répondre à l'agression des forces noires. On aurait dit que, sur ce point, le Soi, l'ange personnel, le moi supérieur du mystique, me laissait me débrouiller tout seul. Je devais en passer par là : il m'appartenait, pour m'aguerrir, de faire l'expérience du mal, de vivre, jusqu'à plus soif, l'expérience négative.

M.M. ne m'était d'aucune aide : elle commençait à se détacher de moi, à envisager la séparation, à se renseigner secrètement sur les divorces. Elle en souffrait, je le voyais, à sa nervosité, à sa manière de fumer l'une à la suite de l'autre des Marlboro dont les mégots à bout de liège s'amoncelaient dans les cendriers. Sa souffrance à elle passait par le corps, s'exprimait dans un gonflement de sa silhouette que j'avais connue gracieuse.

M.M. m'aimait : elle ne pouvait se résoudre à se séparer de moi et cependant il le fallait bien. Le lit conjugal était devenu un espace glacé où nos corps jamais plus ne se rencontraient ni même ne s'effleuraient.

Un soir, comme nous étions allés nous coucher ensemble et qu'elle s'était déshabillée pour revêtir sa chemise de nuit, je regardai son corps nu par l'entrebâillement de la porte de la salle de bains. Il exprimait, par la texture même de la peau, un tel abandon, une telle souffrance comme d'une belle fleur que le jardinier n'arrose plus, que j'en crus défaillir de tristesse. Se retournant, M.M. vit mon regard et, le désespoir aux yeux, ferma la porte à toute volée.

La vérité était que je l'aimais, qu'il y avait entre nous un grand amour, mais un amour impossible qui restait enclos en lui-même et butait sur la dure paroi qu'une enfance dévastée avait édifiée autour de mon cœur. Hélas ! de ces événements aujourd'hui lointains je parle avec difficulté comme si leur remémoration m'était douloureuse, comme s'il y avait souffrance à extirper du fond de ma chair des souvenirs qui rallument ma culpabilité. Ce n'est pas le mal reçu mais celui que j'ai infligé aux autres qui aujourd'hui me terrasse et me fend.

Certes, je mesure aussi l'impossibilité où j'étais alors de franchir l'obstacle intérieur ; le démon de l'anti-vie et de l'anti-amour, celui qui m'avait voué jadis à la mort et aux froideurs de la perversion, était plus fort que moi. On aurait dit qu'il se riait de toutes mes tentatives pour l'écarter.

Le mal était en moi comme un germe de négativité incessante.

J'avais beau m'opposer à lui, le circonscrire, le repousser, le frapper avec violence, il revenait à l'assaut, ce qu'exprime avec exactitude dans les romans de chevalerie initiatique le thème de la tête coupée du dragon qui repousse en un instant.

Il m'a fallu longtemps — dix années de plus — pour frapper le dragon en plein cœur, pour l'atteindre dans son origine, dans son noyau bruissant de malédiction et de larmes enfantines. En ce temps-là, je ne pouvais que lui résister — et je résistais mal, le laissant parfois me submerger et envahir ma vie, ne gardant au fond de moi qu'une petite principauté de lumière, celle que ma foi, ma ferveur spirituelle, dans les ténèbres de l'abjection, continuait à actionner.

Résolu à me battre aussi sur le terrain de l'alcool, je m'ordonnai une abstinence définitive. Avec quelle peine, quelle tension de tout mon être, parvins-je à tenir la promesse solennelle de ne plus jamais porter la boisson prohibée à mes lèvres !

Quand j'étais invité chez des amis — en France la convivialité mangeante est de rigueur —, j'en restais tout contraint, tout contrefait sur ma chaise, à cause de la surveillance exercée sur les différentes bouteilles qui rayonnaient sur la table comme des quilles sur une piste de bowling. Rejetant toute expression de ma sexualité, repoussant avec fanatisme et une brusquerie dont se plaignaient mes amis toute offre de se rencontrer dans un bar, je ne tardai à ressentir une rigidité maladive qui me donnait cet aspect pétrifié qu'arborent les convalescents relevant d'une crise cardiaque.

Cette position de dualité était intenable : les rêves m'en informaient qui me mettaient en garde contre les forces instinctives puissantes qu'une telle attitude acheminait contre moi. Des songes subtils me venaient sur le thème de la ville illusoire. Nous combattons, me disait mon Maître d'âme, une ville illusoire, sans comprendre qu'elle se renforce de la guerre menée contre elle : sa nature cartilagineuse s'érige, s'étoffe, employant pour grandir la moitié des forces que nous utilisons pour la combattre. Ainsi cette guerre, tel un serpent qui se mange la queue, se nourrissait-elle d'elle-même ; les coups que je croyais porter à l'ennemi, c'était moi-même qui les recevais. Notre adversaire, c'est nous et nous nous divisons pour nous frapper.

Le Maître concluait sur un nécessaire changement d'attitude : il fallait cesser de combattre. Dès lors s'affaissait la ville en cartilage et je récupérais ces forces que son édification m'avait soustraites.

Et il est vrai que j'en avais besoin : la guerre intérieure, le combat avec le monstrueux de nous-mêmes, engendre une fatigue à nulle autre pareille, un vacillement physique qui est comme un épuisement général des énergies. A cause du conflit d'âme entre les deux pôles contraires, le bon sommeil avait fui : je me réveillais le matin encore plus fatigué que je ne m'étais couché.

Ce n'est pas sans trouble que je regarde les photos de ce temps-là : je lis mes désordres sur un visage qui reflète l'intensité du combat. J'ai la face saturnienne, les chairs molles, l'œil vitreux et une chevelure qui pend autour de ma tête comme serpillière. J'avais enlaidi et grossi, de cette mauvaise prise de poids qui est moins due à l'absorption des nourritures qu'à l'eau psychique, l'eau lunaire, l'eau noire qui enfle les chairs et déforme les traits.

Si j'avais été ce John Sutterton évoqué dans l'un de mes romans, aventurier des îles à qui suffisait de faire un signe pour que les femmes lui emboîtent le pas, mon pouvoir de séduction n'était plus qu'un souvenir. Dans la rue, quand venait à ma rencontre l'une de ces goélettes à belle voilure que Montparnasse ou Saint-Germain-des-Prés lâche les soirs d'été sur les océans du désir, j'avais beau expédier dans ses yeux mon regard aventurier, il n'éveillait pas le moindre tressaillement dans son armature. Elle passait à côté de moi comme un vaisseau longe une falaise grise où rien d'attrayant pour elle ne se montrait.

Moi jadis si confiant, si glorieux, si rayonnant d'une vie dont je goûtais tous les jus, je sombrai dans la mélancolie particulière à la dualité intérieure. Je n'avais plus goût à rien, hormis à m'empiffrer sans raison et sans joie. Il m'arrivait de rester prostré plusieurs heures sur un fauteuil sans rien faire, à bouger des pensées lourdes et confuses. Mon travail — mon œuvre — ne tarda pas à s'en ressentir. Si je fus toujours capable d'expédier mon article quotidien, je ne pouvais pousser mon Bic plus loin vers des manuscrits qui, par défaut d'être visités, se refroidissaient, se raidissaient.

Par l'effet du combat et de la montée des eaux polluées de l'âme inférieure, surgissaient à la surface des émotions oubliées, des angoisses étranges et, parmi elles, la peur, la peur obsédante qu'il pût arriver quelque chose à mon enfant : quand, dans le restaurant paisible où nous dînions mon jeune fils s'éloignait de quelques mètres ou qu'il sortait de mon champ de vision, la peur bondissait en moi, me forçait à quitter la table et à partir à sa recherche en hurlant son nom.

J'étais la proie de colères soudaines, d'irritations d'autant plus bizarres qu'un rien les suscitait, une peccadille, la réflexion d'un chauffeur de taxi, la lenteur mise par un garçon de café à me servir. Je me prenais de querelle dans la rue avec des inconnus, au point de me colleter avec eux comme un julot des barrières.

Au bout de plusieurs mois de cette attitude, je dus me rendre à l'évidence : le combat n'avait servi à rien, et surtout pas à me rapprocher de M.M. qui, en silence, couvait la décision finale.

Elle me l'annonça dans un restaurant où nous étions paisiblement aller dîner comme jadis : elle voulait divorcer et s'apprêtait à entamer la procédure chez un avocat du voisinage. Le restaurant se nommait « Le Drakkar », ce qui m'éclaira sur un rêve datant de plusieurs mois et resté inexpliqué où le messager m'annonçait qu'un drakkar venait de prendre la mer dont je ne tarderais pas à avoir des nouvelles. Le lieu n'était-il pas aussi en correspondance avec, dans ma vie, le thème général du nord négatif et même des Bouffes du Nord, d'autant que la rue dans laquelle il se trouvait en redoublait le sens, puisqu'il s'agissait de la rue d'Arras ?

Je ne contestai pas la décision de M.M. bien qu'ayant éprouvé, dans l'instant où elle me l'avait annoncée, un grand tremblement d'âme. Le moment était d'une intensité qui, chose étrange, nous rapprocha l'un de l'autre comme si nous étions soudain penchés sur une œuvre commune, un idéal à partager et comme un livre à écrire ensemble qui se serait nommé *Le Divorce.*

L'orage avait crevé, toute tension entre nous avait disparu. Bras dessus, bras dessous, nous sortîmes dans les rues légères qui sentaient l'averse de printemps, la brise d'ouest, le souffle des rénovations adorables. Près de la place de la Contrescarpe une giboulée nous contraignit à entrer dans le hall d'un cinéma.

S'y jouait une vieille comédie américaine de Frank Capra. Devant la caisse un groupe de jeunes gens attendaient la fin de la séance pour acheter leurs billets. Nous prîmes place derrière eux. Ils parlaient une langue étrangère, une langue de la Méditerranée identifiable aux « parakallo » dont leurs phrases étaient ensoleillées. Ils étaient grecs et je vis dans cette circonstance un signe de bon augure : la Grèce avait été dans mon passé toujours associée à la « métanoïa », au renversement positif des situations, au rajeunissement cyclique de la vie. Quand furent sortis de la salle des spectateurs aux visages desquels se pouvait mesurer l'agrément du film, nous prîmes nos billets et entrâmes.

Sur l'écran, un Cary Grant en blouse blanche recherchait dans son laboratoire la formule de l'élixir de jouvence et c'était un singe — symbole traditionnel de l'ombre — qui, versant des flacons dans un distributeur d'eau potable, la découvrait. Depuis l'attention que j'avais portée, dans mes voyages en Asie, au Ramayana et à son armée de singes qui aidaient le prince Rama à libérer Sita, captive des Asuras démoniaques, j'identifiais son symbole à celui de l'allié intérieur. Il y avait dans l'âme visqueuse, parmi les puissances de la nuit et du corps bestial, un parti, un peuple d'instincts qui, très aisément et à condition que nous consentions à vivre leurs besoins, à demeurer pour ainsi dire au milieu d'eux et sous leur protection, il y avait une puissance noire et velue qui pouvait nous devenir favorable.

C'est des années plus tard en écrivant ce livre et quand je songeai à toutes les significations rangées précieusement dans l'écrin de cette soirée de décision, que je m'avisai de cette émulsion du sens ainsi que du contenu prémonitoire révélé par le titre même du film : *Chérie, je me sens rajeunir.*

Les derniers mois qui précédèrent la séparation, nous les passâmes dans la même atmosphère idyllique. Nous retrouvions le plaisir d'autrefois à sortir ensemble, à nous installer à une terrasse de café, et à regarder s'écouler devant nous, pareille à un fleuve de visages, la foule parisienne. Les amis qui nous rencontraient, qui nous voyaient vivre, s'étonnaient en apprenant que nous étions sur le point de nous séparer : il leur semblait, au contraire, que nous étions faits l'un pour l'autre tant l'air entre nous vibrait d'un échange incessant.

Et il est vrai qu'avec M.M. nous n'avions pas besoin de parler pour communiquer : si le lit, le lac glacé du lit, était un désastre, subsistait une union étrange, comme si nos deux âmes eussent commencé de fusionner. En apparence j'étais tout sourire, tout bonheur : une nouvelle vie s'annonçait, mais dans les mystères du cœur aimant une profonde affliction régnait que ne tarda pas à manifester une attitude névrotique.

La première année de notre couple et peu après son arrivée à Paris où elle m'avait rejoint, M.M., parce que nous étions, cet hiver-là, fauchés, s'était confectionné elle-même un manteau à l'aide de bouts de laine de différentes couleurs. Elle était très habile de ses mains et le résultat était impressionnant qu'elle nommait son manteau en « macramé », mot dont je n'ai jamais été capable de percevoir l'origine ni de fixer l'orthographe. A cause de ses carrés multicolores et de son aspect d'assemblage, on aurait dit un vêtement d'arlequin ou ces capes arborées par les chamans de Sibérie pour escalader leurs mâts de cocagne.

Certes, à bien le regarder, on voyait qu'il était « cheap », fait de bric et de broc, avec des laines qui n'étaient pas toutes de la meilleure qualité. L'idée était de le porter un ou deux hivers, à la suite de quoi, grâce à mes succès littéraires inévitables, je lui achèterais un manteau de vison.

Inutile de dire que de ce vison elle ne toucha jamais le premier poil et si d'autres manteaux, d'humble extraction, apparurent dans sa garde-robe, elle conserva dans sa panoplie le macramé originel qu'elle utilisait pour les courses ménagères. Au fil des années, il s'était terni, avait perdu, comme un vieux chien, quelques touffes de son pelage et surtout, s'il avait pu être à la mode à la fin de l'âge hippie, il était devenu un peu ridicule comme ces pantalons à pattes d'éléphant que continuent à porter aujourd'hui quelques représentants de commerce désargentés.

Or, suspendu aux patères du couloir, ce macramé produisait sur moi une étrange impression : dès que mon regard se posait sur lui ou que je voyais M.M. s'en revêtir, c'est à peine si, détournant la tête et allant dans le living cacher mon affliction, je n'éclatais pas en sanglots. C'est que, usé, ayant perdu son vif éclat qui faisait ressembler autrefois ma femme à une noble princesse de Thulé, il disait à lui seul tout le déclin d'une union qui avait connu son heure de gloire et de beauté mais qu'une impossibilité intérieure, un barrage dressé dans l'âme complexe, avait condamné à la cessation d'activités.

Mais il disait aussi, ce manteau pauvre, tout le courage qui avait été le sien, tout l'espoir qui l'avait soutenue pendant ces années difficiles, son humble foi de voir tomber l'obstacle de froideur qui nous séparait. Elle l'avait tant porté que la laine s'était imprégnée de ses pensées et les rediffusait dans l'appartement, les éparpillait, les faisait monter en buée : ce manteau était le corps et l'âme de M.M. accrochés en trophée baroque dans le couloir d'entrée de notre foyer, l'attestation de sa fragilité, l'image de sa chair que mon désir avait fui et qui pendait auprès de la porte comme une peau sans usage. Le regardant c'était mon échec que je voyais suspendu et proclamé, mon incapacité à maîtriser le démon de la froideur, de la rétraction d'amour qui, depuis mon enfance, avait enfermé mon cœur dans sa cage de fer.

Des années se sont écoulées depuis ces événements. M.M. est partie mener au loin une vie dont je sais qu'elle n'est pas sans cahots ni nouvelle souffrance, comme si, dans sa destinée et en répétition incessante, elle devait affronter avec l'homme une difficulté essentielle, un obstacle analogue au mien. Peut-être avions-nous été réunis pour réagir l'un à l'autre et nous libérer ensemble : je ne sais.

L'idée m'est venue parfois que nous étions sculptés par d'invisibles puissances qui essayaient sur nous plusieurs prises, plusieurs formes, plusieurs solutions, ceci afin d'arriver à un résultat unique qui, dans mon cas, comme de nombreux rêves me l'ont répété, était l'expansion du cœur, sa sortie au-dessus des ténèbres de la nuit. Le plus étrange est que j'ai senti dans mes songes ce revirement des puissances, comme si elles voyaient avec une netteté impitoyable que l'échec ne pouvait désormais plus être évité, qu'il fallait renoncer à cette forme et nous orienter l'un et l'autre sur des pistes différentes.

Au début de l'écoute intérieure M.M. était désignée comme la femme absolue, celle à qui je devais par tous les moyens arriver à me donner : elle était ma planète Vénus dont, de façon plaisante, certains rêves, à la manière d'un dépliant touristique, vantaient les qualités, les vertus qui étaient les siennes.

Puis, trois ans avant notre séparation, surgirent des rêves différents : M.M. comprendrait me disait-on. Elle partirait d'elle-même. Ou bien je me voyais expliquant à un couple d'amis qu'un bon divorce pouvait être comme une nouvelle naissance. Ou encore apparaissait devant moi la revue *Tel Quel* qui portait en gros titre : « La Fin d'un couple ». Certes, le Maître d'âme continuait à m'encourager au cri du cœur — « le cri du cœur est préférable à la connaissance ésotérique », affirmait-il — mais il ne mentionnait plus M.M. avec la constance d'autrefois.

Le plus surprenant, le plus mystérieux le voici : avant même ce revirement des puissances, j'avais été informé de leur hésitation. Quatre ans avant la séparation effective un rêve m'avait dit, par la communication directe, qu'en raison de la nécessité de la propagation des idées spirituelles on « songeait » à me faire rencontrer une sœur mystique, une femme qui partagerait ma foi dans la quête intérieure. Et soudain, à la manière et avec le bruit si particulier des appareils de projection de diapositives, apparaissait une boîte d'allumettes de luxe arborant l'image et comme le portrait d'une jeune femme blonde aux yeux bleus dont la grâce, le port de tête et la coiffure avaient quelque chose de médiéval.

L'image, ainsi associée au symbole de la mise à feu, resta suffisamment de temps sous mon œil onirique pour qu'elle s'imprègne et demeure dans ma mémoire. Cinq ans plus tard, à la sortie d'une conférence que je venais de donner sur le thème du rêve et des énergies spirituelles, ma seconde femme, ma libératrice, ma boîte d'allumettes apparut devant moi. J'eus l'impression si particulière du déjà-vu. Il me semblait la connaître, aussi lui demandé-je son prénom. « Je m'appelle M.M. », me dit-elle.

Elle portait le même prénom ! Elle était la femme apparue dans un rêve cinq années auparavant, à une époque où elle était encore sur les bancs de l'université ; ne dirait-on pas que nos vies sont conduites, sont tissées et que l'homme n'a qu'un seul devoir, celui d'obéissance ?

Nous sommes en gestation, nous sommes des formes qui accèdent à la vie et sur qui veillent des êtres immenses, des constellations d'âmes. Nous ne sommes jamais seuls, jamais abandonnés ! Il y a autour de nous une compagnie subtile, une chevalerie dont chaque être est en correspondance avec les vertus, les principes actifs qui sont au fond de nous-mêmes et qu'un simple appel intérieur peut amener à la manifestation : il y a Cohésion, Courage, Joie, Amour... Il y a Ferveur !

Ce sont eux qu'en cet instant, de toute la force de mon âme, je hèle et invoque pour qu'ils m'aident à parler, dans la joie, dans l'approbation aux forces de la vie, de la nuit terrible, de la dernière nuit que je passai avec M.M. couchée au long de moi, dans le lit d'infortune, dans ce vaisseau immobile que les glaces avaient saisi. Je ne dormais pas et écoutais le bruit de sa respiration régulière.

Je me représentais les années que nous avions passées ensemble à courir le monde, ces dix ans écoulés l'un avec l'autre et où elle m'avait suivi dans mes installations successives qui, bien souvent — ce qui la heurtait —, étaient de simples bivouacs, d'aigres étapes, des bungalows de location où les lits étaient à ressorts déglingués et où les toilettes fuyaient. Mais il y avait eu aussi tant de journées légères, de profondeur et d'épanouissement, comme cette soirée divine à Venise où, en écoutant sur la place San Marco l'orchestre de la Fenice interpréter « L'Hymne à la joie » de la *Neuvième Symphonie*, elle n'avait pu retenir ses larmes.

Je la voyais à Phnom Penh allant faire son marché sous les tirs de canons khmers rouges, au lac Toba, à Sumatra, soignant, avec un garrot de fortune, un Batak mordu par un cochon furieux, à la suite de quoi tout le village de Tomok, la prenant pour un médecin, était venu lui présenter ses plaies.

A cause de la vie commune et de l'échange invisible des âmes sans cesse en contact et en correspondance, nous avions fini par prendre les mêmes tics, par tousser de la même manière, par avoir la même expression quand, pour vérifier notre physionomie avant de sortir, nous nous regardions dans un miroir.

Elle allait me quitter au matin et partir avec son enfant, vaillante, mais si seule, si fragile — si petite — pour affronter la vie difficile, les sociétés froides et un monde du travail auquel, épouse et mère au foyer, elle n'avait pas été préparée.

Et j'écoutais sa respiration à côté de moi, sa respiration douce, régulière de femme paisible, de femme harmonieuse : c'était la dernière nuit, la dernière fois que ce corps était couché à mes côtés, offert et repoussé, abîmé en lui-même désormais dans une rétraction intime, un effondrement et une fermeture qu'elle mettrait longtemps à évacuer !

Le lendemain matin, l'aidant à porter sa valise, je l'accompagnai à sa voiture qu'elle avait chargée le jour précédent de la vaisselle et du trousseau de linge que, dix ans auparavant et pour venir vivre avec moi, elle avait apportés. Elle y monta avec mon fils.

La voiture démarra, lourde, basse sur roues, comme une voiture d'Arabes. Au-dessus de l'amoncellement des bagages j'aperçus mon enfant qui me faisait signe par la vitre arrière. Puis le véhicule tourna au coin du boulevard, s'engageant dans la direction de l'autoroute du Sud et de la Provence où M.M. avait décidé de s'installer pour commencer le nouveau cycle de son existence. Je ne les vis plus.

Adieu mes aimés !

Sur le trottoir d'en face passait une jeune femme aux jambes nues, bronzées et qui portait un tee-shirt fripon, si lâche sous l'aisselle que s'apercevait le pli d'un sein que mon œil dévora.

La nuit qui suivit m'advint un rêve. Je me voyais franchir à pied une voie de chemin de fer, tandis que M.M. et mon fils s'en allaient vers la gare voisine distante d'une centaine de mètres. J'aurais pu partir avec eux : non ! Il me fallait explorer ces quartiers délabrés qui s'étendent derrière les gares, ruelles sinistres où les chiens sauvages rôdaient. De loin mon fils me hélait : « Où vas-tu papa ? » Alors je me retournais et, plaçant mes mains en porte-voix autour de ma bouche, je criais : « L'Alchimie, l'Al-chimie ! »

# IV

# Le Serpent à plumes

L'ALCHIMIE ! Depuis le commencement de l'œuvre intérieure et cette nuit sacrée où je m'étais noué au Maître d'âme, elle revenait, cette connaissance oubliée, sur les ailes du songe, dans les paroles d'ambre et d'ombre que les beaux rêves furtifs déposaient sous mon oreiller. On aurait dit qu'une structure se mettait en place pour donner à ma quête sa charpente philosophique et aux épreuves qui m'abrasaient leur portée signifiante, leur résonance traditionnelle.

Des nombreux rêves qui m'advenaient où la ville de Paris fournissait son décor chargé de sens et d'histoire, beaucoup se passaient dans la rue Saint-Jacques, au coin d'une rue Soufflot où je voulais entendre une allusion à l'architecture de l'être et au « souffle haut ». Saint patron des alchimistes, l'apôtre Jacques m'invitait à intégrer les scènes et les forces que le rêve me présentait : j'étais informé que la mère seconde, celle qu'enfants nous nommions, mes frères et moi, Mamy, pourrissait en bas de la rue Saint-Jacques et qu'il fallait porter son cadavre dans une boîte de nuit à l'enseigne de « L'Athanor ».

Ombrageuse, souvent irritée et mâchonnant d'anciennes humiliations, maigre et petite mais gonflée d'un inconscient vipérin qui l'eût dominée entièrement si le souci des apparences bourgeoises n'avait tempéré la sauvagerie de ses emportements, la mère seconde avait si fort imprégné mon âme inférieure — mon matelas — qu'elle en était devenue l'image, le symbole et comme la métaphore. Elle était la matière première, l'âme noire et psychique, le gouffre sur lequel, pour le purifier et le tendre au Seigneur, je devais travailler : elle était mon chaos, mon fardeau, le plomb à transmuter, ma souffrance ancienne qui, dans ma base, dans ma chair, continuait à régner.

Mon père avait épousé « Mamy » à peine plus d'un an après la mort de sa femme. Aussi avait-elle hérité de moi en bas âge, tout juste sorti du berceau et prêt à opérer sur elle, en sa faveur, un légitime renversement d'alliance. N'était-elle pas incapable, pour sa part, de donner naissance à un enfant, argument qui n'avait pas peu encouragé mon père à l'épouser ?

A ce don de mon jeune être, cependant, elle ne consentit point parce que j'étais l'attestation vivante de la présence de l'autre dont elle voyait mon père encore obsédé. Je me souviens qu'en ce temps-là un livre — un roman — comptait beaucoup pour elle jusqu'à y puiser une philosophie de la vie : il s'agissait de *Rebecca* de Daphné du Maurier qu'Alfred Hitchcock venait de porter à l'écran et qui décrivait les efforts d'une seconde épouse pour en finir avec les traces — avec les survivances — de la première et régner enfin sur le cœur d'un homme mystérieux. Mamy avait sans le dire, à son insu peut-être et actionnée par son ténébreux inconscient, déclaré la guerre à la femme qui, dans l'amour de mon père, l'avait précédée et dont elle voyait, sur notre peau, dans notre blondeur, rôder encore l'éclat et comme le charnel souvenir.

A ce fantasme qui la conduisit à me repousser s'ajoute une attitude qui lui était naturelle, un refroidissement du cœur, une sévérité glacée que de rares mouvements d'affection parfois adoucissaient. Mamy n'était pas capable d'aimer ou, du moins, son cœur était si englouti, si enseveli que ses murmures et ses accents passaient par en dessous, dans des émanations subliminales, des vibrations qui n'en étaient que plus puissantes lorsqu'elles nous touchaient.

A cette femme étrange, à cette femme sèche et humide à la fois, je me suis, enfant, donné, je me suis offert, dans l'appel de tout mon être à la résurrection d'un amour qui avait fui. J'avais un tel besoin d'elle pour découvrir mon assise ! Je l'aimais tant, cette femme sombre, au visage ennuyé, qui semblait toujours ruminer une funeste songerie ! De cet appel, de cet amour, elle ne voulut point, elle me repoussa.

Plusieurs rêves qui retraçaient mon histoire pour y souligner la naissance des plis négatifs, des formes-pensées d'autodestruction, sont revenus sur cette circonstance de ma jeunesse, d'une importance égale selon eux à la disparition brutale, à la mort du sein nourricier. A les entendre cette douceur non vécue, cette tendresse qui n'avait pas trouvé à se donner, loin de s'être dissipée, avait reflué au fond de moi et se tenait, secrète et vivante, dans une caverne de l'âme inférieure, lourd amour enténébré qui était le plomb de ma vie.

Il y a dans mon être une aurore qui n'a pas lui, un soleil retenu, un cri cloué que ce livre veut amener à la manifestation. De grandes forces sont, dans l'homme, bloquées, enchaînées, incarcérées dans sa nuit ! Les retrouver et les ressaisir pour les faire entrer dans la fructification de l'œuvre créatrice est justement un des buts de la noble alchimie dont la formule royale — que le mot latin *vitriolum*, avec ses lettres en acrostiche, récapitule — se déchiffre ainsi : « Visite les Parties Intérieures de la Terre. En y opérant une Rectification, tu y découvriras la Pierre Philosophale, suprême médecine. »

Cette terre, je sais qu'elle est la terre noire, le compost, le fumier de notre âme inférieure, ce matelas souillé sur lequel nous reposons et qu'il nous faut explorer, rectifier puis ensemencer et cultiver pour la donner au Moissonneur, travail qui comporte plusieurs phases que la Putréfaction inaugure.

Exercée sur les métaux que l'on travaille avec le feu dans un four appelé « athanor » l'alchimie est opérative. Exercée sur soi-même, elle est spirituelle et la Pierre, image du minéral qui est le support du monde, est le « divin dessous » qui affleure au fond de nous-mêmes, dans notre socle, la part divine, l'étincelle sacrée autour de quoi se constitua notre être.

La Pierre est ainsi notre Soi, notre Maître, notre Atman, l'image parfaite de nous-mêmes dans le monde céleste, le Dieu personnel qui est à la fois notre centre et notre couverture suprême : notre garant et notre identité supérieure. Pour l'atteindre, pour se lier à lui et en recevoir les influx, les souffles, les pouvoirs, il faut traverser notre nuit inconsciente en la connaissant et en la rectifiant : en la restructurant après l'avoir dissoute.

Les plis qui nous automatisent, nous devons les défaire après les avoir portés à leur intensité maximale, en pleine conscience et avec le regard de l'aigle sur leur engrenage, leurs lois de manifestation : connaître son enfer en le vivant jusqu'au bout, tout en développant son aspiration et sa ferveur par des exercices quotidiens de reliance — ce que les alchimistes nommaient : « recueillir la rosée » — tel est le scandaleux message délivré par cette sagesse ancienne et qui explique, pour une part, son occultation et les vapeurs complexes dont elle entoura ses secrets.

Le mal qui est en nous, plutôt que de le combattre avec un fanatisme moralisant qui, en réalité, le renforce, il nous faut le vivre en l'étudiant, en le scrutant, jusqu'à comprendre son origine et à saisir ses lignes de réalisation, ses principes de fonctionnement. Ainsi le rêve concernant le cadavre de la mère seconde qui pourrissait en bas de la rue Saint-Jacques m'invitait-il à l'adjoindre à ma recherche, à faire entrer dans l'athanor aux métamorphoses toute la région de l'âme inférieure, tout le tourment qu'elle symbolisait.

Il y avait en moi une blessure que je devais comprendre, un cœur martelé, une amertume, une tristesse sans bornes qui m'avait conduit à m'enténébrer, à refuser l'amour et à mortifier mon âme haute. Toutes sortes de plis machinaux, de fermetures automatiques, de comportements mécanisés avaient été induits par cette souffrance. Cela je l'entendais au point de repérer en moi-même la trajectoire de la pensée lugubre : n'ayant, à cause des circonstances, pas été aimé, j'avais cru que je méritais cette infortune et que, dans mon essence même, j'étais indigne, j'étais coupable. Ainsi optai-je souvent dans ma vie pour des comportements d'échec et des attitudes qui justifiaient, qui confirmaient cette indignité et ce bannissement hors du royaume de l'amour.

Mais il y avait… autre chose, un secret profond, une scène ancienne, une souillure immense dont mon enfance avait été dévastée et qui expliquait le caractère obsessionnel d'une sexualité que sa perversion enfiévrait. Je sentais en moi cette barricade, cet opprobre gluant, cette marque de poussière et de honte, ce crime dont je m'étais rendu coupable, qui m'avait dévoyé et retentissait encore dans ma vie, bien que j'en eusse oublié tous les détails, hormis le tic-tac d'un hideux réveil. A part ce minuscule souvenir, dont la remémoration confuse me mettait dans le malaise, rien n'était demeuré de ces scènes anciennes, du lieu où elles étaient intervenues, ni de la personne, avec moi, impliquée.

A raconter ce qui va suivre, j'éprouve plus que de l'embarras : une crainte sacrée, comme si je bravais un tabou et m'élançais avec audace dans une nuit interdite. A ouvrir les sanctuaires de l'ombre, à pénétrer dans le repaire des araignées dont les pièges multiples — les toiles sans étoiles — m'ont dévoyé, j'éprouve aussi une peur compréhensible : ces scènes anciennes, en les évoquant, ne vais-je pas les invoquer ? Ne vais-je pas réveiller, dans le fond du matelas, l'endormi serpent du malaise ?

Il le faut, pourtant : paroles du Maître d'âme, les rêves m'ont demandé de m'y résoudre. Là est l'Égypte où je déchiffrerai les secrets de ma destinée, là est la matière première que je veux saisir pour l'amener aux fructifications nécessaires. Depuis longtemps les songes avaient donc désigné l'abîme noir, horrible dont mon enfance était crevée. Ils en parlaient de façon abstraite, avec distance, comme si je n'étais pas encore en état de recevoir la vérité nue, l'implacable vérité.

Puis, peu à peu, ils m'engagèrent à entrer dans une vaste bibliothèque et à m'informer des « souillures causées par un choc affectif » (c'était leur langage). Ils me recommandaient de travailler aussi sur « le viol des jeunes enfants ». Je ne comprenais pas et interrogeais le Maître qui me parlait au fond de la nuit. Qu'était-ce que ce viol ? Et ce crime et cette honte ?

Alors lentement monta un visage indistinct, comme voilé d'oubli.

C'était celui d'une femme au corps épais : mon envoûteuse.

Une vision me la montra nue, portant sur le flanc la trace de blessures anciennes. Puis les cicatrices s'humanisaient pour devenir, sur la chair même de cette femme, une écriture semblant hiéroglyphique ou sumérienne, laquelle se transformait à nouveau pour — formidable, belliqueuse — se dresser comme la muraille mégalithique d'une forteresse écrasant le sommet d'une colline.

Je comprends qu'il y avait là une allusion à un vieux mur, à un ancien obstacle, à un empêchement d'aller plus loin, à un noyau de conflit. Ce principe négatif — cette construction de guerre — était associé à une idée de souffrance infligée à la femme, à la féminité, au versant féminin de mon être ; de l'étude de cet aspect de mon ombre je pouvais tirer une connaissance symbolisée par l'écriture sémitique ancienne. Pas à pas, au fur et à mesure que je scrutais mon âme obscure, le visage se précisait.

C'était celui d'une femme à qui — au cours des années 46 et 47 — j'avais été parfois confié, pendant que mes parents voyageaient et que mes frères étaient au pensionnat. D'origine piémontaise, Ada avait perdu son mari avant la guerre et vécu depuis lors une certaine solitude que son lourd accent italien avait aggravée.

A l'époque où ma mémoire ainsi la fixe elle était une femme d'une quarantaine d'années dont la chevelure, qu'elle portait nouée en chignon, commençait à blanchir. N'ayant pas eu d'enfants, vivant dans une pénible solitude affective, elle s'était, me voyant si abandonné, si seul, entichée de moi, ce dont, recherchant auprès d'elle une chaleur que m'avait refusée la mère seconde, je ne me plaignais pas. Volubile, Ada me racontait des histoires dont le thème invariable était celui du « voleur volé », contes qu'elle inventait sur-le-champ, avec une spontanéité, une grâce dont je me suis souvenu quand, écrivant mes premiers romans, il me fallut à mon tour créer mes propres scénarios.

Au fond de ma mémoire subsiste le contact charnel de sa main qui, souvent, pour marcher avec moi, prenait la mienne, main devenue râpeuse, calleuse à cause des travaux ménagers et des lessives. Le samedi après-midi, quittant la maison de Voujeaucourt, elle regagnait à pied son village, distant de cinq kilomètres, et m'emmenait volontiers avec elle.

Sa maison produisait sur moi un effet étrange : fermée pendant la semaine avec les volets tirés, les odeurs y étaient exaltées par leur rétention. Cela sentait la fleur fanée, la vieille cire, l'édredon rouge. Elle y collectionnait les cartes postales d'autrefois où des bersagliers embrassaient de jeunes Italiennes dans un déploiement de couleurs n'existant pas dans la réalité mais dont la force était, pour ma jeune sensibilité, très imprégnante, au point d'être très vivace aujourd'hui dans le souvenir : ne s'y mêlait-il pas... autre chose qui expliquait, dans ma mémoire, la violence de ces couleurs que le langage moderne a définies comme kitsch ? De même, les titres des livres que sa table de nuit contenait étaient chargés pour moi d'un bruissement particulier, comme d'un pouvoir agissant sur mes pensées, sur le climat de mon être : *Tout feu, tout flamme. L'École des femmes...*

Qu'Ada ait pu jouer un rôle dans l'empoisonnement mystérieux subi dans mon enfance, voilà ce que je n'étais pas prêt, au début de l'œuvre intérieure, à accepter : les souvenirs avaient été si loin repoussés que toute trace d'un possible traumatisme avait disparu. Alors à cet oubli suppléèrent peu à peu les messages nocturnes, vidant, comme un seau dans un puits, un plein baquet de souvenirs, une scène lointaine que ma honte et ma peur — mon impossibilité aussi de survivre avec ces images dans ma conscience — avaient donc rejetée à l'abîme. Parce que je ne voulais pas les accueillir dans la pleine clarté de mon esprit — parce que le pli de les repousser était toujours très actif en moi —, les rêves évoquant ces événements de l'enfance mirent longtemps à être, sinon pleinement acceptés, du moins considérés.

Je voyais Ada surgir en pleine séance de voyeurisme tandis que j'observais, de mon bureau de La Crau, la jeune fille au pull vert prenant dans sa chambre, devant son miroir, des poses. Alors, dans le rêve, une culpabilité pesante me tombait sur les épaules. Je suppliais Ada de ne rien dire à la mère seconde : « S'il te plaît ! s'il te plaît ! Ne dis rien ! » Elle promettait de garder le silence et, cependant, vivait, bougeait encore en moi pour me torturer, le soupçon qu'elle allait tout « rapporter » à la mère seconde.

Ce thème de la possible dénonciation, je l'ai vu revenir plusieurs fois dans les rêves. Je me retrouvais dans la chambre d'Ada tandis que la mère seconde errait dans les vestibules et les escaliers. Il me fallait, sans être surpris par elle, faire disparaître de la table de nuit les lettres que j'avais envoyées à Ada et où se trahissaient certains désirs, certains fantasmes. L'angoisse, vampire aux pattes préhensiles, était nouée à ma gorge à la seule idée que la mère seconde pût ainsi me prendre la main dans le sac. Je m'approchais bien de la table de nuit mais j'étais obligé de tourner le dos à une porte qui pouvait, à tout instant, s'entrebâiller sur le visage accusateur de la marâtre. J'en étais paralysé, je tremblais !

Un autre rêve se fit encore plus explicite. J'étais dans la chambre d'Ada, fouillant de façon perverse. Soudain, j'entendais un bruit dans l'escalier : c'était Ada elle-même qui montait. Je voyais son ombre, nettement, s'allonger sur le sol par la porte ouverte. Cette porte avait quelque chose de remarquable : on aurait dit l'entrée d'une niche de chien. Aussitôt après c'était la main d'Ada qui palpait par l'ouverture mon visage comme si elle eût cherché à le reconnaître.

Ce contact — ce tâton — provoquait en moi, à l'intérieur du rêve, une impression de forte réalité comme si, cette nuit-là, m'eût vraiment touché une paume râpeuse.

Un autre rêve, par sa précision et ses références culturelles, donna le signal à la montée des souvenirs, à la recréation d'une scène jadis totalement effacée : j'étais invité, pour guérir le furoncle qui poussait à nouveau sur ma cuisse, à aller voir un pharmacien installé rue du Bac, rue, à n'en point douter, symbolique du passage, de la métamorphose. Surprise : le pharmacien, à peine lui eus-je montré mon mal, s'était empressé de m'entraîner dans l'arrière-boutique, laquelle se révélait être une librairie donnant sur la rue adjacente. Là, il se saisissait d'un livre — un roman — et me le tendait : il s'agissait de *La Confession impudique* de l'auteur japonais Tanizaki. Revenant à la pharmacie il me donnait un tube de crème blanche avec charge pour moi d'en enduire le furoncle.

Au réveil je comprenais que cette crème symbolisait un travail de blanchiment, de purification : l'œuvre au blanc que l'alchimie faisait succéder à l'œuvre au noir. Cette blancheur — en alchimie celle du sel, c'est-à-dire d'un influx sel-est — était de nature spirituelle. La sexualité qui me tourmentait et qui, en moi, était la gueule même du dragon, je devais l'intégrer à ma quête, l'enduire avec cette substance particulière que la prière ou la méditation faisait descendre, matière mystérieuse que les Indiens nommaient le « prâna ». Mais la parole essentielle du rêve était contenue dans l'œuvre de Tanizaki, roman dont j'avais à peine entendu parler et dont j'ignorais le thème.

J'achetai le livre. C'était l'histoire d'un vieil homme qui avait épousé un tendron qu'il était dans l'incapacité de satisfaire. Froide, abandonnée, mystérieuse comme un vaisseau amarré sous la lune, elle reposait la nuit, loin de son époux. Dans l'obscurité de sa demeure le vieil homme marchait jusqu'à la chambre de sa compagne, y pénétrait sans bruit et s'accroupissait à son chevet. Puis, convaincu par sa respiration régulière que la belle était endormie, il soulevait les draps et les couvertures et, à l'incertaine lumière de l'astre des nuits, contemplait ce corps qu'une courte chemise enveloppait, dernier voile qu'il écartait pour regarder puis toucher, par effleurements délicats semblables à une plume, sa chair secrète.

Dormait-elle vraiment ? Ne favorisait-elle pas, par son inconscience apparente, les manipulations de son mari ? Le roman, dont plus tard un film fut tiré, était nourri par cette ambiguïté qui en rendait la lecture crépitante, excitante. Ce thème produisit sur moi une impression très forte : n'avais-je pas moi aussi, dans l'enfance lointaine, palpé, sous les draps, un grand corps interdit ? Mais était-ce bien dans l'enfance lointaine ?

A cause du rêve affluaient peu à peu des souvenirs, montait une mémoire refoulée, celle d'un comportement sexuel bizarre que j'avais eu à l'âge de douze ans, au pensionnat du lycée de R..., dans les dortoirs où les internes dormaient les uns à côté des autres, dans des lits qu'à peine séparait la distance d'un bras tendu.

A deux ou trois reprises — les tentatives avaient été courtes et peu nombreuses —, j'avais risqué au milieu de la nuit des gestes d'exploration sur les jeunes corps de mes voisins de dortoir. Je me souvenais de l'effort que je devais produire pour, sans réveiller le dormeur, dégager d'en dessous le matelas le bord de literie barrant l'accès à la chair prohibée. Je me souviens aussi de la gêne immense, de la culpabilité, du remords quand l'un de mes voisins, se réveillant brusquement, m'avait pris, si j'ose dire, la main dans le sac et, le matin, adressé quelques réflexions qu'il voulait plaisantes mais qui, pour moi, étaient cruelles.

Plusieurs jours j'avais été la proie d'une véritable terreur, celle d'être dénoncé à mes amis et moqué pour cette manie étrange. Ce comportement, qui me mettait dans un état d'excitation à peine imaginable pour un enfant d'une dizaine d'années, avait surgi, croyais-je savoir, en deux circonstances scolaires très précises : la première quand j'avais débarqué dans le lycée de la grande ville où il n'y avait plus d'intimité, plus de chaleur humaine et où, les premiers mois du premier trimestre, je m'étais senti perdu, abandonné, revivant assurément la tristesse fondamentale du deuil originel. La deuxième circonstance avait été, l'année plus tard, en classe de troisième quand, à cause du trouble de l'adolescence, j'avais si complètement raté mes compositions que j'avais été frappé de redoublement, marque infamante pour un enfant qui, à défaut de sa tendresse, voulait conquérir l'estime du père.

Dans les deux cas le comportement dévoyé — ce mystérieux sursaut de sexualité — avait eu lieu dans une situation de désespérance, d'égarement où s'était dissoute la conscience de contrôle et où, noirs récifs de l'enfer psychique, les grands mornes de l'âme basse étaient apparus.

Aujourd'hui je sais que l'homme est une conjonction miraculeuse — transitoire s'il ne se métamorphose pas — d'un oiseau céleste et d'une puissance des bas-fonds, qu'il est ainsi partagé entre une aspiration déchirante à la lumière, à l'élévation, à la somptuosité de la terre céleste, et une volonté soudaine d'en finir avec soi et de se disloquer dans la multiplicité des résidus psychiques — des âmes déchues — qui composent son abîme.

Bien souvent j'avais remarqué dans ma vie que les perversions — le voyeurisme — jaillissaient en période de tristesse, comme si, à cause de l'angoisse et de l'insatisfaction de moi-même, j'eusse décidé de me noircir, de tomber volontairement, de « chuter » dans les zones basses de mon être. A chaque fois que se réactualisait dans ma vie — à cause de l'échec ou de la solitude — la sensation d'être rejeté hors des chambres chaudes de l'amour, à chaque fois que j'éprouvais l'intraitable froideur de certaines relations humaines ou que me tourmentait l'idée que je ne valais rien, je tombais dans mon âme inférieure, manifestant les automatismes, les engrenages, les négativités de mes programmes noirs.

Au fond de l'homme est son linge sale qu'il doit blanchir à la fontaine de vie, au lavoir de l'être : ne s'y emploie-t-il pas qu'il manque son existence, la passant dans la dualité et se trouvant, à la mort, Gros-Jean comme devant, condamné à redoubler pour tâcher à nouveau de se réunir.

Les rêves m'enseignaient qu'il y avait au fond de moi un redoutable oiseau noir, celui qui animait le personnage de Tanizaki et m'avait poussé, à certaines époques de ma jeunesse, à profiter de l'inconscience ou du sommeil des autres pour les explorer, les toucher, les examiner à leur insu. Cette tendance, cette ligne de comportement jaillie de mes bases ténébreuses à la faveur du manque d'amour ou de la dislocation de l'espoir, n'était apparue qu'au passage de l'adolescence pour retomber ensuite dans la nuit de l'oubli. Il est vrai qu'après avoir été surpris par mon voisin de dortoir, j'en avais été si frappé, si affolé même, que je m'étais imposé une censure définitive, soumettant mon âme inférieure à un contrôle épuisant et mon être tout entier à un soupçon qui m'affaiblissait.

Par réaction au péril, j'avais mis en circulation des pensées de méfiance à mon égard, formes négatives du mental oppresseur qui avait répandu en moi — sous couvert d'une sorte de mission de police — une tension pétrificatrice qui, par exemple, tout au long de ma jeunesse et jusqu'à ce que mes aventures asiatiques ne finissent par m'en libérer, avait comme gelé mon corps dans une rigidité qui m'empêchait de danser. Mais repoussé, refoulé à jamais dans les soubassements de l'être, le pli noir de la faille perverse et du dévoilement n'en était pas pour autant dissipé ou dissous : il persistait sous forme d'influence, d'émanation, de mainmise indirecte. Le voyeurisme, cette pulsion véhémente qui me poussait parfois à voler le spectacle d'un corps nu, sans que sa propriétaire en soit avertie, n'était rien d'autre qu'un effet de ce lointain noyau noir immergé, la conséquence, bénigne mais obsédante, du corbeau terrible au fond de moi posé.

Grand Dieu ! Que s'était-il passé jadis, dans mon enfance, pour que jaillisse du néant ce monstre armé qui m'avait ligoté dans mon réseau de perversions, me retenant dans son entrelacs, son labyrinthe de pensées, d'attitudes et de gestes engrenés, m'empêchant de vivre l'amour quand celui-ci avait devant moi, pareil à la rose rouge du cœur, fleuri ?

Lentement, comme s'ils ne daignaient lâcher leurs informations que par bribes, les rêves donc m'éclairèrent, me conduisant pas à pas, d'abord au pli puis à son origine, aux scènes lointaines qui l'avaient établi au cœur de l'âme visqueuse. Ils mirent longtemps à faire le tour de l'édifice noir — non qu'ils voulussent retenir la vérité : je n'étais pas prêt à intégrer le message définitif, leur leçon de ténèbres — me guidant, me donnant, comme un professeur à son élève, des exercices.

C'est ainsi qu'ils me prièrent d'entrer par la mémoire dans la maison, dans la chambre d'Ada et d'y allumer la lampe. Chose étrange, dans le rêve l'interrupteur n'actionnait pas tout de suite la lumière électrique : il fallait, comme ces robinets d'évier de ferme reliés à un puits, l'amorcer en pompant plusieurs fois, en le tirant de haut en bas pour qu'enfin jaillisse la lumière qui dissipait les ténèbres. Ainsi m'était dit que, pour reconstituer les scènes, pour effacer leur effet pervers, je devais, par la mémoire, revenir plusieurs fois à la charge pour, en quelque sorte, haler le souvenir hors de sa gangue de nuit.

Il fallut des années pour que s'achevât le circuit et que j'eusse devant moi, sur ma table étalée, la totalité des germes de corruption, d'indignité et de honte. Oserai-je avouer que ce n'est que bien récemment, après une décennie de recherches tantôt ardentes, tantôt distraites, que j'ai bouclé la boucle et vécu dans mon être, dans ma chair, les raisons de l'empoisonnement, les chemins du crime étrange ? En fin de semaine, je dormais chez Ada. J'avais six ans et une complexion fluette et frileuse : j'avais obtenu, dans la maison froide, de dormir dans le grand lit qu'ornait un immense édredon rouge sang. Inhabitée la plupart du temps la chambre m'effrayait comme une chapelle éteinte, aussi, pour trouver la chaleur et la sécurité, me pressais-je contre le corps qui reposait à mes côtés.

Mais la véritable raison de ce qui va suivre, la voici : j'avais l'angoisse au cœur. Ma vie était sans amour, ma constitution extrêmement fragile que le moi ne parvenait pas à chapeauter et à raffermir. J'étais alors — je le sais, je le sens — en péril de me dissoudre, de laisser aller à la dispersion complète les fibres de ma personnalité. Ne parvenant pas, dans un monde hostile et froid où le moindre baiser et regard devaient être arrachés, à vivre l'ouverture du cœur, j'en étais réduit au sous-cœur et, jaillies du psychisme bas, aux voracités des âmes déchues.

A cause des circonstances de l'enfance, j'étais habité par un principe de chute et une volonté de m'abolir moi-même, de tomber, de me souiller. Ne réussissant pas à me cristalliser, je me dénouais, je me lâchais, mouvement qu'accroissait une contrariété, une déception ou une tristesse. Dès lors, le moi comme éteint, j'étais actionné par les ressorts d'en bas, les automatismes du corps ténébreux, livré à des vices résiduels appartenant aux psychismes de récupération dont je m'étais chargé en naissant à cette terre.

Dans la chambre silencieuse où ferraillait un vieux réveil, je me glissai donc sous les draps. Enfant, par nostalgie pour le séjour amniotique et son enclos délicieux, j'avais été attiré par le fond des lits : il y avait là une région adorable et comme l'entrée d'un autre monde. J'imaginais que, au bout d'un souterrain de literie, commençait un pays merveilleux, le pays de l'amour où j'avais vécu autrefois et dont j'avais été banni...

Mes intentions, cette nuit-là, n'étaient pas aussi délicates. Tablant sur le sommeil d'Ada, je m'étais convaincu d'explorer son corps, d'atteindre, entre ses cuisses, ce sexe mystérieux que je croyais le centre du monde, la porte du retour. Je parvins non sans peine, ni prudence, à me faufiler entre ses jambes et, relevant sa chemise de nuit, à sentir, à respirer devant moi la présence du chat noir.

Le lendemain, je récidivai : non content de deviner au fond de l'obscur le seuil chevelu qui me fascinait, je commençai d'y porter les mains, d'y introduire mes doigts. Ces manipulations, je les recommençais à chaque fois que, dans la maison familiale ou dans celle d'Ada, j'étais admis à dormir avec ma protectrice, ma gouvernante jusqu'à une certaine nuit où...

Cette nuit-là, je m'étais à nouveau, tel un serpent, glissé entre les colonnes et, avec précaution et détermination, j'avais exploré la frise quand, tout à coup, déchirant le silence, retentirent les sanglots, les plaintes d'Ada. Ces pleurs, je devine aujourd'hui que mes effleurement seuls les avaient provoqués. Ils n'en étaient pas moins terrifiants pour l'enfant que j'étais, d'autant que, plongeant sous les draps, la main d'Ada débusqua mon visage. Un instant plus tard, exhalant toujours ces étranges sanglots qui m'épouvantaient, elle me serrait dans ses bras et me pressait contre son ventre, avec une force qui acheva de m'effrayer. Je m'extirpai avec peine d'une étreinte que je croyais vengeresse et, tout tremblant, me blottis dans mon coin, assuré qu'Ada me dénoncerait à la mère seconde.

Je n'avais rien à craindre : à en juger à son comportement du lendemain Ada devait se sentir encore plus coupable que moi. Sans doute, dès la première nuit, était-elle, sous mes attouchements, éveillée, les favorisant même par ses postures et savourant à mon insu un plaisir que son long célibat avait tari.

Le lendemain — qui était un dimanche — Ada, comme si elle avait quelque chose à se faire pardonner, me prépara un repas délicieux. J'avais alors, à la façon d'une femme enceinte, des « envies », considérant que les deux mets les plus succulents étaient d'une part le cervelas rouge et d'autre part l'éclair au chocolat, deux délicatesses dont la forme en dit long sur la sexualité précoce, excessive, qui me martelait. Mais à peine eut-elle, sur la table de cuisine où nous déjeunions, déposé ses offrandes que, repoussant loin de moi mon assiette et mes couverts, je déclarai ne pas vouloir en manger, caprice qui plongea Ada dans une telle affliction qu'elle éclata devant moi en sanglots, larmes véritables cette fois-ci et qui réveillaient, par leur analogie avec celles que j'avais cru entendre verser la nuit précédente, toute la culpabilité dérivant de mes manipulations infâmes.

La vérité, c'était que mon refus de manger accablait Ada, rallumant en elle le remords de s'être livrée sans protester à mes caresses, de les avoir appelées, espérées puis d'en avoir joui en oubliant l'âge ridicule de son amant de poche. Mais cette tempête n'était pas la seule : en elle s'était dressé un serpent que son veuvage n'avait qu'assoupi et que mes dangereux attouchements avaient fait jaillir de son panier. Cette force impérieuse, ma jeune sensibilité en était secouée : désir, inassouvissement et tristesse, le cocktail était sans doute trop fort qui expliquait mon manque d'appétit. Je n'avais pas repoussé le cervelas et l'éclair pour être désagréable à Ada, mais parce que son enfer crachait une encre qui noircissait le réel, qui me déséquilibrait et me frappait au ventre.

Encore aujourd'hui, à cause de ces lointains souvenirs, je ne puis supporter l'approche de la féminité orageuse, de la femme inassouvie, dépressive et inculpante : je suis aussitôt ébranlé par cette proximité, tant il est vrai que les êtres sont des plaques sensibles qui s'imprègnent de leur prochain. Nous sommes reliés les uns aux autres par d'invisibles canaux de transmission et d'échange : la dépression d'Ada, jointe au maelström que j'avais imprudemment rouvert entre ses flancs, était tombée sur moi comme un fardeau.

M'est revenu ensuite le souvenir de la longue marche que, pour rentrer à la maison familiale, il m'avait fallu supporter ; l'état psychologique d'Ada, son trouble, son remords qui, sans parole, avivait le mien, pesait si fort que mes jambes en étaient alourdies et que, plutôt que de courir et de m'amuser comme à l'ordinaire, je me traînais à ses côtés, souffrant de la longueur d'un chemin qui nous faisait longer le mur interminable de l'usine de mon père. Sur son crépi figuraient, inscrits à la peinture blanche, les grands « OUI » et les grands « NON » des deux référendums de 1946, graffitis politiques qui, dans ma mémoire, sont ainsi associés à la fatigue qui m'écrasait.

Or, je crois que ceci est significatif et que mon être a longtemps balancé, comme le corps électoral de ces années-là, entre un oui et un non de force équivalente et qui m'annihilaient, m'immobilisaient au point que — je l'ai déjà dit — mon corps, mon âme en étaient entravés, me donnant, pendant un an ou deux, l'aspect d'une tubéreuse malingre et molle.

Pour m'aider à bien comprendre le sens de ces événements les rêves ont peu à peu, par analogie symbolique, recréé les scènes que j'avais vécues. Sans me les donner directement comme l'eût fait une caméra, ils me les présentaient en métaphores, comme travestis et décalés : je voyais par exemple un chien-loup accablé de pansements et de blessures et qui, dans une cuisine où trônait bizarrement un lit, s'approchait d'une cuisinière et grondait auprès du four dont, avec ses pattes, il s'efforçait d'ouvrir le battant.

Si l'on admet que ce chien, couvert d'ecchymoses et de plaies, représente mon animalité — mon animal — que les graves événements initiaux de ma vie avaient blessée ; si l'on voit, derrière ce lit absurde installé là où il ne devrait pas être, l'indice d'une animalité et d'un problème de lit ; si l'on reconnaît, en jouant sur les mots, cette cuisinière électrique comme la représentation d'Ada qui, dans notre maison d'enfance, était aussi notre cuisinière, alors le rêve devient clair qui établit un lien causal entre les blessures infligées au chien et son comportement auprès du four. Le rêve s'achevait de façon positive : je conduisais à la porte le chien handicapé et le lâchais en pleine campagne, image poétique de ce qui s'était réellement passé et qui m'avait soustrait aux forces de mort.

C'est que, rentrant à la maison familiale, je ne fus pas quitte avec le mal pour autant : non seulement le remords me poignait, mais aussi la crainte d'être par Ada dénoncé à la mère seconde. Mais il y avait aussi autre chose que j'ose à peine évoquer et que la lecture du *Tour d'écrou* de Henry James m'aide aujourd'hui à préciser : tels les très jeunes héros de cette somptueuse nouvelle j'étais désormais un enfant corrompu. En moi, venue des bas-fonds maudits de mon être — là où survivent en résidus des fractions de psychismes étrangers —, s'était levée une force qui m'échappait et, comme un automate, m'actionnait, m'entraînait.

Chaque soir, tandis qu'Ada se déshabillait dans sa chambre, j'allais m'établir sur son palier et, feignant de lire un livre, collais mon œil à la fente de sa porte pour l'observer nue et se caressant devant son miroir. Sans doute s'était-elle avisée de ma présence et jouissait-elle de se savoir observée : en elle aussi régnait la même force noire qui me tourmentait !

Parfois, m'introduisant dans sa chambre, elle se montrait à moi en porte-jarretelles, les cuisses serrées dans des bas qu'assise sur le rebord du lit elle m'invitait à toucher, attendant que mes mains ailleurs s'égarent. Pour mieux m'aider à comprendre, le Maître m'a expliqué dans les rêves le trait principal du psychisme d'Ada : son comportement sexuel qui la poussait ainsi à pervertir un enfant était le fruit empoisonné de ses relations conflictuelles avec son père, relations qui l'avaient inclinée à s'infliger la souffrance, la honte, à jouir de son indignité, à se souiller, à se défigurer.

J'ai connu dans ma vie aventureuse de grandes séductrices dépravées qui s'étaient mises au service — au sert vice — des énergies lucifériennes et prenaient plaisir, telle la marquise de Merteuil, à profaner l'innocence. Ada n'appartenait certes pas à cette catégorie : tout autant que moi elle était une victime actionnée par des forces qui la dépassaient. Aussi n'ai-je jamais éprouvé à son égard la moindre rancune ou reproche : ne survit dans ma pensée que le souvenir du bien qu'elle me fit en m'offrant noblement son appui quand, dans la maison sans amour, je défaillais.

Dans les régions invisibles où elle se trouve depuis de nombreuses années, retenue peut-être en des zones incertaines par la culpabilité qui était son lourd démon, qu'elle sache que je lui pardonne complètement, radicalement et que, du plomb des obsessions qui ont roulé entre nous, je saurai tirer de l'or. Derrière la perversion, il y a une force qui lui est étrangère et ne l'utilise que comme lieu de passage et voie d'expression, force infrahumaine que, à la suite des doctes alchimistes, j'ai nommée en ce livre : la Reine de la Nuit, la Dame de la Mer, et qu'on pourrait tout aussi bien appeler : le Dragon.

Elle est la féminité noire, l'anima négative, la formidable nature indifférenciée qui pousse en nous par toutes les portes et leviers de l'âme inférieure. Ada en fut, en même temps que moi, bousculée. Comment expliquer sinon que — si généreuse, si claire — entrant dans sa chambre où elle me réclamait, je la trouvais les cuisses écartées, la chemise troussée aux hanches et appelant mes caresses ?

Il y avait sur nous deux un envoûtement que j'ai appris depuis à identifier : le souffle du dragon dont nos ancêtres étaient effrayés et qui soulève les inconscients personnels — les matelas — pour enflammer, embraser les plis ou circuits de comportement qui ne sont pas dans la verticalité de l'arbre de vie.

Or ce fut trop lourd pour moi : à peine avais-je sept ans ! J'aurais pu, là, je crois, périr, lâcher le filin, sentir ma conscience s'enfoncer à jamais dans les eaux d'un psychisme fragmenté. Les forces que je ne pouvais, à cause de l'enclos des circonstances, vivre par la médiation du cœur, dans la jouvence d'un amour reçu et rendu, ces forces torrentielles passaient en flot ardent à travers une sexualité excessive, anormale et comme embouteillée.

Je devins vicieux, regardant le monde et les autres par en dessous, ne détournant les yeux que pour les ramener, implacables, voleurs, sur des scènes, des rapports, des relations humaines dont j'étais exclu. J'aimais, dans la salle à manger familiale, me glisser sous la table, là où tombent les miettes et se reposent les chiens, là où jambes et cuisses sont comme abandonnées à elles-mêmes, à des mouvements que la conscience d'au-dessus la nappe omet de contrôler.

J'aimais aussi aller dans les chambres, quand leurs occupants s'en étaient éloignés, ayant laissé sur le dossier d'une chaise quelque linge intime dont les plis gardaient la trace et la température d'une vie qui venait de les quitter. Ne pouvant, à cause des forteresses de froideur, toucher les corps, avoir accès aux chairs dont j'espérais en retour des caresses d'affection — et comme la vieille douceur bleue d'un giron jadis perdu — je me satisfaisais de l'empreinte vide, de la forme d'absence : de l'écrin abandonné.

Alors, pareils à un essaim de guêpes bourdonnantes, tous les vices jaillirent en même temps dans ma nature. J'aimais ce qui était sale, poussiéreux, crépusculaire, utilisant la sexualité comme un moyen pour m'obscurcir, pour me fermer et anéantir mon âme. Je crois bien qu'au-dessus de mon petit corps ainsi courbé vers le bas, planait l'ange de la mort — non celui de la mort physique mais celui de la dissolution de l'âme et de l'éviction spirituelle. Oui, j'aurais pu, je crois, périr, pourrir !

Mais l'Amie, l'Alliée est venue : c'est ainsi que je veux nommer cette Force purifiante, aimante, que j'ai sentie venir à moi pour me renouveler, m'aider à grandir. Elle émanait, semblable à une vibration chaude et enveloppante, de la totalité du monde visible mais surtout du sol et des forêts de mon pays : elle était l'âme de la terre, la féminité protectrice et cosmique, la divine anima.

Je me souviens que les couleurs étaient devenues plus vives, plus profondes, plus magnétiques. Je regardais du jardin de notre maison la végétation de l'été moutonner sur les collines : le rapport entre le bleu du ciel et la cime verdoyante des arbres me fascinait, m'étonnait, me remplissait d'adoration. A le regarder il me semblait être promis à une existence aventureuse, à un destin doré où la recherche de l'amour et de la gloire me porterait à me dépasser, à inscrire mon nom sur les registres d'une célébrité dont je sais aujourd'hui qu'elle ne pouvait être que de compensation, comme chargée de contrebalancer d'inavouables disgrâces.

Certes, le présent était lourd, étrange, culpabilisant, mais l'avenir serait meilleur : un idéal immense ouvrait dans ma poitrine ses ailes. Je me sentais régénéré. Tout le poussiéreux, l'obsédant de ma vie, au lieu de régner sur moi sans entraves, trouva dès lors en face de lui une sorte de répondant, un adversaire à sa mesure. Qui était cette Amie, cette Alliée dont l'intervention ainsi me redressait, me rééquilibrait ?

C'est que j'ai nettement senti dans mon être cette arrivée d'un « nouveau », d'un influx de renaissance, sans que rien, dans les circonstances extérieures, ne puisse en expliquer le surgissement. Parfois je me demande si le dragon qui m'attaquait n'a pas, pour éviter mon extinction, mon anéantissement, créé une contre-force, aide venue ainsi de l'ennemi lui-même et qui m'a retenu dans l'instant où je tombais.

Autre aspect du divin, meule sur laquelle nous affûtons nos armes spirituelles, le mal n'est là que pour nous renforcer, nous rendre meilleurs pour les migrations du futur : nous ne posons sur lui le pied que pour prendre à son contact notre élan. Quand il est sur le point de nous abattre, il sécrète son contraire, mettant au monde un allié qui nous relève et nous réarme.

Cette âme du monde venue ainsi à la rescousse n'était peut-être que l'autre versant du dragon, l'adret positif d'une force des profondeurs qui a besoin de nous, de notre combat puis de notre fusion avec elle pour monter à l'étage supérieur où l'attend son royal époux. Je sais qu'à cet âge-là, quand tout défaillait, une énergie est venue dont j'ai gardé, avec la confuse mémoire, l'empreinte, la connaissance, me portant à mieux comprendre d'autres traditions où, sous le nom de « Mère » ou de « Shakti », elle est personnalisée, visualisée, divinisée. Elle m'a pris par la main, elle m'a aidé, elle a écarté le nid d'araignées qui me tourmentait.

Je me souviens de certaines journées où, bien que tout fût triste autour de moi et qu'à la mère seconde revêche ne répondait pas un père distant, je demeurais paisible, heureux, d'un bonheur qui n'était pas normal, un enthousiasme inexplicable. Le monde était mystérieux, profond, d'une splendeur presque blessante. Là-bas, dans les collines qui entouraient la maison de Voujeaucourt, un cœur aimant battait sous les clairières, m'inclinant au vouloir-vivre, à la réconciliation générale avec la vie...

En deux ans les graves obsessions qui me ligotaient s'effacèrent, me laissant libre de croître, d'étoffer par le souffle un thorax étroit d'enfant de la guerre. Un souvenir de ce temps-là me revient : devant la porte de la chambre d'Ada, là où souvent je me suis assis pour la lorgner, pour emplir mon regard avec des scènes qui n'étaient pas de mon âge, une voix intérieure me parle. « Ce que tu as vécus là, me dit-elle, il faut que tu l'oublies. Chasse de ta mémoire tous ces souvenirs qui te harcèlent et t'empêchent de grandir. Mais un jour, bien plus tard — sache-le — quand tu seras en état de le faire, tu reviendras sur ce passé pour travailler sur lui, le digérer et l'évacuer. »

Un enfant de huit ans ou neuf ans — tel était, je crois, mon âge au moment du grand refoulement — n'aurait pu, sans être aidé, occulter ainsi des scènes gênantes et remettre à beaucoup plus tard — programmer à distance — leur remémoration et leur élucidation. Et ainsi fut fait : tout ce que j'avais vécu avec Ada, des attouchements nocturnes qui, sous les draps, m'appelaient entre ses cuisses au climat d'obsession que ces explorations vicieuses avaient répandu en moi, me portant à une sexualisation exagérée de la vie, tout cela disparut, englouti par une mystérieuse bouche des bas-fonds.

J'étais délivré provisoirement. On m'accordait un moratoire. Il m'était permis de vivre ma jeunesse, de me construire comme si rien ne s'était passé. De recommencer au propre une âme viciée au brouillon.

Les scènes ne s'effaçaient pas : elles étaient reléguées dans de vastes caves lointaines, tout un espace souterrain dont j'entendais la rumeur et respirais la fumée, comme d'un métro à vapeur roulant parfois sous mes pieds. Beaucoup d'hommes ne connaissent-ils pas cette remise, ce délai de paiement jusqu'à mi-vie où les atteint, avec la brutalité d'une visite d'huissier, le retour d'ombre ?

De même que, dans l'imagerie chinoise, les dragons vont par deux et qu'à peine entrevu le premier se découvre le second, de même, évoquant la corruption qui a infléchi et comme dévié mon enfance, je m'avise de la présence, derrière les scènes que je viens de raconter, d'un monstre tout aussi redoutable, pli de noirceur dont ma perversité précoce n'était que le fruit empoisonné et qui a dévasté ma vie en m'interdisant l'amour.

Des rêves, ai-je écrit, m'avaient expliqué les grands traits du psychisme d'Ada, marqué par les relations passionnées qui l'unissaient à son père, rapports qui l'inclinaient à se déconsidérer, à se souiller, à se punir. Écrivant ceci j'ai oublié une loi que je ne cesse de rappeler pourtant à ceux qui s'élèvent avec moi sur le sentier onirique : rares sont les rêves parlant d'une autre personne que du rêveur lui-même. Quand un rêve nous arrive, la juste attitude est de l'appliquer d'abord à soi, à sa propre histoire. Les êtres qui nous apparaissent en songe ne sont le plus souvent que déguisement de chair, masques pour une réalité qu'il nous faut découvrir par dévoilement.

Ainsi Ada symbolisait-elle dans mes rêves la situation de corruption et de sexualité vicieuse à laquelle j'avais été, à cause d'un pli inférieur, entraîné. Ce n'était pas elle qui avait eu des rapports conflictuels avec son père, c'était moi, vérité que je n'avais pas besoin d'examiner longtemps pour trouver mille souvenirs qui l'illustraient.

J'aimais, j'honorais mon père parce qu'il était l'unique cible d'amour possible, le survivant aimé des grands drames de mon origine. J'en avais, pour grandir et me raffermir, un tel besoin que sans doute a-t-il été gêné par cette béance, cette attente affective, cet appel qui émanait de moi : à cause de la glaciation sur mon corps soudain tombée, je n'étais plus à côté de lui qu'une coupe aspirante qui demandait à grands cris silencieux une tendresse que, par pli de nature, rétention de son âme inférieure, il n'accordait pas volontiers.

Plusieurs années après sa mort — survenue en 1969 — me furent confiées des lettres qu'il écrivit pendant la guerre, au lendemain de son deuil. Il y exhalait sa tristesse, son embarras de se retrouver seul avec ses trois orphelins en manque, son souci de me voir lui trottiner sans cesse dans les jambes quand il apparaissait à la maison. Dans cette dernière notation se traduit, je crois, l'attente qui devait être la mienne et la gêne éprouvée par lui, l'irritation aussi de n'y pouvoir répondre.

C'est qu'entre nous s'était interposée une troisième personne flottante, un monstre insaisissable mais très actif dans les rapports entre les parents et les enfants, dragon de malaise qui a pour nom : l'ombre de la famille. Il y a une blessure familiale, un obstacle d'âme, une négativité se léguant de génération en génération et qui implique le recommencement des mêmes erreurs, des mêmes froideurs, des mêmes culpabilités. Nous nous transmettons nos vices mieux que nos vertus et là où est passé le père devra aussi passer l'enfant.

De tout temps ma famille a été marquée, dans sa lignée masculine, par la difficulté de manifester l'amour. Non qu'ils n'aiment pas : ils n'extériorisent pas et, ironiques ou renfrognés, semblant indifférents, se tiennent à l'écart des circuits d'échange du fluide amoureux.

Ce blocage d'amour, cette close écluse dans la région du cœur entraîne, outre une faiblesse cardiaque qui semble héréditaire, certaines difficultés avec la sphère de l'épouse : réprimé au-dedans, le féminin se rebelle ou disparaît au-dehors, tant il est vrai que la totalité des événements qui surgissent dans une vie sont, dans le miroir magique du réel, des symboles reflétés, des allégories de l'état intérieur invisible.

Deuils, divorces, scandales, apparition des grandes figures de la féminité noire et destructrice : l'histoire de ma famille est modelée par cet obstacle d'âme qui empêche les hommes de se conjoindre aux énergies spirituelles que le cœur retient et canalise. Rationalité et matérialisme, vision réductrice d'un réel borné aux seules apparences, tout est bon qui permet de vivre dans la périphérie et évite ce regard sur soi où pourraient luire quelques écailles du dragon qui fait tant peur à ma lignée. Dès lors, depuis des générations, se dresse — terrible et de plus en plus noir — l'inexprimé, l'in-vécu, l'écarté, monstre qui nous fut légué avec notre nom, à charge pour nous de l'accueillir, à défaut de quoi nos enfants en seront à leur tour les victimes épuisées.

Bien souvent, pénétrant dans les demeures, j'ai entendu grésiller comme une mèche tout le non-dit des familles, boule de noirceur qui opprime avec une injustice qui scandalise : certains semblent en être, sinon délivrés, du moins par elle traités avec une relative douceur, tandis que d'autres en subissent toutes les pointes, tout le mal-être qu'elle diffuse. Qu'ont-ils donc de particulier ces êtres fragiles, ces vieilles jeunes filles, ces durables adolescents pour attirer à eux le corps de bataille du dragon de famille ?

D'être justement trop « famille », trop reliés à l'âme générale du clan, trop craintifs d'un monde extérieur où ils redoutent de déchoir ; saisissant la structure familiale comme une protection contre les incertitudes du dehors ils ne s'avisent pas que l'appui où ils croient se raffermir les ligote puis les vampirise : les pétrifie. Combien de vies manquées, d'existences restreintes et comme comprimées, combien surtout de dépressions inexplicables sont causées par l'embrassade-étranglement de cet invisible démon que les familles nourrissent avec le programme de réalisation qu'elles n'ont pas voulu vivre.

Sur chaque être pèse ainsi l'ombre collective de lignée, nuage magnétique où certains — s'ils détiennent le levier transfigurant de la création artistique — peuvent puiser les forces dont ils ont besoin pour fleurir. Derrière les grands peintres se prolonge jusqu'à l'horizon du temps la galerie des ancêtres dont le silence et la restriction — l'empêchement ontologique — ont énergétisé à l'extrême une ombre de famille que l'artiste met en coupe réglée pour magnétiser sa peinture.

Ce qui nous diminue, notre fêlure, notre lézarde, est en réalité ce qui peut nous accroître, le tremplin où prendre notre essor pour nous élever vers notre image parfaite. Nul besoin d'être artiste : il nous faut être créateurs, créateurs de nous-mêmes, modeleurs de l'être en devenir. Seule condition : entrer avec audace dans notre ténèbre pour y saisir les armes spirituelles qu'elle contient, travailler chaque jour sur l'établi de la conscience pour déchiffrer notre vie.

Cette œuvre de nuit est mon labeur de lumière ; j'arrache au réel ses secrets, je saisis comme un oiseleur les signes ailés qui s'y posent. Depuis plusieurs semaines, comme s'approche la fin tourmentée de ce livre, apparaissent des êtres qui me ramènent à mon père, soit qu'ils l'aient connu, soit qu'ils expriment le même désarroi d'enfance éprouvé dans ma relation avec lui.

C'est que j'aperçois, à l'ombre de cette relation, le dragon fondamental qui explique les désordres, les exaspérations désirantes de ma vie : il y eut, dans ma lointaine enfance, une scène, une déchirure dont souvent m'ont parlé mes rêves et où je me sentis si complètement rejeté par le père, si incompris et aboli par l'injustice que je me suis comme déboîté de moi-même, condamnant ce corps, cet être qu'il avait fondé, me vengeant sur moi qui lui appartenais, de l'iniquité dont j'étais la victime. Mon ombre, mon âme inférieure, cette cire, a retenti de la condamnation proférée par moi-même contre moi, enregistrant ce vœu de corruption et le ressortant dès que se présentait l'occasion de le mettre en pratique, de l'inscrire dans les fêtes.

Ainsi la perversion qui avait marqué mes relations avec Ada n'était que le premier effet de ce traumatisme volontaire : y a-t-il rien de plus terrible que de livrer son âme d'enfant au diable, de corrompre, avec la pensée obsédante, ce ciel d'espoirs, ce cœur qui rayonne de vouloir-aimer ?

Hélas, par un soir de désolation, de larmes et de solitude, nous avons armé le mal qui a frappé notre vie à coups redoublés. Nous nous sommes, avec une intensité solennelle, condamnés à jamais. Plus, plus d'amour, plus jamais aimer ! L'ordinateur noir a mémorisé l'injonction, l'inscrivant au grand livre du destin.

Mais pour justifier cette condamnation, lui fournir raisons et moyens de se perpétuer — de s'enraciner dans la réalité de l'expérience —, pour asseoir sur ma vie son pouvoir exorbitant, l'adversaire intérieur me poussait au vil, à l'obsession lourde qui me courbait vers le bas. Pour m'empêcher d'aimer il lui fallait la honte, il lui fallait le mépris de soi. N'ai-je pas remarqué qu'à chaque retour de la beauté et de l'amour dans ma vie, à chaque possible progrès de l'âme, à chaque degré de l'élévation, s'ouvrait aussitôt — presque dans le même instant — le chemin de l'assouvissement facile et d'une perversion dévorante qui m'empoussiérait et m'inculpait ?

En Tunisie, dans le moment même où je saisissais d'une main audacieuse le fil du dialogue avec le Maître intérieur, jaillissait le monstre à l'œil écarquillé dont le calcul était, pour m'empêcher d'aller boire à la rivière de vie, de réactiver le sentiment d'indignité, l'opprobre qui me gelait. Et à La Crau, dans cet appartement nouveau où nous aménagions et où aurait pu commencer avec M.M. une vie affranchie enfin des froideurs désastreuses qui nous séparaient, la jeune femme au pull vert était alors apparue comme un pôle de culpabilité incessante, une source d'accusation qui me maintenait à l'écart de tout réchauffement du lit conjugal.

Le bien, dès qu'il se manifeste, entraîne le surgissement contrecarrant du mal, la revitalisation immédiate des gouffres : aujourd'hui, je suis plus prudent. Dès que s'annonce, entouré de vives couleurs, un seuil décisif d'évolution, une porte pour grandir et aimer, je sais qu'est sur le point de se montrer aussi le gardien terrible, l'empêchement d'ombre pour y accéder. Alors regardant alentour, je veille, tâchant de prendre au collet — comme m'y ont invité de nombreux rêves — l'oblique animal de l'inculpation et de l'indignité, le monstre répétitif de la souillure et du remords. Chose étrange, quand je parviens à le saisir et à déchiffrer le chemin d'ombre qu'il a emprunté pour accéder jusqu'à moi — dans la forêt de soi-même, les sentiers du vil — alors on dirait qu'il est heureux et qu'à sa propre immolation il consent.

C'est que le bien et le mal ont la même texture, ils sont dans la même substance, comme si l'un ne pouvait se passer de l'autre et qu'à la plénitude était toujours associé le gouffre, au point que rouler dans celui-ci témoigne de la proximité de celle-là. C'est par le mal, en l'usant peu à peu, en triomphant de lui par la compréhension de ses mécanismes, qu'on peut entrer dans les régions d'une lumière à jamais invaincue.

Derrière le dragon de nous-mêmes se trouve un trésor qui est le Divin Dessous, la monture fastueuse qui mène à la terre de Réconciliation, elle est la mère de vie, l'âme du monde, le versant féminin de la divinité. C'est elle qu'il nous faut conduire à son royal époux, force merveilleuse en attente du héros intériorisé qui viendra la délivrer.

Dans le fond de l'homme, en dessous des souterrains psychiques où aboient les molosses de la honte et du refus, se tient une sainte dame captive dont vaste est la fortune et infinie la gratitude si, passant sur le monstrueux de nous-mêmes, nous parvenons à la libérer et à la mener à la chambre conjugale pour y être fécondée par l'époux céleste.

De la grande religion des origines à l'alchimie européenne, l'homme a toujours employé ces métaphores du mariage royal pour évoquer ces transactions subtiles. Comment dire autrement que notre corps — goulot d'étranglement de l'univers — est un passage, le pont du rendez-vous pour deux énergies cosmiques — l'une féminine, l'autre masculine — qui s'efforcent de se rejoindre pour s'unir et donner naissance au Nouveau ? Comment dire que nous ne pouvons nous accomplir dans notre totalité qu'en favorisant cette fusion amoureuse à travers nous ?

Si, grâce à la dévotion et aux pratiques spirituelles comme la méditation, il est encore, pourvu qu'on ait la foi, assez simple de s'orienter vers le haut et de faciliter la descente vers le nid humain d'une énergie supérieure qui plane et veille comme l'aigle au-dessus de la terre, combien est difficile en revanche d'aller dans son enfer ouvrir la porte à l'épouse captive !

C'est qu'il faut, pour nous y rendre et avoir une chance de réussir, élucider notre ténébreux mystère, éventrer notre ombre, aller au bout de la caverne. Cette extrémité du monde obscur où se tiennent à la fois le dragon et le trésor à conquérir, bien des rêves m'ont indiqué qu'elle avait une équivalence physique, un « lieu » de notre forme corporelle où l'enfer humain était situé et où, cognant à l'huis, attendait la très féminine « materia prima » à délivrer de la rétention qui la désespère.

Ce lieu de notre corps, ce goulot, c'est la gorge que j'ai vue dans mes rêves associée à l'appareillage des feux arrière d'une voiture, quand elle freine inopinément. Dans cet espace réservé, sur ce point reliant le corps et le cœur à la tête, sont retenus les paroles que nous n'avons pas osé prononcer, tous les cris que, par peur de choquer ou de déplaire — ou pour ne pas être moqué — nous avons tus, les souffrances qui ne furent pas dites. Tant d'émotions refoulées, tant de braises d'amour ou de haine s'entremêlent qu'elles en obturent le guichet avec leur étoupe enchevêtrée ! Le dragon, c'est ce brasier de plaintes et de violences tantôt assoupi, tantôt réveillé et qui ébranle la maison de l'Être.

Ainsi la bouche est-elle bien la caverne symbolique, le lieu légendaire au fond duquel le monstre de nous-mêmes nous reste en travers de la gorge, en un point que la spiritualité indienne a défini comme un « chakra » vital, une boutonnière subtile nommée Vishuddha. Bloqués, les cris purs de jadis, les élans vrais se sont décomposés, formant avec leur masse putréfiée un nœud terrible qu'il appartient à l'homme de trancher avec l'épée de sa plus haute conscience, de son intellect affiné.

Longtemps je me suis demandé pourquoi, dans la plupart des représentations picturales — celles de Raphaël, celles de Carpaccio, celles de Uccello — le combat avec le dragon avait lieu, non dans la caverne, mais au-dehors, attribuant cette situation à la nécessité pour le peintre de donner couleurs et profondeur de champ à son action. Le sens de cette extériorisation de la joute est pourtant clair que la poussiéreuse imagerie des films de vampire en outre confirme : pour affronter le dragon il faut le mettre en pleine lumière tant il est vrai que le monstre s'amplifie de l'obscurité où il baigne. Sortant de sa resserre obscure, il jaillit dans la clarté de l'esprit, libérant du même coup — ou du même cou — le passage pour une énergie des profondeurs que sa présence avait longtemps retenue.

La correspondance entre la gorge et le dragon est indiquée avec limpidité par la racine GRG dans le nom des monstres ou ogres qui obsédèrent nos ancêtres — Gargouille, Gargan, Gorgone — comme dans celui du légendaire saint Georges qui n'est rien d'autre qu'un saint Gorge. De même la façon de le vaincre — en perçant sa gorge avec une lance ou en lui nouant licol ou étole épiscopale autour du cou — souligne à nouveau l'importance de ce point sensible.

De cette évidence nul besoin de me convaincre tant mon enfance fut frappée par les angines à répétition. S'il est vrai que toute maladie est l'extériorisation symbolique d'un conflit d'âme, alors ma gorge d'enfant a porté les blessures d'une bataille incessante où mon être a gémi.

Blanches ou rouges les angines me mirent la gorge en feu, révélant l'intensité du combat avec une culpabilité exorbitante. J'ai encore en mémoire le goût du Synthol chaud avec lequel je tâchais de dégager le passage embrasé, en mémoire aussi la lampe acharnée que le médecin dirigeait d'au-dessus de son front vers des plaies qu'il ne parvenait pas à guérir.

De cette culpabilité — de ce remords qui me serrait la gorge — me parle aussi avec puissance un souvenir dont je viens tout juste de m'aviser et dont la remémoration me trouble. A l'évoquer, à le ressortir du passé profond, c'est comme si ma gorge soudain palpitait. Que s'ouvrent donc, pareilles aux ailes poussiéreuses d'un papillon noir, les écluses de la nuit !

Nous avions un chien de grande et noble stature, un berger allemand que, de retour du Maghreb, nous avait donné un ami de mon père, officier au Bureau des affaires indigènes. Ce chien, il n'en était point de plus beau ni de plus vigoureux : à cause de sa couleur noire, de son aspect terrifiant, les Arabes l'avaient nommé « Cheitane », ce qui, dans leur langue, veut dire Satan, l'Adversaire.

Ce chien fut mon ami : de toute ma vie je n'en eus d'aussi bon, d'aussi tendre. Il était le compagnon de mon enfance, celui qui marchait à mes côtés dans la forêt, gémissait quand je partais à l'école le matin et se réjouissait de mon retour.

Je crois le voir encore, dans son large panier, au pied de l'escalier intérieur de notre maison. Souvent, quittant la salle à manger où causaient les adultes, j'allais auprès de lui : je sais à présent que je me régénérais à son contact, qu'il me donnait sa force. Je m'asseyais sur la première marche de l'escalier et nous jouions ensemble : Cheitane s'approchait de moi, ouvrant une gueule terrifiante et faisant mine de me mordre les pieds. Je le repoussais en riant aux éclats : Cheitane grondait et revenait à l'assaut, réussissant parfois à saisir l'un de mes chaussons dont il s'emparait en trophée et qu'il secouait entre ses mâchoires comme s'il faisait semblant de casser l'échine d'un gibier.

Il m'arrivait, tandis que Cheitane dormait, d'entrer dans son panier et de m'allonger à côté de lui, cherchant sur son ventre un endroit où reposer ma tête. Il était patient et si chaud, si délicieusement chaud ! Et un jour, voici ce qui advint.

Avec mes frères et des enfants du village, nous jouions aux « cow-boys » dans un champ situé entre la voie de chemin de fer et notre maison. Nous étions nombreux : j'ai le souvenir d'une trentaine de gamins courant de tous côtés en piaillant. Cheitane courait avec eux.

Quant à moi, j'étais à l'écart, en retrait près de la route. Je m'étais fabriqué un arc et des flèches en roseaux, à embouts de sureau évidé. Pendant que les autres me tournaient le dos, courant et se poursuivant, je voulus tirer une flèche dans leur direction. Le projectile s'éleva haut dans l'air limpide de cette après-midi d'été pour retomber comme une pierre, avec une force inattendue qu'une rafale de vent expliquait, en plein sur la tête de Cheitane dont je vis trembler le corps de façon spasmodique.

Je courus auprès de lui : couché à terre, il passait sa patte de devant sur son œil gauche, comme pour arracher un voile qui contrariait sa vision. Je ramassai la flèche et la replaçai dans mon carquois d'étoffe, puis m'éloignai de mon chien, espérant que se dissiperait une souffrance que de brefs gémissements proclamaient.

Les autres — mes frères et leur bande — ne tardèrent pas à l'entourer. Ils ne s'étaient aperçus de rien et s'étonnaient de la douleur de leur grand ami canin, de leur fabuleux compagnon de jeux. Cheitane n'était-il pas capable de toutes sortes de prouesses, comme de tenir sa place dans une équipe de football ou de sauver un enfant qui se noyait dans une rivière ? Cet animal presque humain, ce chevalier velu était dans le quartier une sorte de légende : mes parents le laissaient libre d'aller où bon il voulait. Son intelligence, sa douceur, sa force produisaient alentour une vive impression : ce chien noir était, à Voujeaucourt, connu comme le loup blanc.

C'est pourquoi le malaise de Cheitane, son œil blessé où un vaisseau sanguin avait éclaté et, surtout, le mystère de cet accident inexplicable — un instant plus tôt il bondissait et le voici écroulé — furent commentés avec abondance. On m'interrogea : avais-je vu quelque chose ? Je le niai. Rameutés, mes parents poursuivirent l'enquête. Je niai, niai farouchement. Non, je n'avais rien vu. Inutile de me le demander : je ne savais rien. D'ailleurs j'étais trop loin de la scène pour avoir pu apercevoir quoi que ce soit. On pensa que peut-être un serpent ou bien une guêpe... Le débat peu à peu s'apaisa, avec la souffrance de Cheitane.

Mais pour moi je ne pouvais plus regarder mon chien avec la

même innocence, le même amour. Je voyais cette tache dont son œil était désormais, pareil à une taie, amoindri ; je voyais le geste fréquent de sa patte comme s'il eût voulu, sur son museau, chasser une mouche ; et je voyais le mal que j'avais infligé à l'ami de ma jeunesse, blessure aggravée par mon long silence.

Eussé-je devant mes frères et leurs amis, devant mes parents même, revendiqué le malheureux accident, que j'en aurais évacué toute l'opacité sinon tout le remords. A présent l'obscurcissement du vil mensonge accomplissait son ravage. L'aveu que je n'avais pas prononcé me brûlait le fond de la gorge, décuplant la gravité de l'acte par moi perpétré.

Mais ce qui me brisait était ceci : j'avais meurtri, j'avais blessé mon ami, mon animal, mon noble corps d'instincts, ma fourrure d'amour. Tout ce qui m'était appui dans la vie, je le « corps-rompais » par des actions fatales comme si, indigne, j'avais voulu me punir, me rendre plus indigne encore, accroître la froideur générale et m'éloigner de tout rayonnement. Je regardais mon chien : je voyais cette souffrance, cet œil blessé et je me disais que je ne valais rien, que j'étais radicalement mauvais et indigne d'amour. Tout ce qui était pur, noble, tout ce qui aimait, je le brisais, je le souillais.

Si exorbitantes étaient ces pensées dont mon âme d'enfant était accablée qu'elles révèlent aujourd'hui une culpabilité beaucoup plus profonde : ces reproches que je m'adressais réitéraient une accusation plus ancienne que la soudaine disparition du sein maternel avait induite. Ma mère était partie à cause de moi. Je lui avais fait du mal. J'avais tué ma mère.

Me reviennent en cet instant des paroles prononcées autour de moi pendant mon enfance : si elle ne m'avait pas nourri et ne se fût ainsi affaiblie, ma mère aurait résisté à la maladie. Dans la chambre de Toulon où, en l'absence de mon père qui guerroyait, elle a ressenti les premières atteintes du typhus, sans doute ai-je établi une maudite relation entre mes prises de nourriture, mon aspiration de la substance maternelle et le déclin de son corps puis sa disparition ; sans doute ai-je tracé une ligne de causalité entre ma faim et sa fin, incriminant alors mon existence de sa mort. Le coupable était ainsi, selon les plis obscurs de mon enfer, selon ce cerveau des ténèbres qui ourdit la pensée souterraine, ma naissance, mon être, mon corps, toutes choses que mon double noir aurait voulu abolir.

Le chien apparaît si souvent dans les rêves comme le symbole du corps animal et de notre instinctivité que je ne puis m'interdire de voir en outre une correspondance, un chemin d'analogie, entre la blessure infligée à Cheitane et celle dont souffrit mon œil écarquillé. C'est que, dans l'enfance, les animaux domestiques expriment toujours au-dehors nos maux du dedans : à cause de l'attrait morbide éprouvé pour les charmes défraîchis d'Ada, à cause de ce maladif regard qui m'attirait à la porte de sa chambre, j'ai blessé mon âme d'enfant, j'ai meurtri ma noblesse, j'ai souillé ma lumière.

Et ce qui va suivre confirme la correspondance entre l'animal et les secrets de l'ombre humaine. Nos animaux familiers sont des symboles à quatre pattes, des extériorisations de nos réalités intérieures. Pour comprendre les êtres — leur agressivité cachée comme leurs appétits inavouables —, il suffit parfois d'observer le comportement de leur chien ou de leur chat, tant il est vrai que, pareil à l'encre sur le buvard, ces compagnons à fourrure s'imprègnent de l'invisible qui émane de leur maître.

Peu de temps après avoir été blessé à l'œil, Cheitane dut affronter une nouvelle épreuve : de ses chevauchées quotidiennes, de ses libres aventures dans le voisinage, il ramena un mal vénérien inguérissable, une gonococcie dont nul antibiotique ne put jamais venir à bout. Dès lors, il déclina, laissant sur le dallage à chaque pas la tache jaune d'un écoulement sans fin, obligeant ma famille à lui interdire les pièces nobles d'un rez-de-chaussée où, naguère, il marchait à sa guise. Relégué dans une véranda subalterne, gagné par une inertie que causait la paralysie progressive de son arrière-train, il fut achevé à coups de fusil par un paysan de notre village, au fond du jardin et enterré sur le lieu même de son exécution.

« Cheitane est mort », me dit-on une après-midi, comme je revenais de l'école. J'allai dans le potager pour découvrir sa tombe : derrière une haie de groseillers, j'aperçus un carré de terre nue et, juste à côté, sur une feuille d'arbuste, une tache de sang. Je la cueillis et l'emportai, la glissant dans ma boîte à secrets.

Dans le jardin, regardant cette tache fraîche encore et qui brillait au soleil, j'avais éprouvé à nouveau, avec la tristesse de mon deuil, un sentiment familier, celui de la noblesse assassinée, de la beauté rompue, de l'innocence foudroyée. Ce qui était beau et diffusait l'amour, ce qui rayonnait de bonté, ce qui donnait sans mesure, cela même devait périr, brisé par une lézarde qui courait dans le sein même de la vie. Tout sein, toute chaleur, tout giron était appelé à disparaître, vaincu par des forces négatives qui s'abattaient avec férocité sur sa gloire fragile. D'où venait ce sentiment, plusieurs fois réapparu ensuite, de la précarité de l'amour et du cœur assassiné ?

Du drame de Toulon, de la chair pathétique de la mère malade, de ce corps si dru que la maladie avait, en une semaine, abattu. Dans ma mémoire souterraine, dans mon divin dessous, est resté le souvenir de ce grand arbre, plein de suc et de succulence, qui me donnait la vie et l'amour et qui, dans une dégradation rapide, s'était couché, s'était fané, s'était anéanti. A peine avais-je plus d'un an quand se produisirent, dans une chambre d'hôtel de Toulon, ces événements tragiques, ce saccage. Mais au plus secret de mon âme sensible, dans la pulpe de mon être et l'extrême délicatesse du naissant amour, demeure inscrit ce foudroiement terrible.

En cet instant même bouge, au dernier degré du labyrinthe obscur, dans le sanctuaire final, le brasier de larmes et de cris, le noyau des profondes tristesses dont toute ma vie ensuite a retenti. Je crois entendre le « Non, Non » que mon âme adressa aux forces du destin : non, pas cela, pas cela !

Et cela fut. Tout le mal dont j'ai souffert et qui m'agrippa, mes pentes de destruction comme mon refus d'aimer, fut la conséquence d'un ressentiment métaphysique, le fruit empoisonné d'une négation originelle. Et quand mes rêves me parlent de mes relations difficiles avec mon père, il s'agit moins du père terrestre que du géniteur invisible, maître du destin et créateur de ces chaloupes de sauvetage où nos âmes sont embarquées.

Dans la cire dont notre matelas est constitué fut enregistré un programme de refus, de révolte : puisque c'est ainsi, je me détournerai de Toi, j'embrasserai la cause de l'Adversaire. Mon rejet de l'amour, la hâte avec laquelle aussitôt qu'il paraissait je le refroidissais, n'était rien d'autre qu'un refus de sa chair énergétique, un bannissement de sa substance, une malédiction passionnée : j'ai voulu meurtrir en moi le divin, éteindre sa flamme sacrée dans mon cœur. Il s'agit bien là du pli négatif fondamental, du germe de toutes les corruptions dont je fus accablé. J'ai été manœuvré, longtemps à mon insu, par la volonté noire, farouche, intelligente — maligne ! — d'en finir, de me souiller, de me disloquer.

Fenêtre de l'âme haute, seuil intérieur qui donne et qui reçoit, embrasure divine où, des sommets du monde invisible, peut descendre à travers lui un feu qui agit et purifie, l'œil est le médiateur des mondes : en le braquant, de façon obstinée, sur les paysages de la sexualité basse, de la chair déconnectée de l'amour, mon intime ennemi a voulu faire entrer en moi l'immense souillure et me geler à jamais, me figer avec le regard de Gorgone.

« L'œil par lequel tu contemples Dieu est le même que celui par lequel Dieu te regarde », a écrit Ibn Arabi. En le détournant sur les appas d'une chair découronnée, privée des feux du cœur, l'adversaire intérieur a voulu me séparer du Roi et m'arracher au royaume. Ce que nous regardons nous nourrit et nous modèle.

Regarder, c'est avaler et nous devenons ce que nous avalons. En lorgnant de loin, avec vice et obsession, des corps que je n'essayais pas de conquérir, j'avalais de l'éloignement, de la froideur et de l'inassouvissement : je devenais cette séparation, cette distance, cette abstraction inerte. Combien me faisaient mal parfois ces regards que je lançais ! On les aurait dits poignards avec lesquels je déchirais ce qu'il y avait de plus noble, de plus sacré en moi !

En me nouant au Maître d'âme j'ai peu à peu créé un contre-pouvoir, un contre-courant : une échelle de reliance. Lentement, très lentement, j'ai regagné le terrain perdu et repris possession de mon œil.

Dans un prochain livre, je raconterai cette œuvre au noir, comment, au lendemain de ma séparation d'avec M.M., j'ai rencontré la féminité destructrice, la sorcière dévorante qui me fit toucher le fond d'où je pus enfin rejaillir. J'y poursuivrai mon chemin de rêves, traquant aussi les significations que le réel nous apporte pour nous aider à découvrir notre voie dans la forêt obscure.

Nous sommes des anges déchus qui nous acharnons à remonter vers notre céleste origine. Tout ce que nous vivons n'a d'autre fonction que de nous aider dans ce retour, en accroissant notre foi, en nous enseignant aussi notre véritable nature : les obstacles qui nous retiennent au-dehors viennent du dedans. Ils sont la configuration externe de notre âme morcelée, de notre âme imparfaite dont il faut dénouer les ligatures de perdition.

En prendre conscience n'est pas suffisant à les faire sauter : il importe que leur connaissance s'inscrive dans la totalité de notre être, dans chacune de nos cellules. L'essentiel, pour atteindre cette délivrance, est l'établissement de la conscience surplombante, vigie qui examine chaque geste, chaque poussière de notre vie pour en tirer la moelle métamorphosante.

Nous avons en nous un homme malade qu'il nous est demandé de guérir, une partir de nous-mêmes qu'il nous faut saisir, c'est-à-dire comprendre, sans honte ni gêne, pour l'élever dans le soleil. Toi, moi : nous avons tous notre faiblesse, notre vulnérabilité, notre honte. Plutôt que de la laisser cachée, tare secrète à laquelle, comme à un monstre sauvage, nous lançons dans la solitude oppressante quelque rogaton d'assouvissement, osons la dire dans nos cercles d'amis spirituels, d'aventuriers en recherche, osons l'avouer ! Le dragon ne supporte pas la lumière du jour : extrait de la caverne il ne peut qu'être vaincu et livrer son trésor.

Dans le petit village du Val de Loire où j'écris ce livre, un signe vient de m'être donné pour achever cette confession d'un poinçon qui la récapitule : ne dirait-on pas que le Maître intérieur a voulu ainsi m'apporter paraphe et valider mon effort à l'amphithéâtre des âmes vivantes ?

Je venais d'avoir une conversation, dans son atelier, avec le peintre Jacques Ousson, un artiste qui s'efforce, avec humilité et ferveur, de capter la pensée des paysages, la parole de la terre, toute cette sagesse de la vie que la nature nous enseigne. A cause d'une longue couleuvre qui avait jeté l'effroi dans un jardin voisin, nous parlions du serpent, de son symbole que l'on retrouve en de multiples traditions.

Je disais que, se déplaçant à l'horizontale, collant au sol de tout l'élan de son corps, il symbolisait ce qui contredit la verticalité : nos pulsions perverses, nos désirs voraces, tout ce venin qui épouvante notre bonne conscience et insulte la haute idée que nous nous faisons de nous-mêmes. Pour Jacques Ousson le serpent exprimait aussi notre vulnérabilité, notre honte, notre fêlure. Quelque précaution que l'on puisse prendre, elle finit toujours par apparaître dans notre jardin, nous obligeant à la regarder.

La tête encore pleine de ces pensées je pris congé de mon ami et, pour aller chercher ma jeune épouse qui séjournait dans sa famille à une trentaine de kilomètres de là, je montai dans ma voiture et gagnai la sortie du village. Je me représentais tous les serpents que j'avais rencontrés dans mon existence aventureuse, ceux du Cambodge où j'avais vécu et où les soldats de l'armée de Sihanouk m'avaient enseigné comment les éloigner quand on marche dans la jungle : en portant, suspendus à la ceinture, des citrons verts dont tous les serpents du monde, craignant de recevoir leur jus acide dans l'œil, ont si peur qu'ils fuient à grandes spirales. L'empire khmer avait fondé son pouvoir spirituel sur l'intégration du serpent : une fois l'an les rois d'Angkor s'unissaient la nuit avec une femme-cobra, une danseuse revêtue d'écailles et qui symbolisait la grande Force nommée Kundalini.

Je retrouvais aussi dans ma mémoire, aux carrefours de ma vie, des serpents placés comme de véritables hiéroglyphes. Aux Baléares, près d'une source qui chuchotait son vieux mystère, j'avais vu une couleuvre en recracher une seconde qu'elle venait d'avaler, toutes deux s'écartant l'une de l'autre et s'égaillant dans les fourrés. En Grèce, sur un sentier escarpé, il m'avait fallu, pour passer, tuer une vipère dressée devant moi comme un serpent de charmeur.

Ainsi, au volant de ma voiture qui venait de s'engager sur la route étroite et forestière menant au village où la nouvelle M.M. m'attendait, je revisualisais les serpents de ma vie, tâchant d'entendre ce qu'à chaque fois le Maître avait voulu me dire, le sens qui avait roulé vers moi avec ces princes verts, ces majestés d'écailles. Que choisirait-il de me montrer aujourd'hui que, tel Orphée, j'avais descendu les degrés de mon enfer ?

Alors, chose merveilleuse, comme sur les quais de la station Halles quand j'avais appris l'existence des anges de mort, tout de suite jaillit la parole sacrée, le joyau du sens et de la parole qui vibre !

Dans le sous-bois, devant le capot de mon véhicule, un animal fantastique venait, en battant des ailes, de s'élever. Au début, comme il me tournait l'échine, je n'en aperçus que la vaste et impressionnante envergure. Ce qui me troublait était cette longue queue sombre et filiforme qui pendait d'un bon mètre sous son corps, appendice évoquant pour moi la natte d'un Chinois sous son chapeau conique ou l'extrémité caudale d'un cerf-volant.

Puis, comme il s'élevait graduellement et en tournoyant pour gagner la trouée supérieure du feuillage, je vis de quoi il s'agissait : c'était un rapace qui avait saisi un long serpent et qui, le tenant entre ses serres, montait ainsi, au-delà des frondaisons des arbres, vers le ciel qu'on apercevait, pur et lumineux, à travers la haute lucarne de la forêt.

Monte dans le ciel de ma vie, oiseau de mon âme fervente, monte avec le serpent vaincu qui me harcela, avec mes regards pervers et mes masturbations honteuses, avec mes pensées obsédantes, monte avec toutes les profanations infligées à mon corps pour le punir d'exister ! Et monte aussi avec mon refus d'aimer et le manteau noir des tristesses dont je me suis couvert pour échapper à… à quoi ? A Toi, divine Force : un soupir de ta bouche et le monde fut créé.

J'étais sorti de ma voiture, attendant que disparaisse derrière la voûte du feuillage Quetzalcoatl, le serpent à plumes. Quand il ne fut plus visible, je me glissai derrière le volant et redémarrai.

Le passé était mort.

Je pouvais aller chercher ma femme et rentrer chez moi.

# Table

## DU MÊME AUTEUR

### ROMANS

*L'Enclave* (1971, Fayard).
*Mayapura* (1973, Fayard).
*Les Vergers du Ciel* (1975, Fayard).
*Le Sîmorgh* (1977, Fayard).
*La Forêt d'Iscambe* (1980, J.-C. Lattès ; 1984, Livre de Poche).
*Le Corbeau rouge* (1986, J.-C. Lattès).

### ESSAIS ET CHRONIQUES

*L'Œil d'émeraude* (1986, Albatros).
*Le Salut à l'Âme du Monde* (1987, La Place royale).

### AUTOBIOGRAPHIE

*Le Baptême de l'Ombre* (1982, J.-C. Lattès ; 1989, La Table ronde).

« *Spiritualités vivantes* »
Collection fondée par Jean Herbert

au format de poche

1. *La Bhagavad-Gitâ*, de Shrî AUROBINDO.
2. *Le Guide du Yoga*, de Shrî AUROBINDO.
3. *Les Yogas pratiques (Karma, Bhakti, Râja)*, de Swâmi VIVEKÂNANDA.
4. *La Pratique de la méditation*, de Swâmi SIVANANDA SARASVATI.
5. *Lettres à l'Ashram*, de GANDHI.
6. *Sâdhanâ*, de Rabindranâth TAGORE.
7. *Trois Upanishads (Ishâ, Kena, Mundaka)*, de Shrî AUROBINDO.
8. *Spiritualité hindoue*, de Jean HERBERT.
9. *Essais sur le Bouddhisme Zen*, première série, de Daizetz Teitaro SUSUKI.
10. — *Id.*, deuxième série.
11. — *Id.*, troisième série.
12. *Jnâna-Yoga*, de Swâmi VIVEKÂNANDA.
13. *L'Enseignement de Râmakrishna*, paroles groupées et annotées par Jean HERBERT.
14. *La Vie divine*, tome I, de Shrî AUROBINDO.
15. — *Id.*, tome II.
16. — *Id.*, tome III.
17. — *Id.*, tome IV.
18. *Carnet de pèlerinage*, de Swâmi RAMDAS.
19. *La Sagesse des Prophètes*, de Muhyi-d-dîn IBN 'ARABÎ.
20. *Le Chemin des Nuages blancs*, d'ANAGARIKA GOVINDA.
21. *Les Fondements de la mystique tibétaine*, d'ANAGARIKA GOVINDA.
22. *De la Grèce à l'Inde*, de Shrî AUROBINDO.
23. *La Mythologie hindoue, son message*, de Jean HERBERT.
24. *L'Enseignement de Mâ Ananda Moyî*, traduit par Josette HERBERT.

Nouvelles séries dirigées par
Marc de Smedt

25. *La Pratique du Zen*, de Taisen DESHIMARU.
26. *Bardo-Thödol. Le Livre tibétain des morts*, présenté par Lama ANAGARIKA GOVINDA.
27. *Macumba. Forces noires du Brésil*, de Serge BRAMLY.
28. *Carlos Castaneda. Ombres et lumières*, présenté par Daniel C. NOËL.
29. *Ashrams. Grands Maîtres de l'Inde*, d'Arnaud DESJARDINS.
30. *L'Aube du Tantra*, de Chogyam TRUNGPA et H. V. GUENTHER.
31. *Yi King*, adapté par Sam REIFLER.
32. *La Voie de la perfection, l'enseignement secret d'un maître kurde en Iran*, de BAHRÂM ELÂHI.
33. *Le Fou divin. Yogi tantrique tibétain du XVIe siècle*, de Drukpa KUNLEY.
34. *Santana, l'enseignement de Maître Goenka en Inde*, de Dominique GODRÈCHE.
35. *Dialogues avec Lanza del Vasto*, par René DOUMERC.
36. *Techniques de méditation et pratiques d'éveil*, de Marc de SMEDT.
37. *Le Livre des secrets*, de BHAGWAN SHREE RAJNEESH.
38. *Zen et arts martiaux*, de Taisen DESHIMARU.
39. *Traité des Cinq Roues (Gorin-no-Sho)*, de Miyamato MUSASHI.
40. *La Vie dans la vie. Pratique de la philosophie du sâmkhya d'après l'enseignement de Shrî Anirvân*, de Lizelle REYMOND.
41. *Satori. Dix ans d'expérience avec un Maître Zen*, de Jacques BROSSE.

42. *Discours et sermons*, de HOUEÏ-NÊNG, traduit par Lucien HOULNÉ.
43. *Tao Te King*, de LAO TSEU.
44. *Questions à un Maître Zen*, de Taisen DESHIMARU.
45. *Les Contes des arts martiaux*, recueillis par Pascal FAULIOT et présentés par Michel RANDOM.
46. *Essais sur les mystiques orientales*, de Daniel ODIER et Marc de SMEDT.
47. *Zen et vie quotidienne*, de Taisen DESHIMARU.
48. *Le Désert intérieur*, de Marie-Madeleine DAVY.
49. *La Sagesse de l'éveil*, textes présentés par Marc de SMEDT.
50. *L'Esprit guide, entretiens avec Karlfried Durckheim*, par Frantz WOERLY.
51. *Les Appeleurs d'âmes. L'Univers chamanique des Indiens des Andes*, de Sabine HARGOUS.
52. *Le Chemin de la Lumière, la Voie de Nur Ali Elâhi*, par BAHRÂM ELÂHI.
53. *L'Art de la réalisation*, de CHANDRA SWAMI.
54. *Le Trésor du Zen*, de Maître DOGEN, traduit et commenté par Taisen DESHIMARU.
55. *Aphorismes*, de TCHOUANG TSEU, présentés par Marc de SMEDT.
56. *L'Esprit caché de la liberté*, de Tarthang TULKU.
57. *Métanoia. Phénomènes physiques du mysticisme*, d'Aimé MICHEL.
58. *L'Enseignement de Ramana Maharshi*, traduit par A. DUPUIS, A. PERRELI et J. HERBERT.
59. *Le Bol et le Bâton*, cent vingt contes Zen racontés par Maître Taisen DESHIMARU.
60. *Traité de l'amour*, d'Ibn 'ARABÎ, introduction, traduction de l'arabe et notes de Maurice GLOTON.
61. *L'Évangile de Thomas*, traduit et commenté par Jean-Yves LELOUP.
62. *L'Enseignement du Dalaï-Lama*, de Tenzin GYATSO, traduit par G. TULKU, G. DREYFUS et A. ANSERMET.
63. *La Montagne vide, anthologie de la poésie chinoise*, traduction de Patrick CARRÉ et Zéno BIANU.
64. *Mystères de la sagesse immobile*, de Maître TAKUAN, traduction et présentation de Maryse et Masumi SHIBATA.
65. *La Sagesse du désert, aphorismes des Pères du désert*, de Thomas MERTON, traduction de Marie TADIÉ.
66. *La Pratique du yoga intégral*, de Shrî AUROBINDO, textes groupés, traduits et préfacés par Jean HERBERT.
67. *L'Autre Rive*, textes fondamentaux du Zen commentés par Maître Taisen DESHIMARU. Présentation par Evelyn de SMEDT.
68. *Méditation et santé selon les traditions et médecines chinoises*, de Gérard EDDE.
69. *Métaphysique et psychologie*, de Shrî AUROBINDO.
70. *Le Mesnevi, 150 contes soufis*, de DJÂLAL AL-DÎN RÛMÎ.
71. *Initiation et sagesse des contes de fées*, de Dennis BOYES.
72. *Initiation aux Livres des Morts égyptiens*, de Fernand SCHWARZ.
73. *Ivre de Tao. Li Po, voyageur, poète et philosophe, en Chine, au VIIIe siècle*, textes réunis et présentés par Daniel GIRAUD.
74. *Futuwah, traité de chevalerie soufie*, traduit et introduit par Faouzi SKALI.
75. *Qui suis-je ? La quête sacrée*, par Jean KLEIN.
76. *L'Évangile de Jean*, traduit et commenté par Jean-Yves LELOUP.
77. *Les Secrets du Soi*, suivi par *Les Mystères du Non-Moi*, de Mohammad IQBAL.
78. *L'Arbre de Vie. Introduction à la Cabale*, de Z'ev Ben Shimon HALEVI.
79. *Le Livre des œuvres divines (Visions)*, de Hildegarde de BINGEN, présenté et traduit par Bernard GORCEIX.
80. *Instructions fondamentales. Introduction au bouddhisme Vajrayana*, de Kalou RINPOTCHE.

81. *Le Prophète,* de Khalil GIBRAN.
82. *La Paix monastique,* de Thomas MERTON.
83. *Le Fou et le Créateur,* de Daniel PONS.
84. *Zen et christianisme,* d'Evelyn de SMEDT.
85. *Le Livre divin,* de Fariddudine ATTAR.
86. *Écrits sur l'hésychasme,* de Jean-Yves LELOUP.
87. *Le Sable et l'Écume,* de Khalil GIBRAN.

## Album « *Spiritualités vivantes* »

*Offrande,* texte et photos de Daniel PONS.

## « *Espaces libres* »
## Collection dirigée par Marc de Smedt
### au format de poche

1. *Éloge du Silence,* de Marc de SMEDT.
2. *L'Érotisme et le Sacré,* de Philippe CAMBY.
3. *L'Aura. Le corps de lumière,* de David TANSLEY.
4. *La mort est une autre naissance,* collectif avec une préface de Marc ORAISON.
5. *La Magie des plantes,* de Jacques BROSSE.
6. *L'Esprit des jeux,* de Marc de SMEDT, Jean-Michel VARENNE et Zéno BIANU.
7. *Sourates,* de Jacques LACARRIÈRE.
8. *Les Ages de la vie,* de Christiane SINGER.
9. *Je m'appelle toi,* de Jacques SALOMÉ.
10. *Henry Thoreau, l'éveillé du Nouveau Monde,* de Gilles FARCET.

## « *L'Expérience intérieure* »
## Collection dirigée par Marc de Smedt

*Traversée en solitaire,* de Marie-Madeleine DAVY.
*Le Jeu de l'amour et de la sagesse,* de Denise DESJARDINS.
*Sur la barque du temps,* de Jean E. CHARON.
*A la recherche du christianisme perdu,* de Jacob NEEDLEMANN.
*Journal d'une guérison spirituelle,* de Nancy AMPHOUX.
*Le Maître d'âme,* de Christian CHARRIÈRE.

## Série « *Vécu* »

*L'Enseignement de l'Arbre-Maître,* de Mario MERCIER.
*Les Chemins de l'Esprit,* de Mario MERCIER.
*Écrits de Sénanque,* de Emmanuel MUHEIM.
*Le Corps du Méditant,* de Michel RANDOM.
*Le Rire du Tigre,* de Marc de SMEDT.
*Gurdjieff et A. R. Orage en Amérique,* de Louise WELCH.

## « *Paroles vives* »
## Collection dirigée par Jean Mouttapa et Marc de Smedt

*Le Jardinier*, de Roger BICHELBERGER.
*Jésus fils de l'homme*, de Khalil GIBRAN.

## Hors collection

*Revivre nos vies antérieures*, de J.-L. SIEMONS.
*Mourir pour renaître*, de J.-L. SIEMONS.
*Cimes. Extase et sport de l'extrême*, de R. SCHULTHEIS.
*Le Dernier Tableau de Wang Wei*, de A. BUISSET.
*Musique et extase. L'audition mystique dans la tradition soufie*, de Jean DURING.
*Rien qu'un sac de peau. Le Zen et l'Art de Hakuin*, de maître HAKUIN.
*La Planète bleue*, de M.-J. GROJEAN.
*Enseignements essentiels*, du DALAÏ-LAMA, prix Nobel de la Paix.
*Les Arts martiaux et l'art du management*, de Robert PATER.
*Thomas Merton, un trappiste en Orient*, de Gilles FARCET.
*L'Église et les religions ou le désir réorienté*, du père Jacques DUVAL.
*L'Homéopathie : un combat scientifique*, de Christian BOIRON et Jean REMY.
*Votre bébé est le plus beau des mammifères*, de Michel ODENT.

## Revue « *Question de* »

60. *Alexandra David Neel.*
61. *Tibet. Une culture en exil.*
62. *Astrologies indienne, arabe, chinoise et occidentales.*
63. *Racines et secrets de la franc-maçonnerie.*
64. *Psychologies transpersonnelles.*
65. *L'Esprit des hauts lieux.*
66. *Les Ermites.*
67. *La Méditation.*
68. *L'Apocalypse de Jean.*
69. *La Prière.*
70. *Les Demeures du sacré. Pour une architecture initiatique.*
71. *La Mort et ses destins.*
72. *La Structure absolue. Raymond Abellio.*
73. *Le Lieu du Temple. Géographie sacrée et initiation.*
74. *Prophètes d'aujourd'hui.*
75. *Méditer et agir.*
76. *Nouvelles émergences.*
77. *Anthologie de l'extase.*
78. *Le Maître de Nô. Armen Godel.*
79. *L'Enracinement et l'ouverture. Jean-Yves Leloup.*
80. *Le Sacrement de l'Instant. Présence de Jean Sulivan.*
81. *Karlfried Graf Durckheim.*
82. *L'Esprit visionnaire.*
83. *Khalil Gibran, le poète de la sagesse.*

*La composition de ce livre*
*a été effectuée par Bussière à Saint-Amand,*
*l'impression et le brochage ont été effectués*
*sur presse CAMERON*
*dans les ateliers de la S.E.P.C. à Saint-Amand-Montrond (Cher)*
*pour les Éditions Albin Michel*

AM

*Achevé d'imprimer en octobre 1990.*
*N° d'édition : 11252. N° d'impression : 2084-1563.*
*Dépôt légal : novembre 1990.*